ullstein

Das Buch

Eine deutsche Familie zieht nach Spanien, mitten nach Madrid! Hier, im beliebtesten Urlaubsland der Deutschen, findet man als Zugewanderter viele Dinge recht erstaunlich: So wird zum Beispiel die vielgerühmte Lässigkeit des spanischen Autofahrers bei genauerem Hinsehen zur groben »Fahr-Lässigkeit«, das leckere bunte Essen, das einem überall und jederzeit als Tapas serviert wird, entpuppt sich als extrem fettig. Hochreligiöse Osterprozessionen arten in fröhliche Besäufnisse aus, und auch sonst ist die Folklore manchmal nur schwer auszumachen. Außerdem stellen sich bei allen Familienmitgliedern vorher nie gekannte Gelüste nach Christstollen und Lebkuchen ein. Doch es dauert nicht lange und keiner will mehr ins kalte Deutschland zurück.

Die Autorin

Andrea Parr ist promovierte Theaterwissenschaftlerin, freie Schriftstellerin und Drehbuchautorin. Sie hat bereits mehrere Sachbücher, Romane und Kurzgeschichten veröffentlicht. Mit Mann und zwei Kindern lebt Andrea Parr in Madrid.

Andrea Parr

Das kommt mir spanisch vor

Madrid für Anfänger

Ullstein

Besuchen Sie uns im Internet:
www.ullstein-taschenbuch.de

Mix
Produktgruppe aus vorbildlich bewirtschafteten Wäldern und anderen kontrollierten Herkünften
FSC www.fsc.org Zert.-Nr. GFA-COC-001278
© 1996 Forest Stewardship Council

Dieses Taschenbuch wurde auf FSC-zertifiziertem Papier gedruckt. FSC (Forest Stewardship Council) ist eine nichtstaatliche, gemeinnützige Organisation, die sich für eine ökologische und sozialverantwortliche Nutzung der Wälder unserer Erde einsetzt.

Originalausgabe im Ullstein Taschenbuch
1. Auflage Januar 2010

Umschlaggestaltung und Gestaltung des Vor- und Nachsatzes:
Sabine Wimmer, Berlin
Titelabbildung: Jakob Werth
Satz: Pinkuin Satz und Datentechnik, Berlin
Gesetzt aus der Excelsior
Papier: Munken Print Cream von Arctic Paper Mochenwangen GmbH
Druck und Bindearbeiten: CPI – Ebner & Spiegel, Ulm
Printed in Germany
ISBN 978-3-548-28153-7

Für Auri, Maribel, Don Guille, María José,
Mari Carmen, Álvi, Tere und Lola

1

Ein neues Leben

Die Entscheidung, vor einigen Jahren nach Spanien zu gehen, hatte sowohl berufliche als auch private Gründe. Wir Familienoberhäupter sind beide selbständig, also beruflich relativ unabhängig, und so fiel unsere Wahl auf das Lieblings-Sommer-Urlaubsland der Deutschen, weil der Kindsvater, der in Sachen Umwelt zugange ist, ohnehin schon immer jobbedingt zwischen Ländern und Kontinenten pendelte und seit mehreren Jahren auch ein Büro in Madrid unterhält. Somit war es egal, wohin wir die »Basis« verlagern würden. Die Kindsmutter hatte überdies das deutsche Bildungssystem im Allgemeinen und das bayerische Schulwesen im Besonderen so was von satt, dass uns der Entschluss, mal rasch das Land zu wechseln, recht leichtfiel.

Zumindest auf Elternseite.

»Danke, dass ihr mir mein Leben versaut, vielen Dank! Was soll ich denn in Spanien?«, zeterte der eine Sohn, der ältere. »Und alle Freunde verliere ich!« Mit immerhin knapp fünfzehn stand er in der Blüte seiner Jahre und fürchtete um sämtliche Sozialkontakte. »Das sind Freundschaften, die habe ich mir EIN LEBEN LANG aufgebaut«, erklärte er mit bebenden Lippen und dramatischem Tremolo. »Meine besten Freunde sind doch hier.«

Da ich nicht genau wusste, von welchen seiner

knapp tausend besten Freunden er da sprach, fiel meine Antwort lakonisch aus: »Gute Freunde bleiben immer gute Freunde – vorausgesetzt, sie sind auch wirklich gute Freunde.«

Diese Binsenweisheit ließ er erwartungsgemäß nicht gelten, maulte und fing aus Rache und tiefer Verzweiflung über sein von nun an verpfuschtes Leben das Rauchen an.

»Es ist doch zunächst einmal für ein Jahr, und wenn es euch nicht gefällt, kehren wir heim«, trösteten wir Eltern, die wir ursprünglich nicht länger als insgesamt ein Auslandsjahr der Besinnung, der Katharsis für die gesamte Familie geplant hatten.

Dass daraus vier Jahre – bis jetzt – werden sollten, ahnte zu diesem Zeitpunkt niemand.

»Außerdem ist es ja nur ein Katzensprung bis Madrid, wir könnten auch nach Südamerika, wenn wir wollten, da wärt ihr echt weitab vom Schuss«, fügte ich versöhnlich hinzu.

Vergeblich. Unser Großer blieb untröstlich.

Der andere Sohn, der kleine, damals gerade zwölf geworden, hielt sich bedeckt, wiegte nur bedenklich das Haupt und hatte ein bisschen Angst vor der neuen Umgebung, sprich der neuen Schule. Er war jedoch auch neugierig und konstatierte vergnügt: »Dann hat sich ja wenigstens mein Latein gelohnt!«

Das würde ihm fürs Spanische sicher zupasskommen.

An ihm versinnbildlichte sich somit aufs Schönste das geflügelte Wort *non scholae sed vitae discimus*, denn er war der Meinung, dass er nach immerhin zwei Jahren Latein-Schnelldurchlauf – G8 – mit allen Konjugationen parallel und AcI im ersten Jahr an einem bayerischen Gymnasium genug fürs Leben, und somit für Spanien, gelernt hatte.

Nur ein bisschen schnell ging es auch ihm. In den Pfingstferien, ungefähr im Juni, kam die Ankündigung, dass im Sommer Abmarsch sein sollte – die Entscheidung fiel also nicht über Nacht, uns blieben noch gut acht Wochen!

Ende Juli hatten wir noch immer keine Wohnung. Die Verachtung der Kinder war grenzenlos.

»Also, andere Eltern planen irgendwie besser«, tönte vorwurfsvoll der eine Sohn, der kleine Sohn.

Der andere, der große, sprach nicht mehr mit uns, soweit ich mich erinnern kann.

Doch wir waren entspannt bis kaltblütig, schließlich kannten wir Land und Sprache und hatten auch schon in anderen fremden Ländern gewohnt, allerdings VOR der Geburt unserer Lieblinge.

Ungerührt – er hatte ja noch ein paar Tage Spielraum, bis die Familie ankommen würde – besichtigte der vorausgereiste Kindsvater derweil in Madrid einige Wohnungen, wenn er Zeit und Lust hatte. Unterdessen schritt die Kindsmutter am heimischen oberbayerischen Computer virtuell durch Räume und Straßen im sonnigen Süden, ebenfalls unermüdlich auf der Suche nach der ultimativen Wohnung im ultimativen Viertel mit der ultimativen Infrastruktur. Trotz aller eindrucksvollen Bilder irgendwie noch ganz weit weg vom echten Spanien und von den »gefühlten« Temperaturen, die später die gesamte Familie schätzen lernen sollte.

»Oh, wie ich es liebe, wenn mir vor lauter Hitze die Luft wegbleibt«, sagte in jenem ersten Sommer in Madrid einer der Söhne.

Es war so unheimlich heiß damals für uns Ankömmlinge, dass wir in der glühenden, nahezu klebrigen Sommerhitze an jeder Ecke Wasser kaufen mussten, um nicht völlig zu dehydrieren, und uns dann völlig erschöpft ein paar Meter weiter bis zum nächsten kleinen Einkaufsladen schleppten, um dort erneut ein kühles Getränk zu erstehen.

Es ist durchaus verständlich, dass in Spanien das Bier, das sehr viel leichter als das deutsche ist, normalerweise in recht kleinen, oft eisgekühlten Gläsern, *cañas* genannt, ausgeschenkt wird, übrigens sehr zum Amüsement unserer deutschen (nicht nur bayerischen) Besucher.

»Was ist DAS denn?«, fragen sie lachend, wenn man ihnen das erste Mal die winzigen Gläschen vom Typ Fingerhut serviert. Und sind später froh, denn mehr würden sie in der normalen spanischen Sommerhitze gar nicht überleben.

Mittlerweile haben wir uns akklimatisiert, glauben nicht mehr, nach fünfzig Metern madrilenisch glühendem Pflaster zu verdursten, und werfen wie jeder echte Spanier beim ersten lauen Sommerwind selbstverständlich sofort das Wolljäckchen über – ebenfalls zum großen Amüsement unserer Besucher aus der Heimat.

Doch damals, in jenem Sommer in Bayern, waren wir noch weit entfernt von künftigen atemberaubenden Temperaturen. Da hieß es erst mal schnell eine Wohnung finden, und zwar mittendrin in Madrid.

Noch im Oberbayrischen tat ich mein Bestes und ging die Sache generalstabsmäßig Viertel für Viertel an. Gepriesen seien die Internetportale, die so etwas ermöglichen. Ich checkte die Fassade des Gebäudes, in dem die zu mietende Wohnung lag, sowie die Fassaden der gegenüberliegenden und benachbarten Häuser auf kleine schmiedeeiserne Balkongitter, den sogenannten *balcón francés*, schritt die Straßen ab – ohne Bäume ging schon mal gar nichts – und betrachtete die umliegenden Geschäfte sowie deren Schaufenster. Wichtig war auch eine in nicht allzu weiter Ferne liegende Grünfläche für den Hund. Das erste Gassigehen fand damit virtuell statt.

Ich verbrachte sehr viel Zeit mit dem Betrachten sehr vieler Wohnungen, verlor mich nahezu und träumte die absurdesten Wohnträume. Ja, man findet schon ganz tolle Sachen – für zwölftausend Euro monatlich! Und wie groß war die Enttäuschung, wenn ich mir ein schier unfassbar günstiges Angebot ausgeguckt hatte, von dem sich dann bei genauem Hinsehen herausstellte, dass es sich dabei nur um die Garage des Traumobjekts handelte.

Während ich die Webseiten von spanischen Immobilienportalen durchsuchte, ab und zu mit dem einen oder anderen Makler telefonierte und ansonsten nicht weiter rumstresste, wurden die Kinder immer nervöser. Sie litten etwas darunter, dass der eine oder andere Freund und Tennistrainer sich besorgt bis unverständig zeigten.

»In zwei Wochen geht ihr weg und habt noch immer nichts zum Wohnen?«

Ich versicherte den beiden, dass sie sich nicht zu sorgen brauchten. Wir wollten nichts überstürzen, denn wir wussten, dass man in Spanien schnell mietet.

Da wird ruck, zuck umgezogen, von heute auf morgen, lästige monatelange Kündigungsfristen und diverse endlose Vorläufe wie hier in Deutschland gibt es dort nicht. Die pekuniären Konditionen sind allerdings etwas anders: Zur laufenden Miete, *en curso*, wird eine *fianza* hinzugerechnet, die der deutschen Kaution entspricht und üblicherweise eine oder mehrere Monatsmieten umfasst. Hinzu kommt die Apanage für die *agencia*, das Maklerbüro, in der Regel eine Monatsmiete. In Spanien weit verbreitet ist leider auch der *aval*, eine Art Bankkaution, die bis zu zwölf (!) Monatsmieten hoch sein kann, obwohl das offiziell nicht erlaubt ist. Meist werden drei bis sechs Monatsmieten gefordert, die dann während der Mietzeit quasi eingefroren sind, für eventuelle Regressansprüche des Vermieters wegen Beschädigungen oder Mietausfall. Gern gesehen bis unabdinglich eigentlich ist auch die *nómina*, die Gehaltsabrechnung oder der Arbeitsvertrag.

Wir hatten diverse Erlebnisse der anderen Art bei mehreren spanischen Mietobjekten, doch zunächst und generell lässt sich sagen, dass der spanische Vermieter panische Angst hat vor insolventen Mietern, vor Mietnomaden und vor besetzten Wohnungen – und das gar nicht mal zu Unrecht. Seit kurzem ist ein neues Gesetz im Gespräch, das dem Eigentümer erlaubt, nach zwei Monaten ausstehender Miete die vermietete Wohnung räumen zu lassen. Bisher konnten sich bankrotte Mieter jahrelang ungestraft festsetzen.

»Wieso zahlen WIR eigentlich Miete?«, fragt der Kindsvater bisweilen launisch, wenn spanische Freunde mal wieder von ihrer Ohnmacht gegenüber säumigen Mietern erzählen.

¿Como levantar un muro? – Wie überwindet man eine Mauer? oder *¿Como abrir cerraduras sin llave?* – Wie öffnet man Schlösser ohne Schlüssel?, kurz: Wie bricht man ein?, hieß es letztens auf einem Seminar.

Zusätzlich unterwies eine Gruppe von Anwälten

unter dem fröhlichen Motto *okupa Madrid*, besetze Madrid, die interessierte Hörerschaft im richtigen Verhalten für den Fall einer Zwangsräumung: Wie widersetzt man sich am geschicktesten der Polizeigewalt in einem besetzten Haus? Das sind Themen, das ist Anarchie, das ist Madrid!

Ich habe schon häufiger gehört oder gelesen, dass etwa während eines längeren Krankenhausaufenthalts der Oma die Enkelin nicht mehr in das Haus der geliebten alten Señora kam, um die Zimmerpflanzen zu gießen, weil sich dort derweil garstige *okupas* eingenistet und Fenster und Türen fest verrammelt hatten. Das sind nicht immer anarchistische Polit-Punks wie aus der seligen Hafenstraßen-Zeit in Hamburg, sondern oft auch ganz normale Familien, die wegen der oben beschriebenen Mietmodalitäten einfach keine Chance auf eine menschenwürdige bezahlbare Unterkunft haben. Entweder sie bekommen nur einen befristeten Arbeitsvertrag, oder ihre Gehaltsabrechnung ist nicht *aval*-würdig.

Manchmal sind es auch nur hungrige rumänische Großfamilien, die sich so lange satt essen, wie die Vorräte reichen. Ist der Serrano-Schinken alle, sind auch sie über alle Berge und die Oma kann getrost ihre Reha im heimischen Gärtchen angehen.

In manchen ganz normalen Arbeitervierteln wie in einem *barrio* in Ciudad Real sind die Nachbarn von *okupas* regelrecht umzingelt, was nicht selten zu Spannungen und Konflikten führt. Die Besitzer kümmern sich nicht um die leerstehenden Wohnungen, die Polizei ist machtlos und die »normalen« Anwohner verärgert ob der Gesetzlosigkeit. Außerdem machen ihnen die Hausbesetzer Angst.

Ein andermal sind es *gitanos*, die befinden, dass ihre enge Sozialwohnung für acht Kinder plus Oma, Opa und Onkel zu klein ist, und deshalb die geräumigen leerstehenden Wohnungen und Häuser einer Luxussiedlung besetzen, so geschehen in der Anlage »Golden Hills« in Mijas bei Málaga.

Die Neumieter beteuerten vor laufender Kamera, sie würden die Wohnungen hegen und pflegen und seien sogar bereit, die Wasser- und Stromkosten zu zahlen! Die Besitzer der Anlage waren dennoch not amused, wie es hieß.

Ich hingegen schon, als ich den glühenden Schwüren der feurigen *gitanos* lauschte, dem Alptraum jedes seriösen Vermieters. So etwas gibt es nur in Spanien: eine ganze Siedlung besetzen, keine Miete zahlen, aber großmütig anbieten, wenigstens für den Strom aufzukommen … und sich dabei auch noch völlig im Recht fühlen.

Manche dieser besetzten Häuser sind nur für ein paar Monate belagert und werden dann geräumt, andere dagegen entwickeln sich zu regelrechten Kultur- und Sozialzentren der Anwohner und bestehen jahrzehntelang wie der Patio Maravillas im Madrider Zentrum oder die Cásika in Móstoles.

Im Übrigen sind es nicht immer nur mittellose Randgruppen, die sich an der Grenze zur Illegalität bewegen. *El País* hat berichtet, dass die Leute im Jahr 2008 mehr als anderthalb Millionen Kubikmeter Wasser im Großraum Madrid vom staatlichen Netz abgezapft – also geklaut – haben, was ungefähr dem Jahresverbrauch eines Ortes mit zwanzigtausend Einwohnern entspricht. Und das waren keine *okupas* oder Slumbewohner, denn in fast allen aufgedeckten Fällen handelte es sich um Firmen, die sich ihre eigenen Leitungen, manchmal bis zu zwei Kilometer lang, gelegt hatten …

Ein bewundernswertes Beispiel typisch spanischer Unkonventionalität, die mich überaus fasziniert. An Ideen in puncto allgemeinkreativer Überlebenstechnik mangelt es in diesem Land jedenfalls nicht.

Eine weitere sehr spanische Variante sei noch erwähnt: Aus Kostengründen bei klammen Mietern extrem beliebt und bei Besitzern besonders gefürchtet (es gab in allen unseren bisherigen Mietverträgen eine entsprechende Klausel) ist die *cama caliente*, das heiße Bett, sprich ein Zimmer oder eine Wohnung, das oder die von mehreren Parteien genutzt wird. Während der eine auf Nachtschicht ist, schläft der andere und vice versa.

Es ist wahrlich nicht leicht, wenn das Leben so teuer ist und die Arbeit so rar, da muss man sich schon etwas einfallen lassen. Allerdings ist das eventuell auch nur alles eine Frage von Aktion und Reaktion:

Es soll tatsächlich ab und zu noch vorkommen, dass die ausgebeuteten und natürlich nicht sozialversicherten ecuadorianischen oder bolivianischen Hausmädchen unter der Woche bis spät in die Nacht ihre Herrschaft versorgen müssen, diese das Personal am dienstfreien Wochenende aber nicht sehen will. Dann dürfen sie sich nicht, nach der *cena*, dem Abendessen, um Mitternacht in ihr *servicio* zurückziehen, wobei das winzige Dienstmädchenzimmer in der Regel am lichtfreien Innenschacht gelegen ist. Die Mädchen, auch *internas* genannt, müssen sich dann ein zusätzliches Zimmer mieten.

Da kann man schon mal auf dumme Gedanken kommen, auch wenn man kein Revolutionär ist.

Deshalb habe ich prinzipiell für die *cama caliente* volles Verständnis und verfolge mit großem Interesse einen Fall, der die Skandalpresse seit längerem erschüttert: Das immigrierte Dienstmädchen einer hiesigen berüchtigten Lokalgröße erhob schwere Anschuldigungen gegen selbige, da die Arbeit bei dieser weiblichen, schier alterslosen Show-Instanz – in der Öffentlichkeit dauerlächelnd, dauergebräunt und von Kopf bis Fuß perfekt remodelliert – offenbar kein Zuckerschlecken war. Die Hausangestellte klagte öffentlich an, sie sei menschenunwürdig behandelt worden. Nie habe sie sich setzen dürfen, selbst essen musste sie im Stehen, und dann auch nur die Reste vom Frühstück oder was sonst noch so übrig geblieben war, abends habe es für sie nur Reis gegeben, und nach getaner Fron habe man sie auch noch eingesperrt, so hieß es.

Gedroht wurde ihr, dass man sie abschiebe, dass keiner ihr glaube, weil die überaus smarte Arbeitgeberin sich der Dienste eines noch smarteren Promi-Anwalts versichert wusste und auch sonst beste Beziehungen nach überallhin pflegt.

So weit, so traurig.

Es gibt es also noch, *Bernarda Albas Haus*!

Zumindest, wenn die Geschichte wahr ist – letzten Informationen nach wurde die Sache außergerichtlich geregelt, und natürlich arbeiten nicht alle eingewanderten Dienstmädchen ohne Sozialversicherung zu Dumpingpreisen.

Die meisten dieser Frauen sind meiner Meinung nach echte Heldinnen – von ihrem bescheidenen Lohn schicken sie fast alles nach Hause, damit es ihre Kinder, oft von der Oma versorgt, einmal besser haben als sie selbst und die Kleinen zumindest die Schule besuchen können. Wie oft habe ich schon im Vorübergehen – oder als direkt Beteiligte am Bildschirm nebenan – beobachten können, wenn sie weinend im *locutorio* sitzen, dem auf Sondertarife in die Dom. Rep. oder nach Paraguay spezialisierten Internetcafé, und einmal die Woche mit ihrer Familie in der Heimat per Skype kommunizieren, um den Kontakt zu den Kindern nicht gänzlich zu verlieren.

Da sollte so manch eine auf hohem Niveau jammernde nordeuropäische Hausfrau mal scharf über ihr Leiden nachdenken.

Die Arbeitgeber dieser Hausangestellten – nicht jeder in Spanien »hält sich« ein Mädchen, die große Mehrheit im Land kann sich diesen Luxus nicht leisten und muss selbst putzen und waschen – sind neben den üblichen Wohlhabenden und kindergestressten Doppelverdienern auch oft betagte Señoras mit Beinproblemen. Es gibt Tage, da glaubt man fast, Madrid sei ausschließlich von fußlahmen älteren Damen bevölkert, zerbrechlich bis kompakt, die von kräftigen, kleinen Immigrantinnen zum Friseur geschleppt werden oder im ungünstigsten Fall im Rollstuhl auf der nächsten *plaza* im Halbschatten geparkt sind und etwas vorgelesen bekommen.

Auch die altehrwürdige und tiefgläubige Mutter meiner besten spanischen Freundin Ana hat »ihr« Mädchen, sie ist aber gut zu Fuß. Jeden Tag geht sie zur Messe, manchmal auch mehrmals, allerdings sieht sie schlecht.

Ana arbeitet an der Uni, sie hat sehr, sehr viele, sehr, sehr schwarze und sehr, sehr glänzende Haare und sie ist sehr, sehr ungläubig. Mit ihrem typisch verschmitzten Ana-Blick vertraute sie mir einst in unserer Lieblingsbar an, dass sie und alle ihre Geschwister trotz der religiösen Eltern glaubenstechnisch ein absolutes Fiasko seien: »Ein einziges katholisches Komplettversagen.«

Außerdem ist sie sehr zierlich und freut sich immer, wenn jemand NOCH kleiner ist als sie. Genüsslich beschreibt sie dann eine solche Person, indem sie ungefähr auf Bürgersteighöhe deutet und versichert, der oder diejenige sei ja soooo winzig, eine *cosita así*, ein Dinglein, ein Sächelchen also.

Im Übrigen muss im Zusammenhang mit Anas Mutter erwähnt werden, dass diese zehn (!) Kinder zur Welt gebracht und sich deshalb ein Hausmädchen echt verdient hat, finde ich. Außerdem war sie immer berufstätig und leitete gemeinsam mit ihrem Mann ein exklusives Lyzeum.

Das verbindet sie mit der betagten Mutter meines Freundes Diego, die ebenfalls zehn Kinder geboren hat, nebenbei auch Lehrerin war und ebenfalls ein Mädchen hat, seitdem sie erkrankt ist. Falls ich noch von einer dritten alten Exlehrerin mit zehn Kindern hören sollte, werde ich dieses Thema unbedingt weiterverfolgen. Ich wusste gar nicht, dass man überhaupt zehn leibliche Kinder haben KANN.

Diego ist ein leicht zerstreuter Brillenträger mit einer Vorliebe für extravagante T-Shirts und selbst erklärter »Anarchist«. Bemerkenswert scheint mir, dass er trotz seiner Lehrer-Mutter nicht nur das Studium geschmissen hat, sondern nach eigenem Bekunden schon viel früher in diversen privaten wie öffentlichen Madrider Schulen gescheitert ist.

Einmal fragte ich – nach wie vor dienstbotenlos – ihn nach »seinem« Mädchen, das wie auch das Ana-Mutter-Mädchen krankenversichert und angemeldet ist, so Sachen wie: »Was macht sie alles im Haushalt? Kauft sie ein? Putzt sie? Kocht sie auch?«

Er antwortete etwas vage, dass sie viele verschiedene Sachen mache und auch schlafe.

»Sie schläft während der Arbeitszeit, sie hält Siesta?«, fragte ich erstaunt.

Diego und Ana, die spontan dazugekommen war und uns stolz ihre neu erworbenen, sündhaft teuren und sündhaft schönen Schuhe zeigte – Madrid ist ein Dorf, wo man ständig in seinem Viertel auf Nachbarn stößt –, sahen sich an und prusteten laut los. Ana erklärte mir dann, dass das die übliche Bezeichnung sei, wenn das Mädchen beim Arbeitgeber wohnt, sie »schläft« dann im Haus. Ansonsten sagte Diego nur noch, dass das Mädchen »interessante« Sachen koche. Sie stammt übrigens aus Peru.

Einmal erzählte er beiläufig, wie er eines Tages nach Hause gekommen war (als seine Mutter erkrankte, zog er wieder zu ihr) und die komplette Eingangstür der Wohnung ausgebaut war. Das Mädchen hatte den Schlüssel vergessen oder falsch eingesteckt oder abgebrochen, jedenfalls gab es ein spanisch-peruanisches Missverständnis, und am Ende kam statt des Schlüsseldienstes eine Firma, die kein neues Schloss, sondern gleich eine neue Wohnungstür montierte.

Es ist ein weiter Weg aus den Anden bis ins Centro von Madrid – da muss man sich nur mal die Filme der preisgekrönten Claudia Llosa ansehen.

Übrigens leben viele alte Witwen in Madrid noch für einen Spottpreis zur Miete in riesigen Wohnungen, weil ihre Gatten selig sich einst bei General Franco verdient gemacht haben. Sich bei ihnen einzuschmeicheln, lohnt allerdings nicht, denn der *Caudillo*-Sondertarif wird mit dem Ableben der Witwen erlöschen und ist nicht übertragbar. Die Mieten werden in die schwindelerregende Höhe der üblichen Großstadttarife steigen.

In der Regel mietet man in Spanien jedoch nicht, nur etwas mehr als zwanzig Prozent der Spanier sind Mieter, die meisten haben eine Wohnung oder ein Haus gekauft und sind mit Hypotheken bis über beide Ohren – oder, wie man hier sagt, bis über die Augenbrauen – und damit bis zum Lebensende belastet.

Trotzdem haben angeblich über sechzig Prozent aller Spanier zusätzlich ein Ferienhaus oder Apartment, einen Zweit- oder gar Drittwohnsitz im Land.

In unserem Bekanntenkreis – Kollegen, Freunde, Eltern von Schulfreunden der Kinder – ist es durchaus üblich, die gesamten Sommerferien, also bis zu drei Monate, in einem oder mehreren der eigenen Ferienhäuser zu verbringen. Das sind dann sozusagen »Familien-Ferienhäuser«, brüder-, schwester-, schwäger- und (schwieger)elterlich geteilt.

Das wiederum kann zu allerlei Unbill führen. Der beste Freund unseres einen Sohnes beteuert stets, wie sehr ihn die ganze Familienblase mit den zahllosen schrecklichen Cousins und Cousinen nerve: »Dauernd so viele Leute!«

Wir hingegen beneiden ihn alle um dieses Lebensgefühl einer spanischen Großfamilie, das sich so ein armer Durchschnittsdeutscher mit seiner Durchschnittsminifamilie – Mama, Papa, Kind männlich, Kind weiblich – überhaupt nicht vorstellen kann.

Als ich einmal mit Ana darüber diskutierte, erzählte sie mir, dass sie früher, als sie mit ihren Eltern ins Sommerhaus mit den siebzehn (!) Schlafzimmern fuhr, immer den SCHULBUS des familieneigenen Lyzeums nehmen mussten – in ein anderes Gefährt hätte die Familie samt Bediensteten gar nicht reingepasst!

Wenn sie sowie andere Freunde uns versichern, dass die normale, »kleine« Familientafel bei ungefähr zwanzig Personen liegt, vom Auftrieb an hohen Festtagen ganz zu schweigen – bis zu dreihundert, weil zusätzlich zu den verschiedenen Sippen noch das ganze Dorf mit eingeladen wird –, bekommen wir feuchte Augen, schlucken kurz und weinen ein bisschen in unser Käsebrot.

Allerdings geht es noch nicht so weit, dass wir auf dem *rastro*, dem riesigen Madrider Sonntagsmarkt, alte Ölporträts würdig dreinblickender Herrschaften erwerben, um uns eine Familie zusammenzukaufen.

Ana behauptet, es gebe nicht wenige Menschen, die sich eine solche vorgetäuschte »Familiengeschichte« im Salon aufzuhängen pflegen, um mit der großbürgerlichen Ahnengalerie anzugeben. Sie hat leicht reden, der Salon ihres Elternhauses ist gepflastert mit dicht aneinanderhängenden unzähligen Fotografien und Ölgemälden Hunderter Menschen jeden Alters und Geschlechts, alles echte Blutsverwandte.

Als ich ihr mit hemmungsloser Offenheit erzählte, dass bei uns auf dem Kaminsims – der offiziellen Gemäldegalerie – in Ermangelung weiterer zahlreicher Anverwandter auch die Bilder sämtlicher, mittlerweile längst verblichener Haustiere stehen, musste sie herzlich lachen.

Manchmal sind die spanischen Familien solchermaßen überbordend, dass sich die einzelnen Angehörigen bei einer Riesenfestivität Namensschildchen anstecken müssen, um sich und ihre zahlreichen Kindeskinder samt Anhang gegenseitig identifizieren zu können.

Wie ich sie beneide!

Als Ana und ich einmal gemeinsam in der Nähe von Tirso de Molina bummelten, erzählte sie mir von der Familie ihres Mannes, dessen Großvater eine jener alten, riesigen Stadtwohnungen in der Gegend besaß, wo es nur für die Bewohner der Außenwohnungen, der *exteriors*, einen Aufzug gab, der in jedem Stockwerk quasi direkt im Wohnzimmer, im *salón*, hielt.

Da der Großvater ein freundlicher Mann war, erlaubte er auch seinen Nachbarn aus den Innenwohnungen, den *interiors*, »seinen« privaten Aufzug zu benutzen, damit sie nicht Treppen steigen mussten, was kein Spanier gerne tut (ab und zu erklimmt man heroisch im äußersten Notfall den ersten Stock zu Fuß, aber weiter höher auf gar keinen Fall).

So gab es tagein, tagaus ein großes Hallo, wenn mal wieder einer der Nachbarn (sowie dessen Anhang) ausging oder heimkam und vom Aufzug mitten in die Wohnung gespült wurde, während die Familie beim Mittag- oder Abendessen oder sonst wo saß.

Das ist Leben, normale, kleine Runde.

Da war immer etwas los.

Das ist für jemanden aus unserer Generation nur schwer nachvollziehbar, vor allem, wenn man aus Deutschland kommt, wo die Familienstrukturen oft weitgehend zerstört sind und wo sogar die Kinder quasi »halb reif« aus dem Haus geworfen werden, wie irgendein spanischer Bekannter mal vorwurfsvoll feststellte. Für ihn, ebenso wie viele seiner Landsleute, ist es ganz normal, erst einmal bei den Eltern wohnen zu bleiben, da geht man nicht mit achtzehn aus dem Haus, um Selbständigkeit zu lernen oder zu vervollkommnen.

Apropos Haus: Der Spanier tendiert also eher zum Immobilienbesitz, als dass er mietet. Auch teilt man eine Wohnung nur ungern, WGs sind demnach nicht so selbstverständlich wie in Deutschland. Diejenigen, die es wagen – fast ausschließlich aus Kostengründen –, fühlen sich als Held(in) in der Notgemeinschaft und gehen meist doch am Wochenende zur Mama und lassen dort waschen und kochen …

Aber auch das ist sehr liebenswert und typisch spanisch: Hier ist keiner alleine, die Kinder werden nicht hinausgeworfen und die betagten Eltern nicht abgeschoben. Pflege- oder Seniorenheime sind eher unüblich, es gibt immer jemanden in einer normalen spanischen Durchschnittsfamilie, der sich um die Älteren kümmert, und zwar GERNE. Da zieht die Oma eben zu den Kindern, und ihre Wohnung wird frei.

Wenn auch der Spanier seine Immobilien erwiesenermaßen lieber leer stehen lässt, bevor er sie an möglicherweise insolvente Gestalten vermietet, so liebt der spanische Vermieter meiner Beobachtung nach jedoch unbedingt ausländische Mieter, einmal weil er deren Miete oft an der Steuer vorbeilavieren kann, zum anderen, weil die Gringos in der Regel einigermaßen liquide sind und die läppischen Tausende von Euros für *aval* und *agencia* und *fianza* quasi in der Portokasse haben und weil man die sowieso super abzocken kann. Beispielsweise indem man sie – also uns! – die Heizkosten der gesamten Mieterschaft zahlen lässt (alle an die hundert und dementsprechend verfroren, damit quasi DAUERHEIZER und außerdem Verwandte des Hausbesitzers). Oder ihnen noch die jährliche Immobiliensteuer aufdrückt. Oder sie an den Kosten für irgendwelche Renovierungen im Kellerschacht beteiligt, was uns auch schon passiert ist.

Natürlich ist das nicht zu verallgemeinern: Persönlich erlitten wir bei mehreren angemieteten Wohnungen oder Häusern nur eine einzige wirkliche Panne, und da war der Vermieter ein nebulöser Italiener.

Wir schafften es damals dann übrigens doch noch, sehr zur Erleichterung der Kinder.

Gerade rechtzeitig zum Schulbeginn mieteten wir also ein Objekt in Madrid an. Von Anfang an war klar, dass wir nach langen Jahren der bayerischen Landflucht wieder mitten im Zentrum wohnen wollten und nicht in einer dieser bezaubernden Vorstadtsiedlungen wie etwa Alcobendas – zu dessen Ehrenrettung gesagt werden muss, dass es immerhin eine Lichtgestalt wie Penélope Cruz hervorgebracht hat – oder Majadahonda und wie sie alle heißen und die man so ähnlich auch aus Deutschland kennt. Das kleine Glück im Grünen, das der Pendler nur mit Auto (folglich vorprogrammiertem Stau), Überlandbus (dito) oder *Cercanías*, etwa S-Bahn (dito, kein Tag ohne Panne), erreichen kann.

Auch das nähere Umland in der Sierra mit Miraflores, San Lorenzo de Escorial, Guadalix oder Soto del Real – tolle Ausflugsziele, genau wie der Naturpark um Bustarviejo und die Stauseen – fiel aus, weil: »Da kann man ja gleich im Fünfseenland bleiben.«

Und kühl ist's ja auch in der Sierra, der Sommerflucht der Städter, die das dampfende Madrid fliehen. Und auch wenn man dort so lecker Lamm essen kann – regnet es nicht ständig in Segovia, was womöglich in direktem Zusammenhang mit dem Aquädukt steht?

Wenn Ana hört, dass ich Segovia für feucht halte,

schwört sie, die dort ein Sommerhäuschen hat, dass bisweilen schon im Frühling die Erde so trocken ist, dass sie sich wie in der Atacamawüste spaltet.

Der Norden Madrids mit dem exklusiven Moraleja oder semiexklusiven San Sebastian ist zweifellos mondäner als beispielsweise das südliche Fuenlabrada oder Getafe. Letzteres kennt ja mittlerweile jeder in Deutschland, dank Herrn Beckenbauer, dem der Super-Fußballclub von Getafe wohl in bleibender Erinnerung ist.

Sogar der König persönlich besuchte den kleinen Club bei jenem historischen Spiel – irgendeine Champions-League-Begegnung gegen Bayern München –, gemeinsam mit seinem Sohn Felipe. Das war für beide unverfänglich, denn während der Vater ein Real-Fan sei, wie es heißt, stehe der Kronprinz von Asturien eher auf Atlético.

»Der König ist da«, informierte uns per Handy unser großer Sohn, der live dabei war mit einem spanischen Freund aus Getafe – Letzterer hat übrigens Bernd Schuster seinen einstigen Wechsel zu Real Madrid, wo er längst Geschichte ist, bis heute nicht verziehen.

Der ungewohnte und unangekündigte hohe Besuch im Stadion sorgte für Riesenwirbel, doch wirklich spektakulär war, dass Seine Majestät zwischen Spielfeld und Umkleidekabinen ein Interview gab, was er sonst nie zu tun pflegt.

Matias Prats, Anchorman von Antena 3 mit heimlicher Liebe zum Sport, durfte ihn ansprechen, und Seine Majestät zeigte sich gnädig bis jovial – normalerweise hält er nur offizielle Reden und ist nicht geneigt, persönliche Statements abzugeben.

Generell ist festzustellen: Könige quatscht man

nicht von der Seite an, und Antena 3 ist kein Kultursender.

Zurück zu den Vorstädten. Um ganz Madrid herum, auch am Flughafen, sind sie wie große rotbraune oder beige-bleiche Giftpilze aus dem Boden geschossen, diese unsäglichen Geschwüre, diese Einheitssiedlungen, deren größter Luxus im gemeinsam von mehreren oder allen Nachbarn nutzbaren Schwimmbad oder der überaus beliebten *Pádel*-Piste besteht.

Als Anas volljähriger Sohn in die Vorstadt zog, erklärte sie – Mutterliebe hin oder her –, ihn dort sicher niemals zu besuchen, denn »bis ich da draußen ankomme, bin ich tot«.

Zum einen ist Ana, die Uni-Professorin mit nicht nur rabenschwarzem Haar, sondern ebensolchem Humor, eine überzeugte Zentrumsbewohnerin: Bei ihr gelten schon Salamanca oder Azca als Randgebiete. Zum anderen dauert es tatsächlich ein bisschen, bis man in der Vorstadt ankommt.

Oft schludrig gebaut im Immobilien-Hype der letzten Jahre (fast ausschließlich zum Zwecke der Geldwäsche), sind die Gebäude nicht selten zur Hälfte unbewohnt oder vielmehr wegen Pleiten oder Verhaftungen ihrer Bauherren nach dem Rohbau gar nicht fertiggestellt worden. Und billig sind die Dinger auch nicht.

Es ist nur folgerichtig, dass auf die spanische Bau-Hysterie der letzten Jahre – hier wurde im ganzen Land pro Jahr dreimal so viel gebaut wie in Deutschland, Frankreich und England zusammen – nun die kalte Dusche folgt und die architektonischen Schandmale leer stehen. Die Landschaft wird davon allerdings nicht schöner.

Auch nicht von einigen der bewohnten Vorstadtsiedlungen. Das Grauen trägt einen Namen, und der lautet ganz unzweifelhaft: *urbanización*. Ein Haus wie das andere, ein Straßenzug wie der andere, ein Geschäft wie das andere.

Wir hatten aus beruflichen Gründen schon vor dem Familienumzug nach Madrid ein Häuschen in Flughafennähe in Daganzo und auch schon mal eines in Alamada de Osuna gemietet, und ich hatte wirklich immer wieder Mühe, es zu finden.

Das *quiosco*, die Pizzeria, der Friseur, die Geldautomaten, die Gärten und Spielplätze sind kompatibel. Böse Zungen sprechen auch von *ladrillomarxismo*, also Ziegelstein-Marxismus.

Alles scheint austauschbar, bis aufs Auto, wahrscheinlich könnte man sich ohne größere Probleme einfach einer fremden Familie anschließen, wie schon Homer Simpson drohte!

Nein, das will man dann doch nicht. Vielmehr finden wir Argüelles schön mit seinen Gründerzeitbauten, ebenso die tollen Wohnungen an der Pintor Rosales mit Blick auf den noch tolleren *Parque del Oeste*, den Westpark mit seinem Tempel – auch wenn sich da nachts Prostituierte und Dealer und Junkies treffen, aber wo tun die das nicht? –, das historische Zentrum mit den Szenekneipen, Latina, Justicia, die quirlige Gegend ab Alonso Martinez um Bilbao und die Plaza Olavide.

Also, da wollten wir hin!

Und da kamen wir auch hin.

Wir hatten schließlich zwei Wohnungen in die definitiv engere Wahl gezogen. Ich vereinbarte von Deutschland aus Termine mit den Maklern und avisierte den

Gatten in Spanien. Dieser sah sich die ausgewählten Objekte an – es wurde ja auch allmählich Zeit, die Kinder mussten demnächst in die Schule – und mietete. Allerdings keines der beiden zuvor ausdrücklich favorisierten Objekte, sondern etwas völlig anderes. Er hatte sich spontan und eigenmächtig umentschieden.

Unsere erste Wohnung in Madrid lag mitten in der historischen Altstadt im alten Universitätsviertel, im Volksmund Malasaña genannt, keine fünf Minuten entfernt von der geschichtsträchtigen Plaza Dos de Mayo, wo die Franzjacken einst die rebellierenden Madrilenen niedermetzelten – Goyas Gemälde »Die Erschießung der Aufständischen« kennt wohl jeder.

Die vielen netten *plazas* in Madrid sind übrigens den Franzosen zu verdanken: Nach der Französischen Revolution besetzte Napoleon über den Kopf des debilen Karl IV. Spanien und machte seinen Bruder Joseph zum König, der viele Klöster und Kirchen abriss, um französisches Flair zu schaffen. Auch im Baustil hat sich der Nachbar verwirklicht, unter anderem bei den *balcónes francéses*, und die Bezeichnung Chamberí für einen Madrider Stadtteil ist letztlich nichts anderes als die Verspanischung des französischen Chambéry, ein liebliches Städtchen im Süden Frankreichs, das ich im Verlauf eines historischen Schneesturms in dieser Region kennenlernen konnte.

Jedenfalls kämpften auf der Plaza Dos de Mayo die Madrilenen erfolglos gegen die französischen Invasoren. Die Überlebenden wurden flugs am nächsten Tag, dem 3. Mai 1808, im Westpark erschossen. Darunter war auch ein junges Mädchen namens Manuela Malasaña, eine tapfere kleine Schneiderin, die in einer Falte ihres Rockes eine Schere bei sich trug – Waffen zu tragen, war den Spaniern bei Todesstrafe verboten. So wurde die jugendliche Heldin und Märtyrerin zur Namenspatronin des Viertels, das auch heute noch ein heimliches Zentrum der Rebellion ist.

Wer schon mal eine Kreuzberger Feier in den Ersten Mai miterlebt hat, kann sich vorstellen, wie es auf der *Dos de Mayo* bisweilen abgeht, wenn gesetzlose Anarchie und Staatsgewalt aufeinandertreffen. Vor einigen Jahren war nach Unruhen das Viertel dann lange Zeit am Wochenende so hermetisch abgeriegelt, dass auf jeden Anwohner ungefähr drei Polizisten kamen und man ewig brauchte, um in seine Wohnung zu gelangen.

»Jetzt haben wir mal einen Parkplatz gefunden, und nun das«, ächzte ich, als wir uns durch den Polizeikordon nach Hause kämpften und dazu genauso lange brauchten wie sonst, um einen Parkplatz auszumachen. Der ist in Malasaña ungefähr so häufig wie ein Sechser im Lotto.

Das Viertel ist ein Traum mit seinen verwinkelten, kleinen stillen Gässchen, den bunten, schmalen Häuschen, den schmiedeeisernen Pollern, die die engen Straßen von den nicht einmal meterbreiten Fußwegen abtrennen und Abbiegern das Leben zur Hölle machen.

Wie viele verschrammte Lieferwagen, umgefahrene Pfeiler und verzweifelte, überwiegend männliche Autobesitzer (nur nicht aufgeben, immer weiter, klar!) durfte ich beobachten, die ich mit meinem sperrigen, sich auf und nieder pumpenden französischen Modell – noch mal Franzjacken-Attacke in Malasaña – einfach so lange geradeaus fuhr, bis die Straße breit genug zum Abbiegen war.

Der Hauptlärm in dieser verkehrsberuhigten Zone

besteht aus einer köstlichen Melange: zwitschernde Kanarienvögel, die in Käfigen an den Balkons hängen, laufende TV-Geräte aus den Wohnungen und Radiogedudel »*con sabor latino*«, ein lateinamerikanischer Sender, draußen auf der Gasse, an jeder Ecke, weil immerzu irgendwo renoviert wird, und dies meist von südamerikanischen Bauarbeitern.

Dazu der strahlend blaue Himmel, die immergrünen Bäume, die sanfte Steigung der Gässchen, der Geruch nach Fisch und irgendwie exotischem Essen, der aus einer der im Souterrain oder in einem ehemaligen Ladengeschäft befindlichen Küche dringt, deren Bewohner plaudernd auf der Gasse sitzen und lautstark mit der Köchin am Herd scherzen oder miteinander streiten, während niedliche, rosagekleidete Mädchen sich gegenseitig die schwarzglänzenden Zöpfchen flechten.

Eigentlich riecht es nach Stimmen …

Andere, also böse Zungen, finden jedoch, dass es in Malasaña nach Urin stinkt, dass es heruntergekommen ist und von wegen rosa Zöpfchen an schwarzglänzenden Mädchen …

Das Viertel ist eine jener pikanten Mischungen aus authentischer Schäbigkeit, bröckelndem Prunk und teilweise geglückter Luxussanierung.

Malasaña soll allerdings wieder edel werden, das hat auch der bekennende Stadtverschönerer und amtierende Bürgermeister so beschlossen. Dies zieht eine entsprechende Klientel an, wie in allen Stadtvierteln der Welt, die plötzlich angesagt sind und wo dann ein Designerladen nach dem anderen aufmacht.

Glaubt man alteingesessenen Anwohnern, so hat sich das Viertel sehr verändert. Teuer sei es geworden und laut, vor allem nachts, wenn die jungen Leute von überall herkommen, um in Malasaña und seinen zahllosen Kneipen bis in die frühen Morgenstunden zu feiern. In Madrid geht es, wie fast überall in Spanien, ab Mitternacht erst richtig los, da macht man sich bei dem Abendessen ab zehn erst mal locker. Zu meinem großen Kummer finden auch viele Popkonzerte erst nachts um eins oder zwei statt.

Jedenfalls zogen die alteingesessenen Anlieger irgendwann weg. Ein Taxifahrer hat mir mal sein Leben erzählt, das er zum Großteil in der Straße verbracht hatte, in die er mich fuhr. Er sagte, er habe es nicht bereut, gegangen zu sein, das hier sei nicht mehr SEIN Malasaña.

Dafür kamen schicke Firmen, junge Familien, Studenten – und Chinesen. Malasaña ist ein regelrechtes Chinatown, es gibt hier wahnsinnig viele asiatische Lebensmittel- und Obstläden, die rund um die Uhr geöffnet haben, auch an Sonn- und Feiertagen.

Die Chinesen sind, wie wir alle wissen, ein emsiges Völkchen, sie trinken nicht, sie schlafen kaum, und sie brauchen auch nicht viel Platz: in Fuenlabrada, einem südlichen Randbezirk, hat man kürzlich in einem China-Restaurant ein *hotel clandestino* entdeckt. Die Türen eines Kleiderschranks in dem illegalen Hotel führten in einen kleinen Nebenraum, den die Restaurantbesitzer lukrativ an mehr als zwanzig Landsleute vermietet hatten, die dort abwechselnd im Acht-Stunden-Turnus nach dem Prinzip der *cama caliente* ruhten. Während die Polizei den Laden stürmte, schliefen zwei erschöpfte Chinesen ungerührt weiter – das nenne ich asiatische Effizienz: Wenn man schläft, dann schläft man!

Die restliche Zeit wird gearbeitet, denn die Chinesen machen keine Mittagspause, und wenn sie doch mal essen müssen, dann schnappen sie sich ein bisschen Koriander oder anderes Grünzeug aus ihrem Laden und werfen es in ein dampfendes Schüsselchen, das sie auf einer Obstkiste sitzend genüsslich auslöffeln. So entgeht ihnen kein Geschäft – was sie bei den Spaniern nicht gerade beliebt macht.

Unvergleichlich geschäftstüchtig sind auch jene liebreizenden chinesischen Mädchen, die nachts durch die Straßen ziehen und nicht nur den chronisch klammen Studenten Bier für einen Euro verkaufen – die Kneipen sind viel teurer, und gefeiert wird eh draußen vor der Tür, auf den Straßen und Plätzen. Dieser Geschäftssinn ist nur zu loben, eine durchaus sinnvolle Initiative, wie man neidlos zugeben muss.

Malasaña ist trotz der Schäbigkeit einiger Winkel wunderbar, an bestimmten Tagen mit bestimmtem Licht eine Theaterkulisse nahezu, es sei jedem Madrid-Reisenden empfohlen, einmal die San Bernardo von der Gran Via bis zur ersten Glorieta hochzulaufen und dabei beidseitig in die Gassen einzutauchen. Sei es rechts die Palma oder die Ferrer bis zur Plaza Barbara oder auf der linken Seite am Kloster Montserrat in Richtung Kulturzentrum *Conde Duque* mit den zahllosen bezaubernden, ja hinreißenden kleinen *plazas*.

Das Lebensgefühl steigt in Madrid enorm und in Malasaña ganz besonders.

Auch unsere Wohnung war hinreißend: Altbau, sonnig, weiß, über Eck und somit alles nach außen gelegen, *exterior*, *balcónes francéses* – aber WINZIG KLEIN, geeignet vielleicht für zwei zierliche Studentinnen, die nicht so viel räumen, doch in keinem Fall das Richtige für vier ausgewachsene Teutonen.

Die Kindsmutter war außer sich wegen der eigenmächtigen Entscheidung des Gatten – da hätte man ja gleich in jene bereits erwähnte Garage ziehen können, das wäre preisgünstiger gewesen und ungefähr genauso groß –, der zerknirscht zugeben musste, die Behausung nur vom Eingang her besichtigt zu haben. Zum einen aus Höflichkeit, weil die Vormieter gerade gestresst beim Umzug waren, zum anderen, weil deswegen sowieso alles vollstand und man keinen Fuß hätte hineinsetzen können. Dafür hatte er doch die Bilder beim Makler und im Internet angeschaut, und es sah alles so schön aus, so weiß und sonnig.

In der Tat, sonnig war es, und frisch gestrichen auch, aber erheblich kleiner als angepriesen. Nun, wir alle wissen ja: Nur Tränen lügen nicht.

Gewarnt sei daher hiermit vor den sogenannten *metros construidos*, offenbar die Bezeichnung für eine Art Nutzfläche, deren Berechnung sich einem nicht sofort erschließt, wohl eher irgendwie das GEFÜHLTE Zusammenwirken von Treppenhaus, Briefkastengröße und Luft auf dem Balkon. Oder so ähnlich. In diesem Fall trennten circa vierzig Quadratmeter und mehr die *metros construidos* von den *metros útiles,* also der tatsächlichen Wohnfläche. Selbst für unseren Anwalt, einen Freund und Kollegen, der auf Mietrecht spezialisiert ist, war das viel.

Ein rascher Wechsel war schwer möglich, da die bayrische Familie, wie bereits erwähnt, auf den letzten Drücker anreiste, der erste Schultag dräute und die Kinderlein im Falle einer erneuten Wohnungssuche einen Nervenzusammenbruch erlitten hätten.

Zudem hatten wir sie ja auch schon mental vorbereitet, ihnen die verbindliche Bushaltestelle vorab im Internet gezeigt, die Fahrpläne (haha, in Spanien) mit Haltestellen ausgedruckt, und der Hund, der Pferde und Hühner liebt, wollte partout auf die Plaza España zu den berittenen Polizisten.

So ergaben wir uns, diente doch die spanische Reise auch als Katharsis – die Eltern, ohnehin leicht angeödet vom allzu bequemen, beschaulichen bayrischen Fünfseen-Leben, wollten mit dem Umzug die Wohlstandskinder disziplinieren und ihnen mal zeigen, wie Wohnen wirklich geht! Vor allem dem einen Sohn, dem großen: nicht den ganzen Tag am Bootssteg herumhängen und Partys bis zum Abwinken.

Andere stecken ihre Kinder ins Internat, in unserem Fall ging die gesamte Familie ins Exil, vom oberbayrischen Postkartenidyll mitten hinein in die Großstadt unter Tauben. Nur ein Köfferchen durfte jeder mitnehmen, plus Handgepäck. Gnadenlos erteilten wir Lektionen in puncto Minimalismus.

»Zu viel«, beschied ich knapp die Sprösslinge, vor allem unseren großen Sohn, der sein ganzes Zimmer einpacken wollte und gerne mal mit dem Übersee-Gepäck-Set einer Diva zu verreisen pflegt, sei es auch nur ein paar Tage zum Campen.

In Deutschland ließen wir sozusagen alles stehen und liegen. Bis auf vier Löffelchen, vier Gäbelchen, vier Becherchen ... Das Bild von den vier Zwergen ist in Anbetracht der miniaturhaften Wohnung nicht unangebracht.

Mittlerweile leben wir fast vier Jahre aus dem Koffer. Und das geht.

Für die Kinder erwarben wir natürlich Standard-Zimmereinrichtungen bei einem berühmten schwedischen Möbelhersteller – das würde gerade mal so halten, die paar Monate. Wir Eltern hingegen begnügten uns beispiellos asketisch mit wohltuend leerem Raum, bis heute.

Allerdings muss dazugesagt werden, dass sich in fast jeder spanischen Wohnung Einbauschränke und -regale oder gar ganze Ankleidezimmer befinden und man oft eine nicht nur pragmatische, sondern auch geschmackvolle Küchen- und Teilmöblierung nutznießt. Bei allem Purismus – gewisse Hotelstandards sind nicht zu verachten.

Der Vertrag wurde jedenfalls trotz aller Widrigkeiten endgültig unterschrieben. Hunde waren übrigens auch nicht erlaubt. Unser Freund und Anwalt setzte ein besorgtes Gesicht auf und zeigte sich nur mäßig belustigt, als wir unseren Hund als *amigo invisible* auswiesen. Es ist nämlich eine beliebte spanische Weihnachtstradition, dem »unsichtbaren Freund« etwas zu schenken.

Das Erste, was die Kinder beim Einzug sahen, waren drei auf der Straße in einem Hauseingang sitzende Studentchen, die sich Koks einpfiffen. Wie gesagt, in Malasaña versteht man zu feiern!

Der eine Sohn, der kleine Sohn, blickte vorwurfsvoll und sagte: »Das ist aber nicht das richtige Umfeld für Kinder.«

Der andere schnaubte nur: »Voll der Slum, ey.«

Kurz dachte ich reuevoll an die alles andere als »sensiblen« Zonen der gespenstischen *urbanizaciónes* mit ihren grünen Parzellen und lauwarmen Pools. Klar, für pubertierende Heranwachsende war das hier vielleicht wirklich nicht der adäquate Lebensraum …

Andererseits, der kleine Sohn hatte schon mit zwölf Jahren Schuhgröße fünfundvierzig und ein gefühltes Lebendgewicht von siebzig Kilogramm – ausgemergelte, schwächliche Junkies wären für ihn wohl kaum eine ernsthafte Gefahr.

Er war auch bald versöhnt, fand er es doch wahnsinnig aufregend, in einem echten Mehrparteienhaus zu wohnen – so etwas kannte das Kind ja noch nicht. Auch die Gegensprechanlage fand er super, denn im oberbayrischen Domizil gab es nur einen großen Zaun, eine der Haustüren stand immer offen oder hatte einen dieser von außen zu öffnenden praktischen Drehgriffe, und die Post flog auch immer direkt ins Haus. Die Eingangstür der Zwergenwohnung war dagegen mit Millionen Schlössern gesichert.

»Madrid ist ein heißes Pflaster«, vertraute mir die alte Nachbarin an, die selbst zum Müllrunterbringen immer sorgsam minutenlang die Tür verriegelte, um sie danach wieder minutenlang aufzuschließen. Das Procedere der Ver- und Entriegelungsarie dauerte damit länger als der eigentliche Gang zum Mülleimer.

Ich war nur kurz versucht, es ihr gleichzutun, denn der Kindsvater schüttelte ungläubig den Kopf, als er mich an der Tür hantieren sah.

»Wir haben Rio überlebt«, mahnte er und erinnerte damit an Zeiten, in denen wir trotz der eindringlichen Empfehlung von Einheimischen die Vierfachtüren/-gitter/-schlösser leichtsinnigerweise ungesichert gelassen hatten und (zweifellos mit viel Glück) nie zu Schaden gekommen waren. Außerdem waren wir damals noch jung und mutig und nicht durch Kinder verweichlicht.

Schon nach wenigen Wochen erfasste mich eine Art Camping-Syndrom, soll heißen, die Wohnung war gefühlt so groß wie ein Wohnmobil. Dafür war das Gegenüber aller Räumchen bezaubernd, ich tröstete mich mit dem Blick auf Bäume und ein pastellfarbenes Haus im Kolonialstil, dessen französische Balkone von prachtvollen Blumen überquollen.

»Ihr müsst euch aber sehr lieben, wenn ihr es hier aushaltet«, stellte eine deutsche Freundin fest, die zu Besuch weilte und uns und unser deutsches Heim seit langem kennt.

Das stimmte nur bedingt. Der Kindsvater legte zusätzlich zu seinem normalen Reisepensum enorme Auslandsaktivitäten an den Tag. Es ging schließlich ums nackte Überleben. Auch die Kindsmutter machte sich vom Acker, sobald die Wohnung voll wurde, sprich Freunde der Kinder vorbeikamen. Sightseeing, Kultur, geprägt wurde das Wort vom »Not-Shoppen«. Nichts nervt mehr, als einkaufen gehen zu MÜSSEN. Normalerweise sieht, probiert (oder auch nicht), kauft man. Im Vorübergehen.

Am Abend gehörte die Bude ohnehin den Kindern, weil die Eltern sich in einer der zehntausend Kneipen ums Eck, gnadenlos und verzweifelt ob der heimischen Enge – im »Salon« war kaum Platz für ein Sofa –, die Mütze gaben. Auf eine gewisse Weise waren wir damit die klassischen *cama-caliente*-Mieter.

In rückblickender Milde war es dann doch eine schöne Zeit, ungewohnt besinnlich. Wir rückten zusammen, in jedem Sinn. In einem großen Haus mit mehreren Eingängen und Ebenen ist alles unübersichtlich, es herrscht ein oft unkontrolliertes Kommen und Gehen an allen Ecken und Enden (zumindest in unserer Familie). Eine kleine Wohnung kann da bei aller Enge sehr gemütlich sein.

Der eine Sohn, der große, den wir früher kaum zu Gesicht bekommen hatten, höchstens mürrisch und müslikauend beim Frühstück, und dessen muntere

Skype-Gespräche mit Deutschland, Uruguay oder England (wo einige der alten Kumpels lebten) wir nun so unfreiwillig wie mühelos mitzuhören in der Lage waren, suchte plötzlich ungewohnterweise und zunehmend oft gar zu große Nähe und das vertraute Gespräch. Diese permanente, penetrante Zutraulichkeit wurde bisweilen fast schon lästig!

Doch irgendwann war genug gekuschelt. Wir Eltern fanden, dass wir uns lange genug im Wohnwagen kasteit hatten, die Kinder wussten jetzt, was eine Mietwohnung war, und sie wussten vor allem, was eine KLEINE Mietwohnung war, die Primärmission des »kathartischen« Jahres war damit erfüllt!

Sobald es ging, zogen wir in geräumigere Hallen um. Trotzdem heulen alle noch heute dem »Slum« nach, und sogar der Hund muss umgeleitet werden, kommt man in die Nähe dieser ehemaligen Wohnung, weil er sämtliche Pfoten wie ein störrisches Maultier in den Boden stemmt und die zwei Stockwerke ohne Aufzug in ein Zuhause erklimmen will, das längst Geschichte ist.

Festzustellen bleibt: Die wenigen Nachteile an Malasaña sind die, dass es einfach keine wirklich großzügigen Wohnungen gibt und dass die Müllabfuhr nachts (also JEDE Nacht) um vier kommt und den bei offenem Balkon schlafenden Exterioristen brutal aus dem Schlaf reißt. In den spießigeren Vierteln kommt sie übrigens etwas früher.

Aber wer in Malasaña nachts schläft, ist selbst schuld.

2

Ein Hundeleben

Als Hundebesitzer ist man nun ja so ziemlich auf ausgedehnte Grünflächen angewiesen, erst recht als Hundebesitzer in Madrid.

Die oben beschriebene erste Wohnung war quasi einen Steinwurf von der Plaza España entfernt – nicht wirklich ein Hundeparadies, aber immerhin eine Ansammlung von Bäumen und Büschen – und dann noch einmal einen Steinwurf weiter vom wirklich herrlichen *Parque del Oeste*, der in das hektargroße Wald- und Wiesengebiet der *Casa de Campo* übergeht, das ehemalige Jagdgebiet der Könige.

Als Franco in den dreißiger Jahren des vergangenen Jahrhunderts versuchte, die Stadt von dort aus einzunehmen, waren die tausendachthundert Hektar von Leichen übersät, heute ist das Gelände wieder ein überaus beliebtes Ausflugsziel für viele Madrilenen: tagsüber für Familien, Jogger und Menschen, die Fahrradfahren lernen – ja, dort habe ich die erste Fahrradlernschule meines Lebens gesehen, für Jung und Alt, also hauptsächlich eher für Alt –, und nachts gehen dort Prostituierte verschiedensten Geschlechts ihrem Gewerbe nach. Ein wirkliches Erholungsgebiet also, da kann sich auch ein Hund austoben. Doch da man manchmal für das Gassigehen nicht stundenlang Zeit hat, weicht man aus und sucht sich Plätze und Anlagen, die mehr oder weniger weit entfernt sind.

Auf diese Weise lernte ich den sogenannten HUNDEPARK kennen und begegnete dort Menschen, von denen einige einmal zu guten Freunden werden sollten, was ich zum damaligen Zeitpunkt allerdings noch nicht wusste. Ana und Diego bin ich auch dort begegnet.

Der Hundepark zeichnet sich dadurch aus, dass am Eingang ein riesiges Hunde-Verbotsschild prangt: »*Prohibido Perros*«. Das macht ihn zum Hundepark, natürlich. Alle Hundebesitzer aus der Gegend treffen sich dort mit ihren Hunden und lassen sie frei laufen. Auch die vielen kleinen Schilder, die im Park auf Gittern und Bänken kleben, werden selbstverständlich ignoriert. Sie sind gelb und haben eine schwarze Aufschrift: »*Perros no*« – »Hunde verboten«, steht da zu lesen, und zur Sicherheit ist auch noch der dick durchgestrichene Umriss eines Pudels aufgedruckt. Diese gelben Verbotsschilder wiederum wurden – ganz offensichtlich von renitenten Verbotsgegnern – jedoch durchgestrichen, und so ist leider nicht mehr erkennbar, dass im famosesten Hundepark Chamberís Hunde ausdrücklich verboten sind.

Als irgendeine Mission meinen Hund und mich in diese Gegend trug und ich die Palmen und Olivenbäume entdeckte, zögerte ich tatsächlich am Eingang – obwohl nicht sonderlich autoritätsgläubig, so doch grunddeutsch –, leinte meinen Hund wieder an, betrat zögerlich das kleine Biotop und spähte nach links und rechts. Erst mal abchecken, das fremde Terrain.

Direkt vor dem Eingang und somit abgetrennt von der eigentlichen Anlage, befand sich eine große, rechteckige Sandfläche mit einer riesigen Mülltonne, eingezäunt und mittels einer Tafel ausdrücklich als Hundespielplatz ausgewiesen.

Diese Fläche war komplett hundefrei.

Doch weiter hinten, am Springbrunnen, da bellte und japste es, Hunde rannten über die Wiesen, übersprangen die gelben Verbotsschilder, und unter den schattenspendenden Ranken der wuchernden Glyzinien standen lachend und schnatternd einige Frauen und rauchten Kette, darunter auch Ana.

Ich ließ meinen Hund frei, der erst einmal das nächstbeste gelbe Verbotsschild anpinkelte, und ging Richtung Springbrunnen, wobei ich ein unverfängliches Gesicht aufsetzte und nicht im Geringsten ahnte, wie viele angeregte Stunden ich mit einigen dieser wild gestikulierenden Señoras noch verbringen würde.

Wir sollten den *tertulia indiscreta*, den »Indiskreten Stammtisch«, oder eher die indiskrete Klatschrunde, ins Leben rufen.

Doch zum damaligen Zeitpunkt musterten sie mich noch kritisch und neugierig, und ich tauchte noch ein paarmal sporadisch auf. Später erzählten sie mir, dass es ein langes Rätselraten um meine Nationalität gegeben hatte, und am Ende waren sich alle einig, dass ich ganz klar nur eine Russin sein konnte … Ich habe nie gefragt, warum.

Es war keineswegs so, dass sie mit ausgebreiteten Armen auf mich gewartet hätten. Die Spanier sind bei aller Ausgelassenheit und Lebensfreude gleichzeitig auch sehr diskret. Das heißt, bei aller Gastfreundschaft werden immer gewisse Grenzen gewahrt. So lädt ein Spanier äußerst selten zu sich nach Hause ein, Geburtstage, Kommunionen, Beförderungen und silberne Hochzeiten etwa werden immer außerhäusig im Restaurant oder in der Bar gefeiert. Auch ein Kaffeeplausch in den eigenen vier Wänden unter

Nachbarn und sogar Familienmitgliedern ist eher unüblich. Wird man doch einmal in die heiligen privaten Hallen zitiert, gleicht das einem Ritterschlag.

Meist ist das Essen dann recht förmlich, die Bedienstete reicht die Suppe, schenkt Wein nach, verteilt noch eine Kartoffel und so weiter. So richtig gemütlich ist das nicht. Ich habe es bisher nur bei Ana erlebt, dass alles ganz zwanglos ablief.

Den Madrilenen im Speziellen sagt man nach, dass sie ausgesprochen offen und gerade Fremden gegenüber hilfsbereit seien, was ich unbedingt bestätigen kann. Gleichzeitig nennt man sie *chulo*, also etwas unverschämt, frech, was es auch ganz gut trifft.

Meine Freundin Maite, natürlich ebenfalls ein Mitglied des *tertulia indiscreta*, die in Chamberí geboren ist und auch unbedingt dort sterben will, ist die perfekte Verkörperung dieser Mischung aus liebenswerthöflich und respektlos, aus neugierig-interessiert einerseits und traditionsbewusst-stolz andererseits. Maite ist für mich die klassische »Maja«, sie hat eine raue Stimme, ein bezauberndes schiefes Lächeln und ist die hilfsbereiteste Person, die ich kenne.

»Wenn du oder deine Familie etwas braucht, egal was, ruf mich an, ich komme sofort, wir sind schließlich Nachbarn und Freunde!«

Wie oft habe ich diesen Satz, mit großer Eindringlichkeit vorgebracht, schon von ihr gehört.

Sie selbst nennt sich *castiza*, in Madrid aufgewachsen, von Madrid geprägt, Madrid im Herzen. Ein »Urviech« also, ein Original wie die Berliner Schnauze, der *porteño* aus Buenos Aires oder die *cariocas* aus Rio. Maite, für eine Spanierin übrigens erstaunlich weit gereist, denn die meisten ihrer Landsleute verbringen den Urlaub im eigenen Land, ist beständig bemüht, mir das »wahre« Madrid zu zeigen. Immer hat sie etwas für mich, schleppt mir Bücher an, die ich lesen muss, Tüten voller CDs, die ich hören muss. Eines Tages stand sie sogar mit einem Packen Vinylschallplatten und ihrem alten PLATTENSPIELER vor der Tür, weil sie weiß, dass ich musikverrückt bin und sie mir keinesfalls die unbedingten Perlen der spanischen *coplas* und *flamencos* vorenthalten wollte.

Maite überreicht mir feierlich Zeitungsausschnitte mit Reiseberichten, die mir Appetit auf das unbekannte Spanien machen sollen, und empfiehlt beharrlich diverse Kirchenkuppeln, die man unbedingt gesehen haben muss, weil mindestens Goya dort oben gewirkt haben soll. Dabei ist sie selbst völlig gottlos, außerdem stolz auf die lange Arbeitertradition in ihrer Familie und von äußerst trockenem Humor.

Ganz anders als Pilar, eine gläubige Katholikin und dezente Monarchistin mit einem feinen Sinn für Ironie, die selbst so hoheitsvoll wirkt, als sei sie von königlichem Geblüt. Besonders, wenn sie ihren Regenhut aufhat.

»Dann sieht sie aus wie Philipp der Zweite«, behauptet Ana immer.

Wenn Pilar, ihren mindestens genauso vornehmen Hund im Schlepptau, die Straßen unseres kleinen Viertels entlangschreitet, pflegt sie fast jedem dritten huldvoll zuzuwinken. Sie lebt schon lange hier und hat dementsprechend viele Bekannte (oder Untertanen). Pilar verwöhnt ihren Hund über alle Maßen, und nicht nur mir drängt sich der Eindruck auf, dass es eher DAS HAUSTIER ist, das sich gnädig dazu herablässt, sein Frauchen ab und an ein wenig auszuführen.

»Sagen wir es mal so«, formulierte Pilar einmal fein lächelnd auf eine entsprechende Bemerkung von uns aus dem *tertulia*, »mein Hund erlaubt mir, die Wohnung mit ihm zu teilen.«

Pilar liest *ABC*, die älteste, sehr traditionelle Zeitung Madrids, und hat Englisch studiert. Deshalb ist sie diejenige, bei der ich in grammatikalischen Detailfragen, die etwa den vertrackten Einsatz des *pretérito pluscuamperfecto de subjuntivo* betreffen, jederzeit unbedingt um Rat fragen kann – und stets eine zufriedenstellende Erklärung über den Gebrauch von Konjunktiven in verschiedenen Zeiten bekomme.

Frage ich dagegen einen anderen »Tertulianer«, etwa Diego, runzelt er die Stirn, rückt an seiner Brille und sagt: »*Hombre*. Habe ich das mal gelernt? Keine Ahnung. So redet doch kein Mensch.«

Und die gottlose Maite legt ihren Kopf mit den kurzgeschnittenen Haaren schief, grinst und will mir lieber ein paar unanständige Ausdrücke beibringen.

Ich weise sie dann jedes Mal darauf hin, dass ich dazu nur meine Kinder fragen muss, die hatten schon nach den ersten Wochen dank ihrer nichtsnutzigen Schulkameraden einen bemerkenswerten Wortschatz drauf.

Okay. Da halte ich mich dann doch lieber an Pilar. Bei aller Seriosität haftet ihr etwas unbestreitbar Bohemienhaftes an, und genau wie Maite ist sie – obwohl eher konservativ – immer kritisch, bemüht und hilfsbereit, was sowohl meine soziokulturelle als auch historische Ahnungslosigkeit angeht.

La Razón, die ultrarechte Tageszeitung, liest übrigens keiner aus unserer Runde.

Besonders Ana, deren Großmutter einst beachtliche Ländereien besaß – kam die Oma aufs Feld, standen bei Ankunft der »Herrin« die Arbeiter respektvoll Spalier, die Frauen rechts, die Männer links –, kann man mit allen möglichen und unmöglichen Fragen bombardieren, bis hin zur totalen Indiskretion.

Was ich bei Pilar nie wagen würde. Die würde mir allerdings auch nicht kichernd wie Ana anvertrauen, dass man die Infantin Elena im – intellektuellen, wortspielerischen – Volksmund auch zärtlich »Elefanta« nennt, in Anspielung auf gewisse geistige und körperliche Eigenheiten.

Ferner wäre noch Óscar zu erwähnen, der Land und Leute von ihrer schlimmsten Seite kennt, weil er bis vor kurzem für alle möglichen und unmöglichen Herz-Schmerz-Postillen, die *prensa rosa*, gearbeitet hat und journalistisch unter anderem für die schamlosesten Fernsehformate zuständig war, wie er nicht ohne Stolz zugibt. Óscar legt großen Wert auf luxuriöse Körperpflege und modebewusste Kleidung, hat ein strahlendes Lächeln, und besonders jungenhaft und süß sieht er aus, wenn er gerade mal wieder einen seiner so lästerlichen wie luziden Kommentare abgibt – er hat einfach zu allem und jedem eine sehr dezidierte Meinung. Óscar ist politisch völlig unkorrekt und steht dazu. Sein Zynismus ist wirklich herzerfrischend und wird höchstens von dem Maites übertroffen, von Ana gar nicht zu reden. Natürlich sind sie alle echte Sonnenscheine!

Das ist im Kern unser bitterböser Indiskreter Stammtisch, den ich bei meinen damaligen seltenen Besuchen im Hundepark – wir wohnten noch zu weit weg – nur aus der Ferne sah. Weit entfernt also von künftigen Freuden, die mir die Bekanntschaft mit dieser buntgemischten, ungefähr gleichaltrigen Truppe noch bringen würde.

Ob Dramen und/oder Banalitäten, bei unseren täglichen Treffen in gemischter Besetzung geht's nicht nur um Skandälchen, nebenbei bekomme ich noch Geschichts- und Sozialkundeunterricht, denn immer wird über Spanien diskutiert – oder besser: geschimpft. Die so extrovertierten wie kritischen Madrilenen sind vielleicht die unpatriotischsten aller Spanier.

Es war Maite, die mich einmal zur Historienkunde in einige von Madrids uralten Kneipen führte, die Treppen hinunter in schlauchförmige Keller, wo sie mir erklärte, wie sich die Madrilenen früher während der Bombenangriffe hierhin geflüchtet hatten und die Restaurants somit zu Bunkern wurden.

»Jeder Krieg ist schlimm, doch ein Bürgerkrieg, in dem Landsleute gegeneinander kämpfen, ist das Allerschlimmste. Wenn sich Familien und Nachbarn entzweien und aufeinander losgehen, das ist wirklich traurig.«

Sie erzählte, wie ihr Vater Bücher verbrannte, aus Angst, von den falanghistischen Hausbewohnern denunziert und verhaftet zu werden.

Die Franco-Zeit sitzt den Spaniern noch in den Knochen, nur die jungen Leute bis dreißig scheinen unbelastet davon aufgewachsen zu sein. Allerdings hat mir einmal der Freund meines großen Sohnes empört erzählt, dass in seinem Reli-Kurs fast die ganze Klasse gegen Abtreibung, für Franco und die Todesstrafe sei. Er habe sich dann bemüßigt gefühlt, der neuen, darüber ziemlich schockierten deutschen Lehrerin zu erklären, dass »nicht alle Spanier« so dächten.

In der Tat sind laut einer Umfrage vier von zehn jungen Spaniern für die Wiedereinführung der Todesstrafe. Als ich das einmal Diego sage, grinst er nur und erwidert: »Ja, aber welche! Komm, wir gehen jetzt spazieren, und dann zeig ich dir genau die vier, die dafür sind. Die Idioten erkennt man doch sofort.«

Ich weiß nicht, ob das so wäre, wir haben es nicht weiterverfolgt.

Zurück zu erbaulicheren Themen: Maite war es auch, die zum »Tag der Tapas« an der offiziellen Touri-Route vorbei eine perfekt ausgearbeitete Besichtigungstour durch die tollsten Tapabars der Stadt organisierte, gespickt mit eminent wichtigen Sehenswürdigkeiten wie der beliebtesten Selbstmörderbrücke Madrids.

In einer der ersten der schönen uralten Bars erwischte uns das Fernsehen und wollte interviewen, was eine aus unserer Runde dann so souverän wie launig hinter sich brachte.

Peinlich wurde es erst, als wir denselben Fernsehfritzen dann noch ungefähr dreimal in anderen Bars begegneten (die mussten ihren Beitrag nun mal bis nachmittags fertig haben), woraufhin wir uns mit unseren Bier- und Weingläsern verlegen in die Ecke drückten und keineswegs als die gnadenlosen Zecher geoutet werden wollten, die wir tatsächlich waren. Die Tapas waren natürlich nur ein Vorwand.

Und so weiter.

Genau das ist das Tolle an den Spaniern oder den Madrilenen: dass sie eigentlich aus jeder Gelegenheit ein Fest zu machen wissen, selbst wenn sie sich zum Vormittagsplausch auf der *plaza* beim Bäcker oder zum *petanca*, einer Art Boule oder Boccia, neben dem Spielplatz treffen.

Auch ohne offiziellen Anlass findet sich immer und gerne ein Grund zum Feiern, und unvergesslich bleibt mir vom »Tag der Tapas« die Gruppe jener wirklich alten Damen, alle sehr aufgeräumt, die der Reporter, ein modischer junger Mann mit modischem Haarschnitt und noch modischerer Brille, nach dem Geheimnis ihrer offensichtlichen Lebensfreude befragte. Ohne jede Koketterie gaben sie ihr Alter an, alle weit über siebzig, prosteten mit ihrem *vino tinto* dem jungen Mann zu und lachten. »Immer rausgehen, immer tanzen und singen. Nie zu Hause bleiben!«, erklärten sie.

Der Modische lächelte albern.

Dann stand eine der Damen auf, raffte ihre Röcke und legte einen Flamenco hin, der alles andere als peinlich war, von den Umsitzenden mit Händeklatschen und Gesängen angefeuert.

Danach fiel sie erschöpft auf einen Stuhl, wischte sich über das erhitzte Gesicht und zog unvermittelt einen neben ihr sitzenden älteren Herrn an sich, um dem Verdutzten einen raschen Kuss auf die Wange zu drücken.

»Und Liebe, das ist ganz wichtig!«, rief sie lachend, und ihre Freundinnen nickten heftig.

Das ist Spanien!

Ich glaube jenen lustigen Alten ihr schlichtes Rezept aufs Wort, dass sie nur so lebendig bleiben, weil sie ihre Tage nicht im Lehnstuhl verbringen. Zu Hause herumsitzen macht grau und krank, dieser Überzeugung sind die meisten Spanier, und von denen trägt eigentlich keiner – auch im hohen Alter nicht – das in Deutschland so berüchtigte »Rentner-Beige«.

Doch zurück zum HUNDEPARK.

Die Gruppe musterte mich damals also noch skeptisch, während sie am Fuß des alten eisernen Pavillons stand.

»Wo sind all die schönen Pavillons geblieben? Wo

ist meine Jugend hin?«, rief irgendwann später einmal Diego bei einem unserer meist morgendlichen Treffen in gespielter Verzweiflung, als die Rede auf die frühere Beschaffenheit der *plazas* kam.

Offensichtlich befanden sich früher im Zentrum vieler Plätze, zumindest der Plaza Chamberí oder der Plaza Olavide, um die es in jenem Gespräch konkret ging, diese großartigen Eisenkonstrukte, wie man sie noch in den alten Markthallen des Mercado de San Miguel an der Calle Mayor findet, bei deren Anblick man sich in ein längst vergangenes Jahrhundert zurückversetzt fühlt.

Leider wurde dieser authentische Markt, wo man einst ganz normal Obst, Gemüse und so manches andere kaufen konnte, jüngst zum Edel-Delikatess-Marché »aufgeschickt«, wenn Sie wissen, was ich meine. Man kann jetzt dort Pastetchen und karierte Törtchen und Champagner mit drei Austern für dreißig Euro erwerben.

Nostalgische Gefühle wecken auch einige der alten Verkaufsbüdchen im Retiro-Park sowie der tolle Glaspalast, der Palacio de Cristal, ein Traum aus Glas und Eisen, der heute als Forum für Wechselausstellungen genutzt wird.

Auf den *plazas* muss es früher ähnlich ausgesehen haben, als dort Früchte und Knabbereien feilgeboten wurden. Viele detailreiche Darstellungen jener Zeiten finden sich übrigens auf den handbemalten Kacheln in einigen alten Bars.

Heute zeugen nur noch traurige Reste von dieser Vergangenheit, denn die fragilen Kunstwerke mussten den *terrazas* der Lokale mit jenen unvermeidlichen, genormten Plastikstühlen weichen, die mittlerweile die ganze Welt bevölkern.

Meine künftigen besten Freunde vom HUNDEPARK grüßten mich damals nicht nur so knapp, weil ich so selten vorbeikam, sondern es ergab sich auch deshalb kein näherer Kontakt, da unser Hund kein ausgesprochener Partylöwe, sondern eher ein liebebedürftiger, asozialer Einzelgänger ist, der sich gar nichts aus Bällchen und Stöckchen und Artgenossen macht und zudem von fremden Onkeln und Tanten keine Bonbons annimmt!

In diesem Zusammenhang muss erwähnt werden, dass unser Hund eigentlich gar kein richtiger Hund ist.

Unser einer Sohn, der kleine Sohn, nennt ihn einen »Katzenhund«, weil er mit über Augen und Stirn gelegten Pfoten zusammengerollt wie eine Katze schläft, so gut wie nie bellt und gerne Milch und besonders gerne Milchkaffee trinkt.

Er liebt vor allem kleinere Tiere sehr, vor großen hat er Angst, und unser letztes lebendes, äußerst dreistes Zwergkaninchen hat ihn ganz schön geärgert und ist trotzdem immer mit heiler Haut davongekommen.

Unser Hund ist der einzig echte Spanier in der Familie, ein *extremeño*. Er kommt aus Cáceres, also so links oben unter Galizien Richtung Portugal, und hat einen spanischen Pass mit ordentlichen spanischen Einträgen und ein schickes, im deutschen Drucker selbstfabriziertes Passbild. Darauf geht er gewissermaßen in dem Muster des Teppichzipfels aus dem Gästezimmer auf und ist kaum mehr auszumachen in der schwarzweißen Gemengelage aus unregelmäßigen Dielenbohlen, Teppichlilienornamenten und Pfötchen vorm halben Gesicht. Seine wunderschönen bernsteinfarbenen Augen sieht man leider nicht, der Farbteil im Drucker war eingetrocknet.

Für dieses Foto zeichne ich höchstpersönlich verantwortlich. Ich bin übrigens eine jener begnadeten Fotografinnen aus der Männchen-groß-, Männchen-klein- und Ganz-kleines-Männchen-in-ganz-großer-Landschaft-Zeit. Mein sehr früher und einziger Fotoapparat (danach kam das Handy) hatte genau besagte drei Einstellungen.

Ich weiß nicht, warum ich ausgerechnet jetzt an jene berühmte Collage der spanischen Königin Sofia denken muss, die hierzulande für ein gerüttelt Maß an Spott und Hohn sorgte.

Zur Weihnachtszeit pflegt die königliche Familie Grüße zu verschicken, gerne und traditionellerweise mit Fotos aus dem trauten Familienkreis. Da es im letzten Jahr offensichtlich unmöglich war, die fünfzehnköpfige königliche Familie – also Chef Juan Carlos, *Reina* Sofia, die Herzogin von Lugo mit ihren zwei Kindern, den Prinzen von Asturien und seine drei Mädels sowie die Herzogin von Palma (de Mallorca) plus fünfköpfigem Anhang – zu einem gemeinsamen Fototermin zu koordinieren, griff die Königin, nicht faul, zur Selbsthilfe.

Sie montierte in stillen Stunden im Zarzuela-Palast an ihrem Computer um sich und Ehemann Juan Carlos herum sämtliche Enkel mit strahlenden Kindermienen, doch sichtlich ganz offensichtlich von total veralteten Fotos!

Die hiesige Presse argwöhnte anfangs, wer wohl hier Photoshop zu Hilfe genommen habe – unglaublich, kein Hoffotograf, plumpe Retusche und Montage –, bis die Königin stolz erklärte, diese künstlerische Freiheit gehe allein auf ihre Kappe.

Ich weiß nicht, was schlimmer war: das Entsetzen im Land über das allgemein als dilettantisch empfundene Foto, das auf allen Titelseiten prangte – also ich fand es jetzt gar nicht soo schlecht, ehrlich, was an meiner eigenen bildkünstlerischen Vita liegen mag –, oder über die Offenheit der kreativen Königin.

Die Redseligkeit von Doña Sofia in jenen Tagen kannte ohnehin kaum Grenzen.

Etwa zur selben Zeit erschienen anlässlich ihres siebzigsten Geburtstags zwei Biographien über die Königin – und die eine, die autorisierte, sorgte dafür, dass weder den seriösen Tageszeitungen noch den Hochglanzblättern und erst recht nicht den täglichen Morgen-Mittag-Abend-Magazinen mit den üblichen verdächtigen »Experten« der Gesprächsstoff ausging. Es wurde kolportiert, dass Don Juan Carlos die Wände hochgegangen sei, nachdem er mit dem Inhalt der autorisierten Version konfrontiert worden war.

Auch einige keineswegs königstreue Mitglieder des Indiskreten Stammtischs waren der Ansicht – Pilar natürlich besonders –, dass die Autorin, von der Königin im Palast empfangen, mit einigen vertraulichen Informationen aus den stundenlangen Interviews hätte sorgsamer umgehen sollen. Dass die Presseabteilung des Palastes das Werk abgesegnet hatte, war dann noch ein weiterer zu erörternder Punkt.

Im Wesentlichen waren es die Bemerkungen über Abtreibung, Euthanasie und schwule Ehen, die das Land in Wallung brachten. Politiker wie Verbandsvorsitzende empörten sich, wollten die Rolle der Monarchie neu definiert wissen respektive sie ketzerisch generell in Frage stellen – fast unmöglich, denn die meisten Spanier haben nichts gegen ihre Könige. Allerdings gab es auch bedächtigere Kommentatoren, die feststellten, solche Aussagen seien keinesfalls ungewöhnlich oder überraschend bei einer älteren

Dame konservativer Prägung und mit derart königlicher SOZIALISATION. Immerhin ist die spanische Königin die Tochter des Griechenkönigs Paul I. und der deutschen Friederike von Hannover und damit eine Urenkelin von unserem Kaiser Wilhelm.

Ich persönlich hatte das Gefühl, die ohnehin sehr populäre und wirklich überaus beliebte Königin Sofia gewann dadurch noch mehr Sympathien – sei es, weil die Menschen ihre Überzeugungen teilten, sei es, weil man sie als das Opfer eines Vertrauensbruchs ansah. Autorin oder Pressestelle hätten die keineswegs staatsgefährdenden Indiskretionen filtern müssen. Und dass die *Reina* Ministerpräsident Aznar nicht wirklich mochte, ist ja nun auch nicht weltbewegend.

Das Buch wurde übrigens ein Verkaufsschlager.

Von der tierliebenden Königin wieder zu unserem spanischen Hund, der sich gerne in der Sonne schmoren lässt, bis er regelrecht dampft. Trotzdem liebt er das Bayerische sehr, mehr zumindest als Madrid, das zwar wahnsinnig grün ist, aber eben eine Großstadt. Unser Hund wurde von der Todesliste gerettet und ist definitiv schwer traumatisiert.

Auf Wegen, die zu kompliziert sind, um sie hier detailliert zu schildern, haben wir diesen Hund aus dem heißen Cáceres ins nicht ganz so heiße Fünfseenland transportiert, um mit ihm letztlich wieder im sonnigen Madrid zu landen.

Gesagt werden muss, dass wahrscheinlich alle Hunde in Spanien, die paradoxerweise nicht in Städten leben, ein wahres Hundeleben führen.

Meine Freundin Beatrice, ebenfalls ein Mitglied des *tertulia indiscreta*, ist eine sehr elegante Dame, deren Kurzbeschreibung in unserem Club so lautet: »Sie weiß zu leben!«

Außer ihrem Talent zur Lebenskünstlerin und -genießerin ist sie eine wahre Hundeflüsterin, denn sie ist mit Hunden aufgewachsen, übrigens als Einzige von uns aus dem Hundepark, die wir alle ausnahmslos mehr oder weniger zufällig im hohen Alter an einen Hund geraten sind. Die meisten wollten nie einen haben (so wie ich), wurden aber von Mitleid übermannt angesichts der ausgesetzten oder misshandelten Kreaturen (so wie ich).

Beatrice hat schon überall in Spanien gewohnt und behauptet steif und fest, am schlimmsten, *los mas brutos*, seien die Leute im Umland von Madrid im Umgang mit ihren Haustieren, der Rest des Landes sei zivilisierter.

Im *campo*, also auf dem Land, gehen die Menschen oft sehr rüde mit ihren Hunden um. Beatrice hat mir da einige haarsträubende Dinge erzählt, und oft genug sahen wir selbst auf unseren zahllosen Geschäfts- und Urlaubsreisen quer durchs Land Hunde in glühender Hitze an Ketten, die zu kurz waren, um den Schatten oder den Wassernapf zu erreichen. Alleine mussten sie Objekte bewachen, deren – zumindest materieller – Wert sich uns nicht erschloss.

In Spanien, hauptsächlich auf dem Land, ist es in der Regel nicht üblich, mit einem Hund spazieren zu gehen oder in irgendeiner Weise die spezifischen Bedürfnisse des Tieres zu berücksichtigen. Ein Hund ist ein reines Nutztier, er muss entweder das Haus bewachen oder jagen.

Ganz Spanien, sogar die Balearen, ist ein riesiges Jagdgebiet. Hier finden jährlich Hunderttausende von Jagden statt. Die Jäger, insgesamt über eine Million, bilden in Spanien eine enorme Lobby, gleich nach den Fußballfans, und mittlerweile hat sich die ursprünglich ländliche Tradition zu einem Riesengeschäft entwickelt. Selbst die Touristen kommen in Scharen, um ihre Jagdtrophäen nach Hause zu tragen.

Vor diesem Hintergrund ist es nicht erstaunlich, dass man auch mit den Hunden nicht zimperlich umgeht. Taugen die Tiere weder als Wach- noch als Jagdhunde, sind sie wertlos und werden dementsprechend entsorgt.

Das prangert auch die *baronesa* Thyssen an, Tita Cervera, von der man halten kann, was man will. Spanien sei in Bezug auf Tierhaltung ein »rückständiges Land«, ließ sie unlängst verlauten. Sie, die Wohltäterin des Museums Thyssen-Bornemisza, von der ihr Mann Heini einmal gesagt hat, sie sei die einzige seiner Frauen gewesen, die kein Bild hinter seinem Rücken verkauft habe, setzt sich nicht nur für Platanen ein. Sie ließ sich einst nicht nur an die uralten Bäume vor ihrem Museum am Paseo del Prado ketten, die der Bürgermeister für eine neue Straße fällen wollte, sie marschierte auch in Toledo für die Windhunde, die gerne für die Jagd benutzt werden und danach reihenweise an den Bäumen hängen, weil die Leute sie einfach strangulieren, wenn sie die Tiere nicht mehr benötigen.

»No a la caza, sí a los galgos« – »Gegen die Jagd und für die Hunde«, lautete ihr Schlachtruf.

Unser Hund wurde entweder ausgesetzt oder war entlaufen und kommt aus einem Heim, das nicht vergleichbar ist mit einem deutschen Tierheim oder einem hiesigen *refugio*, wo die ausgesetzten oder misshandelten Tiere liebevoll aufgepäppelt werden. Er kommt aus einem Heim, in dem die Tiere zwei Wochen nach ihrer Einlieferung getötet werden, wenn sie niemand abholt, und sie werden nicht eingeschläfert, sondern zu Tode gequält. Details spare ich mir an dieser Stelle, das will niemand wirklich wissen, aber wenigstens haben sie unserem Hund die Ohren gelassen.

So einer muss verwöhnt werden.

Deshalb wird natürlich auch gebilligt, dass er keineswegs normales Hundefutter zu sich nimmt, es muss immer ein bisschen bis komplett Menschennahrung sein, die er erstaunlicherweise gut verträgt. Zum bereits erwähnten Milchkaffee nimmt er morgens vorm üblichen Spazierengehen gnädig ein Stückchen Menschenkeks oder *palmera*, ein typisch spanisches, süßes Teilchen, das die Familienmitglieder brüderlich mit ihm teilen.

»Davon werden Hunde blind«, mahnte mich Beatrice eines Tages, als ich ihr davon erzählte, seitdem gibt es für ihn nur noch Krümel.

Klaglos isst er vegetarisch, gerne auch italienisch, er hat auch nichts gegen Ingwer, nur gegen Kartoffeln, doch am liebsten mag er Hühnchen und besonders gerne Fisch- und Fleischgerichte vom Grill, was die Kindsmutter schon mal verzweifeln lässt, weil sie die Zeiten des Tranchierens oder Filetierens für Kleinkinder weit hinter sich gelassen zu haben glaubte. Doch unser Hund ist ein Hund, dem man definitiv Gutes tun muss.

Gutes, allzu Gutes, wird auch den madrilenischen Stadthunden getan, denn die Hundebesitzer in Madrid vergöttern ihre Hunde. Deshalb wollen sie nur das Beste für sie, deshalb gibt es an jeder Ecke einen Hundewaschsalon und auch nicht wenige Geschäfte mit teilweise absurd anmutenden Ausstattungen für den gehobenen Hundebedarf.

Der wöchentliche, mindestens aber monatliche Besuch im Hundesalon ist nahezu obligatorisch. »Ich gehe doch auch regelmäßig zum Friseur und zur Maniküre«, sagt die elegante Beatrice zu dem Thema, als ich sie verwundert darauf anspreche.

Da viele der Hunde auch echte *mascotas*, also klein und bodennah sind, müssen die Maskottchen regelmäßig vom Madrider Staub gesäubert werden.

Mir blieb eines Tages wirklich der Mund offen stehen, und ich war *boquiabierta*, also sprachlos, als ich im Fernsehen einen Bericht über HUNDEWASCHMASCHINEN sah.

Eine Reporterin, die offenbar noch nie im Leben einen Hund angefasst hatte, nötigte vor laufender Kamera ein süßes, kleines, verstrubbeltes Mischlingsexemplar in diesen Apparat, der ungefähr so breit war wie eine normale Waschmaschine, nur höher und mit einem größeren Bullauge, ansonsten von ähnlicher Beschaffenheit. Sie stellte sich dabei so ungeschickt an, dass die rote Hundeleine, an deren Ende das unglückliche Tier hing, eingeklemmt wurde und ein Gutteil heraushing, was den Hund im Innern der Maschine in seiner Bewegungsfreiheit enorm einschränkte.

»Der wird ja stranguliert«, japste mein Sohn, ich weiß nicht mehr welcher, der mit mir vor dem Fernseher saß. Fassungslos betrachteten wir das weitere Geschehen.

Derweil pries die Reporterin in höchsten Tönen die Maschine an, die angeblich für Tierleib und -seele keine Gefahr darstellte, im Gegenteil, es sei geradezu eine Wohltat für jeden Hund, wie man hier sehr schön sehen könne. Der Hund fühle sich offenbar enorm wohl und genieße das warme Duschbad kolossal, das sich aus dem oberen Teil der Maschine erbarmungslos auf ihn herabgoss.

Das Gebaren des Hundes widerlegte all ihre Aussagen: Der arme, im wahrsten Sinne des Wortes »begossene Pudel« reckte verzweifelt den Kopf, versuchte, noch immer eingeklemmt, in die Ecken auszuweichen, und stemmte schließlich alle vier Pfötchen gegen das Bullauge – ein letzter verzweifelter Versuch, dann ergab er sich seinem Schicksal, wahrscheinlich schwer traumatisiert fürs weitere Hundeleben.

Das ganze Drama in der Maschine blieb von der absolut überforderten Reporterin weitgehend unbemerkt, sie strahlte in die Kamera, zerrte ein bisschen an der Leine, las von einem Zettel die genaue Temperatur des Wassers und des gleich einsetzenden Föhns ab – für die Reportage übrigens alles im Schnelldurchlauf, die normale Prozedur dauerte angeblich etwa zwanzig Minuten.

Der Föhn setzte also ein – und nicht nur dem armen Hund standen die Haare zu Berge. Auch uns vor dem Fernseher blieb die Luft weg.

Im politisch superkorrekten Deutschland hätten schon während des Beitrages Millionen von empörten Hundebesitzern angerufen, der Tierschutzverein hätte sich eingeschaltet, die Reporterin hätte sich einen neuen Job suchen müssen, der Sender hätte im Nu ein Gerichtsverfahren am Hals gehabt …

Ob der tapfere kleine Hund die Maschine lebend wieder verlassen hat, entzieht sich meiner Kenntnis, ich habe zumindest nichts Gegenteiliges gehört.

Völlig schockiert fragte ich tags darauf beim *tertulia indiscreta* nach.

Klar gebe es solche Maschinen, in vielen Stadtteilen Madrids, ob ich sie denn noch nicht gesehen hätte, fragten sie.

»Die benutzt aber kaum jemand«, erklärte Beatrice überzeugt, »obwohl ich schon Hunde gesehen habe, denen das gefällt.«

Óscar lachte fies und sagte süß, ihm gefalle das auch, er habe kein Problem mit dieser ebenso sensationellen wie zweifelhaften Innovation: Da fielen ihm schon einige ein, die er in das Ding reinsetzen würde, aber auf gar keinen Fall seinen Hund.

Insgesamt gilt offenbar, dass der Spanier der garstigen Maschine den persönlichen Kontakt im Hundesalon vorzieht. Denn hier wird nicht nur das Tier verwöhnt, das während des Duschens ein Leckerchen bekommt und von Hand abgerubbelt wird, hier geht es auch Frauchen und Herrchen gut, weil sie ein Schwätzchen halten können, was für jeden Spanier überlebenswichtig ist.

In Deutschland hat es diese Hundewaschmaschine übrigens gar nicht erst auf den Markt geschafft, ließ der Zentralverband Zoologischer Fachbetriebe verlauten.

Wir waren erleichtert ob dieser Nachricht.

3

Leben und leben lassen

Madrid ist laut, und unsere kleine Familie, wie auch der Großteil der Madrilenen, leidet kollektiv unter dem Verkehrslärm, der allgemeinen *contaminación acustica*, denn im Zentrum herrschen oft bis zu siebzig Dezibel.

Nicht alle Stadtviertel sind so ruhig und idyllisch wie etwa die Gegend um den uralten Stadtkern herum, von Sol bis zur Plaza de la Paja, wo die Zeit stehengeblieben zu sein scheint.

Diese Ecke von Madrid strahlt etwas eindeutig Sakrales aus, nicht zuletzt wegen der vielen Kirchen und Klöster, die sich dort befinden. Die Gassen zwischen den schweren, aus grobem Stein gehauenen Gebäuden sind teilweise so schmal, dass bei den Osterprozessionen, die traditionellerweise in Madrid immer hier stattfinden, die Träger der Bruderschaften ganz schön lavieren müssen, um mit ihren teils zentnerschwer mit Blumen, Kerzen und Heiligenstatuen beladenen Altären, den *pasos* oder *tronos*, um die Ecken zu kommen.

Da heißt es manövrieren und in die Knie gehen. Wie wir auf unserer alljährlichen Osterexkursionen beobachten konnten, wiegt in Granada beispielsweise ein typischer *trono*, der aussieht wie ein umgedrehter Tisch, aus massivem Holz oder Metall und üppigst mit Blattgold verziert, samt Ladung und schwankendem

Baldachin knappe tausend Kilo. Da muss man schon gut trainiert sein, um dieses Gewicht fünf Stunden lang, so die Dauer einer durchschnittlichen Prozession, zu stemmen und sich mit dem typischen Wiegeschritt vorwärtszubewegen.

Ich persönlich bin ja eine totale Prozessions-*aficionada*, ein echter Fan, übrigens als Einzige aus der Familie, und sehe mir das immer wieder gerne an.

»Ich warte dann mal da vorne in der Bar«, sagt der Kindsvater bei der Gelegenheit gerne und schlurft davon.

»Ich auch.« Sohn eins eilt hinterher.

Sohn zwei schließt sich aus Männer-Solidarnosc an, nicht ohne mir vorher noch das herzliche Abschiedswort des Adoleszenten mit auf den Weg zu geben: »Du bist ja so peinlich, Mama, echt, wie ein Touri!«

Sogar der Hund, ein Rüde, verlässt mich, ohne zum Abschied leise servus zu fiepen, denn es geht um die Wurscht! Er weiß genau, dass in unmittelbarer Umgebung seiner Herrchen früher oder später Schinken, Pastetchen und Filets in großer Stückzahl auftauchen werden – sicher kein Fehler, sich dieser Männerrunde anzuschließen.

Auch die Prozessionen werden in der Regel von Bruderschaften organisiert, den *cofradías*, die oft einer bestimmten Kirchengemeinde angehören und »ihren« eigenen Christus respektive »ihre« eigene Marienfigur haben, dazu ihre bestimmten Farben und speziellen Rituale. Die *procesiónes* starten in der »Stammkirche« und führen über eine festgelegte Route wieder dorthin zurück.

Die Träger bei den *procesiónes* sind meist Männer, aber es gibt auch Frauen, die erklärte Schwerstarbeit leisten. In Madrid gibt es sogar zwei »Schwesternschaften«, die sich bis zu vier Monaten auf diese Prozedur vorbereiten. Auch die Männer machen zuvor Trockenübungen unter der Anleitung ihres *capataz*, einer Art Animateur, um die enorme körperliche Belastung einer Prozession im wahrsten Sinne des Wortes auf sich nehmen zu können.

Einige Bruderschaften tragen jene berühmten hohen Spitzhauben, *capirotes*, die zum Fürchten sind und unangenehm an den Ku-Klux-Klan gemahnen.

Doch diese »Wichtelmänner« aus Spanien verstehen sich im Gegensatz zu ihren Kollegen aus den Südstaaten der USA nicht als Vollstrecker, sondern als Büßer, als *nazarenos*. Wahre Reue könne nur derjenige zeigen, der sein Gesicht verbirgt, nehme ich interessiert zur Kenntnis. Abgesehen davon gibt es Gläubige, die ihre Sünden abbüßen, indem sie die Prozessionen barfuß absolvieren und schwere Fußketten hinter sich herziehen. Ein bisschen gruselig ist das schon.

Lustig wiederum, dass man diese Mützchen auch flugs *last minute* erwerben kann. In den gängigen heiligen Zentren gibt es Näherinnen, die binnen zehn Minuten für den wohlfeilen Preis von circa dreißig Euro eine maßgerechte Spitzhaube anfertigen, sowohl für den großen als auch für den kleinen Büßer – teilweise sind sogar schon Kinder bei den *nazarenos*. Erst wird der Kopfumfang gemessen, dann die »Schultüte« zusammengetackert, danach kommt der Vorhang mit den Sehschlitzen drüber – fertig.

Gelegentlich begleiten Reiter die *procesiónes*, ab und zu bimmelt ein Glöckchen, auch hört man ein paar traurige Blechbläser – differenziert in ganz schräg = Leidensweg Christi, ganz süß = Jungfrau Maria oder ganz leise = Begräbnis Jesu.

Die Atmosphäre ist wie die ganze Umgebung sehr feierlich. Nur ab und zu, bei der Prozession der Macarena etwa, hört man lautes Rufen beim Anblick der hübschen Heiligen: »*Guapa*!« – »Du Schöne!« – oder auch »Ey Süße!«, was den Frauen durchaus auch mal auf der Straße nachgepfiffen werden kann. Die Zuschauer klatschen und versuchen, den Mantel der Statue zu berühren, was Glück bringen soll, und einige geraten nahezu in einen Zustand religiöser Entrückung.

Eine solche Verehrung von »Götzenbildern« mag auf Nordeuropäer vielleicht befremdlich wirken, doch in Spanien und vor allem in Südspanien, wo der Marienkult stark ausgeprägt ist, haben die Menschen einfach ein viel sinnlicheres Verhältnis zur Religion oder »ihren« Heiligen.

Deshalb werden hier auch die Jungfrauen in rauen Mengen rumgeschleppt, wenn man das mal so salopp ausdrücken darf. Sehr beliebt ist auch die *procesión de la Virgen del Carmen*, der Schutzpatronin des Meeres, und natürlich die *Rocío*, eine der bedeutendsten, wenn nicht gar DIE Fiesta und damit DIE Marienwallfahrt Spaniens: Mehr als eine Million Pilger gehen oder bewältigen jährlich den *camino del Rocío*, den Pilgerweg der Jungfrau Rocío.

Die Leute sind ungefähr eine Woche lang unterwegs, und in dieser Zeit wird mächtig gefeiert und getanzt: tagsüber unter der Sonne Andalusiens, nachts an den Lagerfeuern. Da die frommen Menschen von Versorgungswagen begleitet werden, können sie ausgiebig essen und trinken – bis sie an Pfingsten in El Rocío ankommen. Dort findet zur Belohnung für die erlittenen Strapazen ein dreitägiges, noch rauschenderes Fest statt, zu dessen Höhepunkt die Jungfrau, auch

Paloma Blanca genannt, aus der Kirche getragen wird.

Dagegen ist grundsätzlich nichts zu sagen. Dumm nur, dass ein Teil der drei verschiedenen Pilgerwege durch das Naturschutzgebiet der Doñana läuft (gleich unten links bei Huelva gelegen). Da die Pilger heutzutage immer weniger zu Fuß, auf dem Pferd oder im Planwagen unterwegs sind, wie das früher üblich war, sondern zunehmend mit Geländewagen, Treckern und Quads, leidet das Naturschutzgebiet, was die Umweltschützer auf die Barrikaden treibt.

Die Osterprozessionen dagegen werden brav zu Fuß absolviert, und es gleicht einer Katastrophe, wenn das Wetter nicht mitspielt. Die kostbar bemalten und verzierten, oft jahrhundertealten Figuren auf den *tronos*, die kunstvoll geschnitzten Statuen, die entweder eine Szene vom Kreuzweg oder die Jungfrau Maria in verschiedenen Seelenzuständen abbilden – auch hier wird differenziert in unterschiedliche Schmerzgrade, tief bis erlösend –, dürfen selbstverständlich keiner Feuchtigkeit ausgesetzt werden.

Obwohl jeder Spanier versteht, dass dann seine Heiligen bis zum nächsten Jahr im sicheren Schutz der Kirche verbleiben müssen, brechen nicht nur die Mitglieder der Bruderschaften in heiße Tränen aus – es ist es eine große, landesweite Tragödie, wenn die Prozessionen verregnet sind.

In einigen Städten im Süden sind die Osterprozessionen regelrechte Shows, die zum Teil religiös und zum Teil fast schon folkloristisch sind. Deswegen preisen die Fremdenverkehrsämter sie mittlerweile auch als Touristenattraktion an.

Nicht nur die Promis oder diejenigen, die sich dafür halten, haben eine eigene Loge, also einen Platz am Fenster oder auf einem der Balkone jener Häuser, die beste Sicht auf die Prozession garantieren. Die Logen sind mit schweren roten Samtvorhängen, Troddeln und Palmwedeln geschmückt, wie auch die Absperrungen auf den Straßen.

Bisweilen wirkt das wie in Bayreuth zu den Festspielen: weihevoll, ein religiöses Ereignis, dem recht weltlich begegnet wird. Oder umgekehrt.

Sehen und Gesehenwerden ist zweifelsohne wichtig, man plant lange im voraus Frisur oder Garderobe für das Event *Semana Santa*.

»Kein Wunder, dass dieses Land den Bach runtergeht!«, regt sich Óscar augenrollend auf, wenn wir uns über die *Semana Santa* unterhalten und er von Leuten erzählt, die sich regelmäßig für irgendwelche Festivitäten verschulden. »Wie kann man sich bloß Kleider kaufen, die man sich gar nicht leisten kann!«

Tatsächlich werden – oder besser gesagt wurden – Kredite nicht nur für Autos, Immobilien oder Küchen aufgenommen (und VERGEBEN), sondern auch für Kleider, und zwar zu den verschiedensten Anlässen wie eben Ostern, Kommunion, Hochzeit, den *fallas*, dem großen valencianischen Frühlingsfest, oder zur *feria* von Sevilla.

Besonders Letztere, die April-Messe kurz nach Ostern, ebenfalls eine Art Volksfest, kann durchaus recht kostenintensiv werden. Jede Familie, die etwas auf sich hält, mietet sich Kutschen und Pferde oder Gespanne (sofern sie kein eigenes Gestüt hat), ebenso *casetas*, also Zelt-Büdchen, mit eigenen Köchen und Kellnern und Musikern. Alle sind prachtvoll zurechtgemacht mit Flamencotrachten, die Damen tragen enorme Rosen im Haar, die Herren auf dem erhitzten

Kopf einen Sombrero. So stolzieren oder traben sie vorsichtig – was bei einigen schwer nach »Sonntagsreitern« aussieht – pittoresk durch die Straßen.

Auch die *fallas*-Kostüme kosten ein Vermögen, allein die billigsten um die tausend Euro, die handgearbeiteten, feinbestickten Brokat- und Seidengewänder sind ungleich teurer. Selbst die Kleinsten werden ausstaffiert, und schon für das Gewand einer Vierjährigen kann man einige hundert Euro loswerden.

Man sagt, dass jetzt, in den Zeiten der Krise, gespart wird an allen Gewändern. Mir scheint es unfassbar, dass die Leute sich für ein KLEID verschulden, schließlich halte ich es mit der bezaubernden Audrey Tatou, der Darstellerin von Amélie und Coco Chanel, die einmal bemerkte, ein Kleid werde sie niemals zum Weinen bringen.

Was mich allerdings sehr anrührt, sind die Gesänge, *saetas* genannt, die die Prozessionen im Süden begleiten: kurze, oft improvisierte gesungene Gebete oder Fürbitten. Interessanterweise und glaubensübergreifend sollen sowohl in alten arabischen wie jüdischen sowie christlichen Kirchenmusiken die Wurzeln dieser religiösen Gesänge liegen, klagend, leidenschaftlich, herzergreifend, eindrucksvoll.

Jeder Sänger fühlt sich zutiefst geehrt, wenn er gebeten wird, die Prozession zu »singen«, und viele Städte haben über lange Jahre ihren eigenen offiziellen Interpreten, der die *saetas* normalerweise von einem Balkon aus intoniert.

Man muss dafür kein berühmter Tonkünstler sein, jeder normale Bürger kann die Prozession anhalten und seinem Heiligen eine *saeta* darbringen.

Ich habe schon ambitionierte Kinder sowie Greise mit hohler Stimme vernommen, und meist klingt auch das wunderschön.

Selbst wenn man nicht besonders gläubig ist – eine Prozession in Südspanien sollte ein jeder mal miterlebt haben.

Manchmal verwechseln einige der frommen Menschen die Logen allerdings mit einer Bühne zur Selbstdarstellung, doch jedwede Respektlosigkeit wird sofort geahndet. Die *Semana Santa* ist den Spaniern heilig, und bei allem Spaß: Die Balkons sind schließlich keine Disko, auch wenn die Leute prinzipiell nur allzu bereit sind, Geistliches mit Weltlichem zu verquicken.

»Hier wird doch nur gebetet, um die Lizenz zum Feiern zu kriegen«, sagt Óscar und schnauft genervt, wenn ich ihm ergriffen meine jüngsten Oster-Erlebnisse schildere.

»Na und?«, entgegne ich und will schon ansetzen zu einem kleinen calvinistischen, lustfeindlichen Exkurs.

Da gesteht Beatrice: »Ich bin früher in Andalusien nur auf die Prozessionen gegangen, weil wir an jeder Station eingekehrt sind und die Zeremonie immer lustiger wurde.«

Eben! Die Bevölkerung nimmt nicht nur sehr zahlreich, sondern auch sehr intensiv Anteil: Viele der über hundert oder tausend Zuschauer, die die Straßen säumen, nutzen die »langweiligen« Teile der Prozessionen gerne, um das eine oder andere Schlückchen zu nehmen, ehe es dann fromm weitergeht. Und umso fröhlicher. Was sich ja nicht unbedingt ausschließen muss.

Solche Szenen sind in Madrid undenkbar.

Die Prozessionen in Madrid haben mit den Spektakeln in Andalusien wenig gemein – auch wenn in ihrem Verlauf durchaus einige Zuschauer den zahlreichen Bars in Huerta zusprechen.

Die Umzüge sind sehr ruhig, von feierlichem Ernst, bis hin zur totalen Stille wie beispielsweise bei der *procesiòn del silencio*, der Prozession des Schweigens.

Maites Lieblingsprozession ist der *Jesús Nazareno de Medinaceli* am Karfreitag oder die der *Virgen Dolorosa*, der Schmerzensreichen, am Ostersamstag sehr frühmorgens (mir persönlich zu still und zu früh). Es gibt viele Prozessionen von verschiedenen Kirchen und Bruderschaften, die aber alle in der Gegend um die Plaza de la Villa starten, und in jeder Tageszeitung findet man einen genauen Plan der einzelnen Prozessionen.

Ich wandele gerne durch dieses »heilige« Viertel Madrids, in dem der Lärm der Großstadt nahezu ausgeblendet ist. Man schreitet auf den alten riesigen Pflastersteinen, und es fehlt nicht viel, dass man vermeint, Hufschlag und Droschken zu vernehmen.

Heitere Gelassenheit.

Auch bei den Ordensschwestern, die verschärft in dieser stillen, friedlichen Ecke wirken, irgendwie herrscht hier eine ganz besondere, nahezu transzendente Stimmung. Der Himmel scheint nicht nur blauer, sondern auch näher. »*De Madrid al cielo*«, von Madrid *directement* in den Himmel, das alte Motto der Stadt ist hier überaus zutreffend.

Noch zwei andere Viertel suche ich gerne auf, wenn ich mich vom Lärm ausklinken will: das mittelalterliche Cortes, auch *Barrio de los Literatos* oder *Letras* genannt, in dessen engen Gassen viele berühmte Dichter im Laufe der Jahrhunderte gelebt haben, sowie Lavapiés, wie man das Gassengewirr um den Rastro, den riesengroßen sonntäglichen Flohmarkt, nennt. Lavapiés galt früher als das Viertel der »kleinen Leute«, heute kämpfen die Anwohner gegen Prostitution und Drogenhandel vor ihren Haustüren.

In Lavapiés gibt es noch die meisten *corralas*, die nicht nur mich faszinieren (in den sehr seltenen Wohnungsofferten werden nur echte Interessenten erbeten, »Neugierige mögen sich fernhalten«, heißt es stets). Was mich Schamlose jedoch nicht davon abhält, sofort einen Blick zu riskieren, sobald mal eine Haustür offen steht. Eventuell vorbeischlurfende Anwohner grüße ich jederzeit freundlich und erkläre gegebenenfalls mein ausländisches Interesse. *Corralas* sind jene typischen Häuser mit einem Innenhof voller Galerien, meist uralt, aus morschem Holz und vom Einsturz bedroht.

Angeblich hat die Stadt bereits zwei Drittel dieser historischen Gebäude restauriert, was allerdings den Bewohnern des restlichen Drittels nur wenig hilft. Zum großen Teil handelt es sich dabei um sehr alte Frauen und marokkanische Gastarbeiter. Letztere teilen sich zu angeblichen Wucherpreisen ein küchen- und badloses, feuchtes Appartement voller Schimmel und Risse, in dem sie jeden Moment von einstürzenden Mauern begraben werden können.

Die alten Leute weigern sich dennoch auszuziehen, schließlich haben sie ihr Leben hier verbracht, sind hier geboren worden und zahlen eine extrem niedrige Miete. Sie wollen, dass die Eigentümer renovieren und nicht entmieten, daher ziehen sie es vor, in den baufälligen, winzigen Wohnungen mit den brüchigen Terrassen zu bleiben.

Man muss es gesehen haben – jene Galerien haben ohnehin einen speziellen Charme, doch da sie mit Hunderten oder gar Tausenden jener dünnen Eisenbauträger abgestützt werden, um zumindest nicht sofort in sich zusammenzufallen, kommt mit diesem Gestänge ein ganz spezieller architektonischer Reiz hinzu.

Zwischen dem surreal anmutenden Gewirr eiserner, teils rostiger Stangen auf allen Ebenen, dunkler, schiefer, wegstrebender Holzbalkons, winziger, expressionistisch verzogener Fensterchen und den kilometerlangen, unvermeidlichen, kreuz und quer gespannten Wäscheleinen stehen die alten Frauen beisammen und rauchen. Sie tragen pastellfarbene Hausröcke und palavern über ihr Schicksal. Wenn auch ihr Haus wackelt, sie selbst wanken und weichen nicht.

Castiza.

Übrigens wohnt Maite ebenfalls in einer *corrala*, mitten im gutbürgerlichen Chamberí, was sogar Ana erstaunte, als ich ihr neulich mal die Fotos zeigte. Sie wohnt nämlich seit vielen Jahren in diesem Viertel und wusste nichts von der Existenz solcher Gebäude in ihrer Nachbarschaft.

Umgehend marschierte sie zu Maite, um sich mit eigenen Augen zu überzeugen, und war genauso beeindruckt wie ich zuvor: Man betritt ein unscheinbares Haus mit einer unscheinbaren Fassade, und nachdem man mehrere gläserne Eingangstüren und Treppenstufen passiert hat, ist man mitten im Paradies.

Es ist ein ähnliches Gefühl wie bei den versteckten Gärten im Orient oder wenn man ein Haus in Venedig betritt, das hinter einer schäbigen grauen Mauer versteckt ist und den prachtvollsten Garten entbietet, oder wie in Sevilla, das überfüllt ist mit maurischen Gärten und Patios voller blühender und duftender Obst- und Zierpflanzen.

Kilometerlang scheinen sich die Galerien in die Länge zu strecken, fünf Stockwerke hoch, über und über mit Pflanzen geschmückt, dazwischen die Anwohner, rauchend oder Wäsche aufhängend. Das Zwitschern der Kanarienvögel unterlegt den nachbarschaftlichen Plausch.

Die Vogelkäfige hängen oder stehen meist mitten im Raum, und im Parterre, auf dem kunstvoll gefliesten, bunten Kachelboden des Patios befinden sich neben Tischen und Stühlen oft auch ein Springbrunnen und noch mehr blühende Blumen. Die mannshohen Bananenstauden mit den schimmernden grünen Blättern bei Maite beeindruckten mich ungemein.

»Mensch, dieser Glanz, diese fetten Blätter, so was gibt's doch nur in Spanien«, entfährt es mir. »In Deutschland sehen die Jungs nie so prachtvoll aus, euer spanisches Licht ist einfach magisch.«

»Na ja«, sagt Maite trocken und unterbricht meine Elogen auf spanische Sonne und Madrid *al cielo*, »eigentlich liegt es am Bier.« Dann erklärt sie mir, dass die Pflanzen regelmäßig mit Bier abgewaschen werden, um diesen speziellen Glanz zu erhalten. »Ein Schlückchen für uns, eines für die Bananen«, grinst sie und schenkt ein.

Sie hat mittlerweile die Wohnung gewechselt und ist in ein anderes Stockwerk umgezogen, aber sie wird in ihrem Haus bleiben. »Für immer«, sagt sie.

Solche Oasen sind rar. Kaum verlässt man die hibiskusgesäumten Gässchen der Altstadt oder die eleganten Straßen des ebenso vornehmen wie schläfrigen

Salamanca oder teilnoblen Almagro, wo man bisweilen nur seine eigenen Schritte auf den Goldmeilen widerhallen hört, und gerät auf eine der nächsten größeren Straßen, erwischt es einen voll.

Man ist in einer anderen Welt.

In der echten nämlich, und hier geht es munter zu: Da tobt das Leben im Allgemeinen und der Autoverkehr im Besonderen. Denn leider besteht nicht ganz Madrid aus mittelalterlichen Gässchen und ruhigen Grünzonen wie im nördlichen Stadtteil oder den gepflegten Bezirken um den Retiro. Oder Malasaña, das nicht nur pittoresk, sondern auch besonders ruhig ist – zumindest am Tage, denn nachts toben hier wie auch in Lavapiés oder Latina die Zecher durch die Straßen.

Autofrei sind natürlich auch die wunderbare Plaza Oriente vor dem Königspalast und die Plaza Mayor, die »gute Stube« der Stadt, dieser einheitlich geschlossene Platz aus dem fünfzehnten Jahrhundert, ein historischer Versammlungs- und in früheren Zeiten auch Stierkampfort, auf dem einst Seligsprechungen wie Verbrennungen stattfanden.

Ein Fahrverbot gilt auch in der *Noche en Blanco*, der Weißen Nacht, in der seit einigen Jahren Millionen Menschen ein multimediales Kulturangebot auf den Hauptstraßen genießen und in dieser einen Nacht die ganze Stadt in eine Partymeile verwandeln. Über die diversen Ausstellungen, Installationen und Aktionen sind die Madrilenen zwar geteilter Meinung – zu lange Warteschlangen, zu schlechte Sicht, zu belanglos –, doch die autofreie Nacht finden sie in jedem Fall toll. Autos in der Stadt vermisst hier keiner.

Doch es kann ja nicht immer *Noche en Blanco* sein! Stille Nacht und stille Straßen sind jedenfalls selten, und die ständig wachsenden Fußgängerzonen sind nur ein Tropfen auf den heißen Stein.

Städte sind immer laut und belebt, doch Madrid ist eine der lautesten Städte der Welt, und das empfinde nicht nur ich so, das ist datentechnisch belegt. Trotzdem haben die Madrilenen in einer Studie als größte Lärmbelästigung in ihrer Stadt nicht etwa den unsäglichen Baulärm angegeben.

»Diese Stadt wird seit zwanzig Jahren ohne Pause umgegraben!«, schreit Maite bei einer unserer Runden über den Lärm der Presslufthämmer am Hundepark hinweg, wo unerklärlicherweise wieder einmal ganze Straßenzüge aufgerissen werden – angeblich wegen neuer Gasleitungen.

»Letztes Jahr haben sie hier doch schon Gas verlegt, mal sehen, ob sie es diesmal bis zu meinem Haus schaffen!«, bemerkt Beatrice und zündet sich schicksalsergeben eine neue Ducato an.

Diego lacht. »Das ist doch alles nur künstlich, die wollen doch bloß Pseudo-Jobs schaffen, damit die Arbeitslosenzahlen wieder sinken. Irgendwie müssen sie die *crisis* ja beenden.«

»*Crisis*? Welche Krise? Wir sind doch immer in der Krise«, raunzt Óscar, »Spanien braucht seine Krise.«

Der *tertulia* nickt diskret. Es ist zu laut zum Plauschen an diesem Tag, denn es wird um uns herum nicht nur Auto gefahren und Pressluft gehämmert, sondern auch unglaublich laut und anhaltend gehupt.

Ebendies ist ein sehr typisches madrilenisches Phänomen, in dieser Stadt wird »gefühlt« mehr gehupt als sonst wo auf der Welt, was die Menschen störender als jeden Baulärm empfinden – sei es für die Metro oder den Straßenausbau –, den sie irgendwie als notwendig hinnehmen. Somit dürfte endlich jene vielzitierte These, dass Hupen als südländisches Kommunikationsmittel allgemein anerkannt ist, widerlegt sein. Denn Hupen ist absolut überflüssig und eben NICHT notwendig.

Da wird hupend stundenlang eingeparkt, und dass man nebenbei das Handy ans Ohr quetscht, beschleunigt die Aktion auch nicht gerade, da wird hupend ein Familienmitglied begrüßt, das man mindestens eine Stunde nicht mehr gesehen hat, oder ein Freund oder der Friseur oder der Trainer aus dem Fitnessstudio. Da wird gehupt, auch wenn nicht zu übersehen ist, dass das den fließenden Verkehr blockierende Objekt ein Lieferwagen der Städtischen Gartenverwaltung ist – mit eingebautem Kran –, der gerade einen Baum zur Bepflanzung ablädt. Da wird gehupt, wenn ein Riesenlaster mit unglaublichem Getöse einen der unvermeidlichen Madrider Baucontainer rangiert – die Dinger stehen hier an jeder Straßenecke, weil überall renoviert wird.

Minutenlang gehupt wird gerne auch hinter einem Möbeltransporter, aus dem, für die ganze Autoschlange sichtbar, schwere Möbelteile entladen werden. Nervtötend das Horn gedrückt wird selbst hinter dem Seniorentransporter – *mayores primero*, Ältere zuerst, ein Service der Stadt für betagte Mitbürger –, dessen Fahrer gerade dabei ist, ein paar Senioren einzuladen. Einleuchtend, dass die Sache dauern kann, aber nein: Die Hupe dröhnt, die Senioren kriegen Angst, werden nervös und brauchen somit nur noch länger.

Kurzum – es wird gehupt, dass es eine wahre Freude ist. Und während da aus unzähligen Autos laut ein Signal ertönt, während alle genervt warten, bleibt der Motor selbstverständlich an! Der Spanier ergibt sich nämlich nicht ins Unvermeidliche. Von wegen Motor abstellen! Das hieße ja AUFGEBEN!

Auch er ein echtes Phänomen, der laufende Motor. Er trifft einen überall, denn nicht nur im Stau auf der Straße, auch am Straßenrand und auf Parkplätzen lässt der Spanier gerne mal den Motor laufen, der dann munter vor sich hin lärmt und stinkt.

Den am längsten laufenden Motor habe ich einmal über zwanzig Minuten lang vor unserer Wohnung erlebt, dabei war es keinesfalls so kalt, dass im Wageninneren jemand ohne Standheizung erfroren wäre. Der Fahrer des Jeeps telefonierte zunächst, dann stieg er kurz aus – Motor selbstverständlich weiter an –, kaufte sich etwas an der Ecke in Esperanzas kleinem Laden mit peruanischen Spezialitäten, und als ich später noch mal auf den Balkon musste, besprach er gerade lachend etwas mit einem Taxifahrer, der natürlich ebenfalls den Motor anhatte, während fünf Meter weiter der Jeep mutterseelenallein vor sich hin lärmte. So ist das einfach, eben spanisch. Später kamen dann noch ein paar Mitarbeiter des Umweltamts Madrid vorbei und ließen den Motor ebenfalls an, während sie rasch mal zu Esperanza hineinsprangen …

Nicht selten wird Mittagspause bei laufendem Motor und somit laufender Klimaanlage gemacht. Während der Spanier genüsslich seine Brotzeit verzehrt, bleibt natürlich das Fenster offen, das die dreißig Grad Außentemperatur mal locker reinspült und die Wirkung der Klimaanlage komplett aufhebt. Auch in der U-Bahn und im Bus stößt man auf diese absurde Unsitte: Klimaanlagen auf Hochtouren und offene Fenster.

Der Motor läuft selbstredend auch dann weiter,

wenn ein gutgelaunter Mensch auf der Straße zufällig einen alten Kumpel trifft, mit dem er unbedingt ein Schwätzchen halten muss – wenn die Straße hinter ihm leer ist, wird zusätzlich mal nicht gehupt, dann hört man nur den einen laufenden Motor, SEINEN laufenden Motor.

Auch vor dem Kindergarten bleibt der Motor an – während Mami den Zwerg drinnen abliefert, sitzt Papi im gekühlten Wageninnern und pafft sich eine, während sich draußen viele andere Kleinwüchsige auf wackligen Beinchen oder im Buggy durch die Schwaden der Auspuffgase des bekennenden vollklimatisierten Vaters kämpfen.

Und es war in Madrid, wo ich tatsächlich einen Menschen sein Mofa mit laufendem Motor über den Zebrastreifen oder den Bürgersteig SCHIEBEN sah.

Manchmal packt es mich, dann beuge ich mich zu einem fremden offenen Autofenster hinunter und weise den Menschen dahinter freundlich, aber bestimmt darauf hin, dass es sowohl der Umwelt als auch mir als Passantin guttun würde, wenn er doch bitte den Motor, während er stundenlang auf sonst was wartet …

In den meisten Fällen reagieren die solchermaßen Angesprochenen etwas erstaunt – nie aber böse –, und mit einem schlichten »*Vale*« – »Okay« wird der Motor ausgestellt. Vielleicht spricht es sich ja auch im Zeichen der dräuenden *CRISIS* herum, dass ein abgestellter Motor Sprit spart. Man arbeitet daran.

Der Motor bleibt allerdings auch an, wenn etwa eine Großfamilie mit ihren zahlreichen Mitgliedern jeden Alters die Straßen nach verwertbaren Gegenständen absucht.

Es gibt in Madrid einmal monatlich so eine Art Sperrmüll, den *recogido gratuito*, je nach Viertel an einem anderen Tag. Okay, in manchen Vierteln scheint immer Sperrmüll zu sein, weil dauernd irgendwer umzieht und seinen oder den Kram des Vormieters entsorgen muss.

Die erwähnten omnipräsenten Baucontainer dienen übrigens keineswegs nur zur Aufbewahrung von Bauschutt. Darin landet vielmehr alles, vom letzten Nachthemd bis zum Ventilator.

Auch stinknormaler Hausmüll wird praktischerweise gleich von oben aus dem fünften Stock zielsicher in das riesige Teil unten auf der Straße abgeworfen. Warum auch nicht? So spart man sich den lästigen Gang zur Mülltonne.

Die distinguierte Pilar erzählte dem *tertulia* einmal völlig empört, dass ihr gerade eben solch ein Müllbeutel um die Ohren geflogen sei. Schlimm sei das, wirklich, wie schlecht manche Leute erzogen seien. Ihr Hund setzte sich neben sie – natürlich AUF die Bank – und guckte ebenfalls empört.

Den korrekten deutschen Sperrmüller mag es vielleicht etwas irritieren, wenn da nicht nur kaputte Stühle oder Tische, sondern auch PC-Bildschirme und Festplatten, Küchengeräte, schmutzige Matratzen, halbtote Yuccapalmen, Tablettenschachteln, Lacke oder die eine oder andere Büchersammlung auf der Gasse liegen. Wie ist das noch mal in Deutschland mit dem genau einzuhaltenden Abstand von einem Meter zum Hauseingang oder zur Straßeneinfahrt – selbstverständlich gut einsehbar, weil sonst keine Abholung?

Nie werde ich vergessen, wie ich in der Madrider Anfangszeit ein altes Bücherregal vom Vormieter unter Blut, Schweiß und Tränen zerlegte und mehrfach kilometerweit lief, um es ordentlich zu entsorgen. Ich hätte das ganze scheußliche Ding einfach vor die Tür auf die Straße stellen können, irgendjemand hätte es sicher mitgenommen. In dieser Stadt kann man sich jedenfalls seinen ganzen Hausrat auf der Straße zusammensuchen, wenn man will.

Der Kindsvater kam eines Abends freudestrahlend mit einem hübschen Stuhl an, den wir sorgfältig abduschten, was den Kindern rasend peinlich war – sie sollten mal Kempowski lesen, rieten wir ihnen daraufhin an, wie das so war, damals nach dem Krieg –, bevor er nach wenigen Wochen auseinanderbrach.

Auch die Kindsmutter ertappte sich dabei, wie sie interessiert vor jemandes ausrangierter Plattensammlung haltmachte – echte, wahrhaftige, schwarzglänzende Vinylschallplatten, 45er und auch noch 72er, einfach so, vor der Haustür.

Verdächtige Titel- und Interpretennamen – etwa »*Le llaman Jesús*« – »Sie nennen ihn Jesus« oder »*Los Picadientes de Caborca*« – »Die kariösen Zähne aus Caborca« – sowie spießiger Restekel ließen das Projekt »Kostenlose Schallplatte« schließlich platzen.

Doch volles Verständnis für jeden, der sich liebevoll aus Besteckkästen die gerade benötigten Kuchengabeln zusammenklaubt, wie jenes junge Mädchen, das seinem Freund zurief, sie brauche noch drei, er solle gefälligst weitersuchen. Das Restbesteck zog seine silberne Spur durch die ganze Straße, von den Nachtschwärmern später unter großem Gejohle zum Kicken und rhythmischen Musizieren benutzt …

Sperrmüll geht in Ordnung, auch wenn hier dauernd Sperrmüll ist, und die Leute, die den Sperrmüll durchsuchen, gehen auch in Ordnung –

SOLANGE SIE DABEI NICHT IHR AUTO BEI LAUFENDEM MOTOR DIREKT UNTER UNSEREM FENSTER PARKEN!

Im ungünstigsten Fall handelt es sich um die oben erwähnte Großfamilie, deren wie erwähnt zahlreiche Mitglieder sich über den Motorlärm hinweg brüllend verständigen, während der im Wagen wartende Fahrer ebenso lautstark seine Anweisungen erteilt, bis alles zu seiner Zufriedenheit im hinteren Teil des Wagens verstaut ist, die Bagage in der nächsten Straße ihr Unwesen treiben kann und die die giftigen bösen Abgase ihrer *furgoneta* schwarz in den Himmel über Madrid dräuen lässt.

Ein mindestens genauso dunkles Kapitel der spanischen (Alltags-)Geschichte ist der Umweltschutz. Da wir Deutschen in der Hinsicht ja europaweit als leicht manisch bis messianisch verschrien sind, mag diese Einschätzung eventuell nicht ganz neutral sein. Unser Umwelttick stößt bekanntermaßen im Ausland auf gelindes Befremden, wenn nicht gar völliges Unverständnis.

Für mich ist Spanien umwelttechnisch gesehen ganz klar eine Diaspora. Es kommt in diesem trockenen, permanent unter Wassermangel leidenden Land zu absurd anmutenden Bewässerungen – selbst bei Niesel- oder Schnürlregen werden die unzähligen grünen Lungen der Stadt, all die Rasen, Plätze, Straßenrabatten und Beete besprengt, weil die Sprinkleranlage automatisch eingestellt ist und bewässert, was auch trotz strömenden Regens bewässert werden muss!

Im Sommer herrscht dafür dann wieder allgemeine Wasserknappheit, die unter anderem die Bewässerung der satten Greens auf den immer zahlreicher werdenden Golfplätzen erschwert.

Wir stellen also fest: Umweltbewusstsein – gibt es eher nicht. Sowohl auf der Straße als auch in den meisten Tapabars lässt der Spanier gerne mal fallen, was er gerade in der Hand hält – Colabüchsen, Pappbecher diverser Kaffeeketten, *pipas,* eine beliebte Knabberei, Sonnenblumenkerne, deren Hülsen fast ein jeder achtlos ausspuckt.

Mit penibler Sorgfalt und teils großer kreativer Raffinesse werden Papierchen, Taschentücher oder Zigarettenschachteln in Fenstergitter oder Blumentöpfe gerollt, geknüllt, gedreht – alles wesentlich zeitaufwendiger als der schlichte Abwurf in einen der omnipräsenten Mülleimer. Auch im riesigen Park von der Casa de Campo stapelt sich der Müll von den *fiestas* des Wochenendes, obwohl dort ebenfalls alle paar Meter riesig große Mülleimer extra schräg zum bequemen Einwurf herumstehen.

Welch unsagbares Lob gebührt da den emsigen Mitarbeitern von der Stadtreinigung, die Tag und Nacht in ihren giftgrünen Anzügen im Einsatz sind, um den Dreck ihrer lieben Mitbürger wegzuräumen. Welch Sisyphusarbeit, welch gigantische Arbeitsbeschaffungsmaßnahme. Das sind die wahren Helden Madrids, täglich bis in die frühen Morgenstunden auf Achse.

Spricht man einen ansonsten ganz vernünftigen Madrilenen auf die Müllberge an, versteht er gar nicht, wo das Problem liegt: Wieso, der Dreck muss doch sein, sonst könnten die Reinigungsfirmen ja nicht existieren, und die armen Menschen hätten keine Arbeitsplätze!

Auch die Parks und Grünflächen werden täglich

und sorgfältig gepflegt – ebenso Sisyphus. Einen um den anderen Tag werden die Matratzen und Koffer und Abfälle der ständig wie eine Hydra nachwachsenden obdachlosen Einwandererscharen entsorgt, um am nächsten Morgen nur umso zahlreicher auf den Wiesen oder Pavillons wieder aufzutauchen. Sehr schön zu beobachten auch im Hundepark, wo im Pavillon anfangs ein oder zwei und dann ganz, ganz viele Rumänen wohnten.

Der Hundepark ist sozusagen fest in osteuropäischer Hand, und wenn ich am Vormittag zum Treffen mit dem Indiskreten Stammtisch mal zu früh dran bin, sind die Jungs noch bei der Morgenwäsche am ersten Brunnen nahe beim Eingang und starren mich grimmig an, weil ich es wage, den Park zu betreten.

Oder weil ihnen kalt ist, oder weil sie so nüchtern am Morgen wahrlich nichts zu lachen haben.

Die Rumänen haben das filigrane Gestänge des Pavillons mit Decken und Schlafsäcken undefinierbarer Farben verhüllt, damit sie ein wenig Privatsphäre haben, und überall liegen leere Plastikflaschen und abgenagte Hühnchenknochen, an denen sich die Hunde verschlucken, in den Blumenbeeten. Die Bänke haben sie aus der Verankerung gerissen und im Pavillon aufgestellt. Die Polizei kommt und geht, die Rumänen nicken und gehen und kommen am nächsten Tag wieder, mit einem neuen Rollkoffer.

Irgendwann hat die Stadt die Bänke aus dem Pavillon entfernt, jedoch nicht wieder im Park montiert. Die Beete haben sie entschlankt, außerdem Rosen und Buchs um den Pavillon dezimiert, weil sich so der Müll der Rumänen schneller zusammensuchen lässt.

Bei einem unserer Treffen im Park erzählten Beatrice und Lola uns eine Geschichte, die sie kürzlich hier erlebt hatten.

Lola, die genauso drahtig ist wie ihr Hund, kommt manchmal mit in den Hundepark und macht ihrem Namen alle Ehre: Lola rennt!, und zwar jeden Morgen. Sie pflegt zu joggen und beschämt uns stets aufs Neue, wenn sie locker mit ihrer Riesensonnenbrille und dem schicken Sportdress im Park einläuft.

Die beiden erzählten hin- und hergerissen zwischen Lach- und Wutanfällen, wie die »Tempelbewohner« sie kürzlich gemaßregelt hatten. Sie spazierten seelenruhig auf dem Rondell am Pavillon herum, schwatzend und rauchend, und ihre Hunde, zwei lustige kleine Gesellen, tobten ihrem Bällchen nach. Lolas Hund ist ein sehr lebhaftes Kerlchen, das sich vor Freude förmlich überschlägt, wenn es Artgenossen trifft, und dann auch zu lautem Gebelle neigt.

Wie sie da also so lustwandelten und Lola sowieso eher auf hundertachtzig war wegen ihrer teuren Kaffeemaschine, die schon nach zwei Monaten kaputtgegangen war und die ein berühmtes spanisches Kaufhaus trotz Garantie nicht ersetzen wollte, tauchte der verschlafene Kopf eines der Obdachlosen aus dem Pavillon auf.

»Señoras«, rief er zunächst mehrmals, bis sie den vermeintlichen Gruß erwiderten.

Weit gefehlt. Erstaunt sahen sie den Mann erbost die Treppen herunter auf sie zustapfen. Er meinte ärgerlich – und genau das regte sie am meisten auf, dass er so uncharmant war –, er sei müde und wolle schlafen, der Hund sei zu laut und störe ihn.

Lola erwiderte daraufhin, dass dies ein öffentlicher

Park sei, weshalb hier jeder machen könne, was er wolle, seinen Rausch ausschlafen oder eben bellen.

Doch der Mann blieb hartnäckig: Da vorne sei der offizielle Hundeplatz, erklärte er barsch und wies auf das verwaiste, umzäunte sandige Gelände am Eingang des Parks.

Wo er recht hat, da hat er recht.

Ein Wort gab das andere, der Obdachlose drohte mit der Polizei (!), und bevor Lola sich von ihm in einen ernsthaften Streit verwickeln ließ – soll er doch einen Prozess gegen mich anstrengen, haha –, zog die friedliebende Beatrice sie schnell weg, während ihnen der Mann aufgebracht hinterherrief, er sei zwar obdachlos, aber er habe auch Rechte!

So ist das.

Spanien ist zwar das Land der ewigen Sonne und *fiesta*, der Sangria und des Ballermanns, doch wo Licht ist …

Allein im Großraum Madrid gibt es immer noch vier riesige Elendssiedlungen, und diese *favelas* oder spanisch *chabolas* ließen über Jahre, Jahrzehnte gar, ganze Städte entstehen, in denen Hunderte von Familien leben. Eine der größten ist die *chabola* Cañada Real mit fast vierzigtausend Bewohnern, knapp fünfzehn Kilometer außerhalb der Stadt in Richtung Valencia gelegen und angeblich der größte Drogenumschlagplatz Europas.

Doch nicht nur an den Randgebieten der Zentren haben sich Slums gebildet: In Madrid, mitten in der Stadt, keine zwei Minuten vom schicken, teuren *centro* entfernt, sozusagen in Sichtweite des Königspalasts Palacio Real mit seinen täglich aus der ganzen Welt anreisenden Touristen, hausten auf einem verlassenen Grundstück monatelang mehrere afrikanische Flüchtlinge, sogenannte *subsaharianos*, unter menschenunwürdigen Bedingungen, bis sie irgendwann »entfernt« wurden.

Die Stadt ist dabei, die Slums aufzulösen, denn der *chabolismo* muss beendet werden, da sind sich alle offiziell einig und arbeiten daran. Die Baracken, meist Holz- oder Kartonverschläge oder einfache Ziegelbauten, werden niedergerissen und die Familien mit Kindern, von denen einige in ihrem Leben noch nie einen Wasserhahn gesehen haben und deren Eltern bereits in den Siedlungen geboren wurden, in Sozialwohnungen verpflanzt.

Dort werden sie anfangs betreut – manchmal müssen sie regelrechte Kurse machen oder Sozialprogramme durchlaufen und brauchen in der Regel ein paar Wochen, um sich an das Leben in einer richtigen Wohnung zu gewöhnen.

Reibungslos geht das selten ab, und im nachbarschaftlichen Zusammenleben kommt es oft zu Konflikten, weil sich die neuen Anwohner nur schwer integrieren können oder diffuse Ängste und rassistische Vorurteile zur Diskriminierung der Neuankömmlinge führen, vor allem jener anderer ethnischer Zugehörigkeit. *»Conflictivos no«*, heißt das dann oder *»gitanos no«*, und da werden unerwünschten Familien schon mal die Haustüren mit Bauschaum zugeklebt oder ihnen wird das Auto angezündet.

Dabei wollen viele ihre Slums gar nicht verlassen und zwangsgeräumt werden, und als die Stadt unlängst einige dieser Wildsiedlungen mit Baggern plattmachen wollte, kam es zu bürgerkriegsähnlichen Auseinandersetzungen.

Die Bewohner der Slums fühlten sich überrumpelt,

und die »ordentlichen« Nachbarn argumentierten, da könne ja jeder kommen, sein Haus im Schlosspark bauen und den Strom abzapfen et cetera und überhaupt.

Der älteste Slum Spaniens heißt übrigens »El Vacie« und ist ungefähr zehn Minuten vom Zentrum Sevillas entfernt, dieser »Prinzessin« der spanischen Städte, die so schön ist, dass ein Sprichwort besagt, sie müsse eine Erfindung der englischen und französischen Romanciers des neunzehnten Jahrhunderts sein. Doch in El Vacie blühen keine zehntausend Orangenbäume, und es duftet auch nicht nach Jasmin, vielmehr leben hier seit über siebzig Jahren an die tausend Menschen zwischen Müll, Ratten und in nicht existenten sanitären Verhältnissen. Hier trocknen die Leute sich die Haare mit dem Bügeleisen. Naturalismus?

Menschenmüll?

Auch die Bars sind oft voller Müll – nicht die schicken natürlich. In einer durchschnittlichen Tapasbar watet der Gast jedoch durch ein Meer von Gambaschwänzen, Zigarettenstummeln, Servietten, Zahnstochern und Olivenkernen und fühlt sich ein bisschen wie in einigen der mit Sägespänen ausgestreuten Pubs in London. Etwas befremdlich war das für uns anfangs schon.

Und komisch auch, zumal die Spanier andererseits einen totalen Reinigungsfimmel haben und gerne mit superätzenden, hochtoxischen Wunderwaffen bei der Haushaltsreinigung zugange sind. Jedes Mal, wenn die Kellner in Anas und meiner Lieblingsbar die Kühlauslagen direkt vor unserer Nase an der Theke reinigen, werden wir ganz benebelt und müssen dringend einen neuen Wein bestellen, zum Entlüften.

»Wir haben nichts mehr zu verlieren«, erklärt Ana, »man kennt uns hier, der Ruf ist eh ruiniert.«

Sie hat mich schon vor langer Zeit darüber aufgeklärt, dass es gegen jede gute spanische Sitte verstoße, in einer Bar mehr als ein Getränk zu sich zu nehmen.

Doch wir müssen ja, wegen der toxischen Gase … Kein Wunder, dass die Allergieanfälligkeit hierzulande so dramatisch steigt.

Eine andere durchschlagende Wunderwaffe sind die rezeptfrei zu erstehenden Hardcore-Antibiotika, die hier bei jeder Gelegenheit verwendet werden, und sei das Fieber noch so läppisch.

Das Gesundheitsministerium hat allmählich erkannt, dass der Gebrauch von Antibiotika in Spanien im europäischen Vergleich ungleich hoch ist und viele Erwachsene eine ungesunde Resistenz gegenüber Medikamenten entwickelt haben. Nicht erstaunlich, wenn sie seit dem Kindesalter Antibiotika schlucken. Nun ja, eines für alles …

Mit rezeptfrei ist darum jetzt Schluss.

Ana und Pilar zitieren lachend immer wieder die »berühmten rosa Pillen«, ebenfalls ein Antibiotikum, das ihnen ihr Arzt – sie hatten denselben, weil das hiesige Gesundheitssystem einem jeden einen Arzt in seiner Gegend zuweist, in der Regel wählt der Patient sich seine Ärzte nicht aus – unabhängig voneinander bei allen möglichen Beschwerden verschrieben hatte.

»Haben Sie denn keine rosa Pillen mehr?«, lautete über Jahre hinweg die Frage des Mediziners, egal ob seine Patientinnen an Halsweh, Magenverstimmung oder einem Armbruch litten.

Der Arzt ist mittlerweile gestorben, wahrscheinlich sind ihm die rosa Pillen ausgegangen.

4

Kinderleben

Die Kinder, unsere Kinder, waren – jetzt kann ich es ja sagen – komplette Landeier.

Unser großer Sohn war nie besonders an der bayerischen Landeshauptstadt interessiert (nachdem er wie sein Bruder das Kleinkinder-Pflicht-Kulturprogramm durchlaufen hatte): zu laut, zu voll, zu stressig, zweimal im Jahr zum Klamotten- oder Techno-Kram-Einkaufen, das reicht. Das Leben im Dorf war genug, der See, der Steg, die Freunde. Alles so gemütlich. Unseren kleinen Sohn dagegen versetzte das beschauliche München nahezu in Panik, zumindest aber in Angst und Schrecken – vermutlich weil ZU beschaulich, in Madrid zeigte er nämlich kurz darauf keinerlei Berührungsängste.

Wenn wir ganz früher mit diesem Kind mit der S-Bahn Richtung Stadt fuhren, wurde es schnell unruhig, bekam bereits in Pasing Hunger oder Durst und fand alles schrecklich. Die steilen Rolltreppen bereiteten ihm Unbehagen, dazu all die Farben, die Menschen, die Gerüche – am liebsten wäre es sofort wieder umgekehrt.

Im Auto oder Flieger hingegen reiste dasselbe Kind klaglos bis nach Schweden, Lissabon oder Asien, vorausgesetzt, es hatte genug zu lesen. Die Bücher wurden dann eher mal so nach Gewicht ausgeliehen, muss ich zu unserer Schande gestehen, ab mindestens fünfhundert Seiten. Irgendwann empfahl ich ihm die Russen und Balzac – wiegt schwer, so viel Schicksal.

Aber so eine gemütliche halbstündige Fahrt nach München machte ihn unruhig.

Nie werde ich vergessen, wie ich einmal etwas ganz Wichtiges erledigen wollte und nicht dazu kam, weil mein Zweitgeborener in der bayerischen Metropole an jeder dritten Ecke vor Erschöpfung auf einen Kakao einkehren musste und ich irgendwann total genervt war. Ich kramte gerade mal wieder nach Geld für Kirschen oder gebrannten Mandeln oder sonst was, als er mich am Ärmel zog, das blanke Entsetzen in den Augen. Er war damals ungefähr in der ersten Klasse, hatte jedenfalls gerade lesen gelernt. Fassungslos deutete er auf das Schaufenster eines Modegeschäfts, in dem ein Schild prangte mit der Aufschrift »Verkäuferin gesucht«.

Er sah mich verzweifelt an. »ABER WIR WISSEN DOCH GAR NICHT, WIE SIE AUSSIEHT!«

Solchermaßen großstadtgestählt waren unsere Kinder.

Und obwohl sie nur schimpfend und wehklagend mit nach Spanien gekommen waren, fühlten sie sich nach wenigen Wochen – oder waren es Tage? – hier wie die Fische im Wasser. Schon lange bevor das Sabbatjahr abgelaufen war, wussten sie, dass sie nicht mehr zurück nach Deutschland wollten. Sie waren vom allgemeinen SPANIENGEFÜHL übermannt. Oder besser gesagt: dem speziellen Madrid-Gefühl, denn Madrid ist eine offene Stadt (jaja, neben Rom), die jedem eine Chance gibt und die jeden akzeptiert. Oder, um es ganz pathetisch zu sagen: die jeden mit offenen Armen aufnimmt (wie das dann im Detail ausgeht, ist eine andere Sache, ich sag nur Behördengänge).

Nicht allein das Wetter, speziell dieser unglaubliche Himmel, macht das SPANIENGEFÜHL aus oder die überwiegend fröhliche Atmosphäre auf den Straßen. Zunächst einmal fühlt man sich hier einfach wohl, zumindest unsere Familie – wir Eltern kannten das ja schon, waren aber froh, dass unsere Kinder es ebenso empfanden.

Der eine Sohn sagte, hier seien einfach alle »viel netter als in Deutschland« und »viel ANSCHMIEGSAMER«.

Wir enthielten uns darob jeden Kommentars oder jeder Nachfrage.

Der andere Sohn meinte knapp wie immer: »Hier ist es einfach komplett anders als in Deutschland. Passt schon.«

Und wie hatte er einst getönt und die Tage gezählt bis zur vermeintlichen Rückkehr, und wie schnell hatte er selbige vergessen …

Sowohl die Tage als auch die Rückkehr.

Auf jeden Fall hörte dieses ganze Geskype und endlos mit der Heimat Getelefoniere auch recht bald auf, dann wollten die jungen Herren nicht mal mehr an Weihnachten in die alte Heimat und auch nicht so recht in den Sommerferien, und schließlich machte der große Sohn schon nach drei Jahren den Führerschein in Madrid, mit spanischen Theorie-Lehrbüchern. Er hätte die Prüfung auch auf Deutsch absolvieren können, wollte aber nicht. Vielmehr erwählte er ein Etablissement mit dem schönen Namen »Autoescuela Sevilla«. Hier heißen die Fahrschulen nämlich nicht profan »Fahrschule H. P. Müller« oder »Hörbies (vermutlich eher Hörbie's) Fahrschule«, sondern haben so poetische Namen wie etwa »Le Mans« oder »Venezia«. Oder gar »*Libertad*«.

Er könne sich das Rauchen ruhig wieder abgewöhnen, erinnerten wir ihn nach ungefähr einem Jahr in Madrid, jetzt, da er nicht mehr todunglücklich sei und sein Leben nicht verwirkt – im Gegenteil, er hatte eindeutig seine alte Lebensfreude wiedergefunden. Vielleicht sogar ein bisschen zu viel Lebensfreude, zumindest für unseren Geschmack.

Dieses Kind kann zum Beispiel problemlos seine gesamten achtwöchigen Sommerferien mit Ankunfts- und Abschiedspartys verbringen: Reist er von Madrid nach Bayern, finden zuvor ungefähr fünfzig Abschiedsfeten in Spanien statt, dann fünfzig Ankunftsfeten in D-land, danach die normalen Feiern wie Geburtstage, Verabschiedung in den Urlaub der tausend besten sowie zehntausend allgemeinen Freunde, und kurz darauf ist es auch schon wieder Zeit, sich langsam locker zu machen für die ersten Abschiedspartys in Deutschland und die Ankunftsparty in Madrid.

Und vice versa.

Während der normalen Arbeitswoche geht es jedoch einigermaßen diszipliniert zu im Madrider Schülerleben – sowohl an privaten wie an öffentlichen Gymnasien. Das finde zumindest ich, die ich die oberbayerische, nicht unbedingt leistungsorientierte Fünfseenland-Gymnasiasten-Kommune für außer Rand und Band befand. Am Wochenende dagegen lässt man es krachen, und wenn wir beim Samstagsfrühstück den großen Sohn nach dem Verlauf der letzten Nacht fragen, grinst der nur und meint sibyllinisch: »Ach, das wollt ihr besser NICHT wissen! Besser für euch.«

Aha. Das beruhigt ungemein.

Schön auch die beiläufigen Kommentare bei weiteren gemeinsamen Mahlzeiten:

SOHN eins (kaut):
»Gestern bin ich übrigens ausgeraubt worden!«

Entsetztes Gequieke und Augenrollen bei der Mutter, Sohn zwei schmunzelt.

VATER (künftig »Und der Vater blicket stumm/auf dem ganzen Tisch herum«):
»So?«

SOHN eins (kaut):
»Hmm.«

MUTTER (kreischt):
»Ja Mensch, wie denn? Wowarstdudennistdirwas-passiertwarumhastdudasnichtgleichgesagtwarst-duwiederimParksageichdochimmerwarumtreib-stdudichdarumwaswarlos?«

SOHN eins (kaut):
»Wie – was?«

Und der Vater blicket stumm …

MUTTER (lauter):
»Naalsohörmalwaswarloswardie Polizeidahabtihr-gerauchtwerwardasdennwerwarnochdabeihaben-sieeuchwasgetan?«

SOHN eins (kaut):
»Nö.«

Und der Vater blicket stumm …

MUTTER (hyperventiliert):
»Das war das letzte Mal!« (Stimme kippt.) »Du kannst dich hier nicht so rumtreiben in Madrid, die haben doch alle Messer. Letzte Woche haben sie wieder einen Jungen vor der Disko umgebracht.«

SOHN eins (kaut):
»Ach, komm … Ich hatte meinen iPod in den Socken, und die anderen waren einfach zu blööd.«

VATER (mit erwachendem Interesse):
»Ach, wie viele wart ihr denn, und wie viele waren die anderen?«

SOHN eins (hört auf zu kauen):
»Na ja …«

Blitzblaues Augenstrahlen, das man auch als Verlegenheit deuten könnte.

VATER (gießt sich Tee nach):
»Und ihr Luschen lasst euch ausrauben?« (Verliert das Interesse und widmet sich wieder den Croissants.)

Mutter (vorwurfsvoll zum Vater):
»Ja, also echt – das ist jetzt definitiv der falsche Ansatz.«

Vater hört definitiv nicht mehr zu und studiert seine Sonntagszeitung, Sohn eins überlegt kurz.

SOHN eins:

»Wir haben das im Griff. Letzte Woche haben sie auch den Jonas ausgeraubt, aber erzähl's nicht seinem Vater ... Das war vielleicht cool, er hat ihnen ein bisschen was gegeben und ist dann zurück zur Party.«

MUTTER (mit letzter Kraft):

»Was macht ihr denn da? Ihr müsst schon ein bisschen aufpassen, das Leben ist wertvoll.« (Merkt, dass sie schwafelt, und schweigt betroffen.)

SOHN eins (grinst):

»Alles cool, ich sag ja: Ihr wollt das alles gar nicht wissen!«

Vater blickt nicht mal mehr hoch, Sohn zwei schmunzelt still, liest rasch noch tausend Seiten, Mutter versucht, Restwürde zu bewahren, und Sohn eins beißt herzhaft in sein Brot – da liegen ja noch Kilometer von Baguettes vor ihm, die alle noch bestrichen und gegessen werden wollen –, macht sich überhaupt keinen Kopf und hat das Gespräch bereits vergessen, während es noch läuft.

So also sind die beschaulichen Wochenendfrühstücke im Kreise der Familie: konstruktive Aufarbeitung der mitternächtlichen Wochenendgeschehnisse im atemberaubenden Madrid.

»Das Leben ist kein Ponyhof«, wie mein einer Sohn, mein kleiner, zu sagen pflegt.

Von ihm höre ich mittlerweile ähnliche Geschichten, wobei er mich stets beruhigt, er sei Existentialist, daher könne das Leben ihm kaum Überraschungen bieten.

Aber mir eventuell.

In der Tat hat sich das Kind zu seinem letzten Geburtstag mehrere Meter Kierkegaard und Sartre gewünscht.

Ich meine jetzt dasselbe Kind, das einst im Kindergartenalter am Sankt-Martins-Tag am See saß – während die andern feierten –, obwohl der Kindergarten einen fast echten Martin auf einem ganz echten Pferd organisiert hatte und alles SO SCHÖN war. Alle lachten und aßen Plätzchen oder tranken Glühwein, nur ein Männlein saß alleine am Seeufer mit seiner roten Baskenmütze und der amerikanischen Baseballjacke, blickte ins Schilf und erwiderte auf die besorgte Nachfrage seiner Mutter mit sehr tiefer Stimme – das Kind hatte schon immer einen bemerkenswerten Resonanzraum –: »Ich bin traurig!«

Das traurige Kind jedenfalls blühte im ungesunden Madrid auf, und das nach dem ökologisch wertvollen Bio-Leben im Luftkurort am bayerischen See.

Es groovte ziemlich schnell souverän durch die »stinkige« spanische Hauptstadt und war nach wenigen Wochen in der Lage, alleine Weihnachtsgeschenke in der Fuencarral einzukaufen und sich das Ganze auch noch ordnungsgemäß feierlich verpacken zu lassen. Da ging's plötzlich mit der Sprache.

Denn kurz zuvor hatte dasselbe Kind auf unsere Frage, wie es jetzt mit seinem Spanisch stehe, noch oberklug dahergeredet:

»Die Schule ist deutsches Hoheitsgebiet, da darf nicht mal die spanische Polizei rein, wieso sollte ich da Spanisch sprechen?«

Dazu muss gesagt werden, dass in der Schule zwar

die Unterrichtssprache – zumindest in den gängigen Hauptfächern – Deutsch ist, die SCHULsprache, die Umgangssprache, jedoch Spanisch, und die setzt sich sofort nach Pausenklingeln durch, denn fast achtzig Prozent der Schüler sind Spanier.

Unser großer Sohn war immer schon cool, doch das traurige, kleine Männlein vom bayerischen Schilf hatte sich dann auch schnell assimiliert und marschierte nachts, wenn es eigentlich bei seinem wohlbehüteten Diplomatenfreund schlafen sollte, die M-30 – eine, ich möchte mal sagen, turbulente Madrider Umgehungsstraße – entlang, wie ich in einer schwachen Stunde erfuhr. Außerdem wollte er keinen Weihnachtsbaum mehr und chattete mit einem anderen in Madrid neugewonnenen Freund, der wegen seines Vaters Job alle paar Jahre Land und Schule wechseln muss. Besagter Freund ist ein aufgeräumter kleiner Kerl, der später bei einem Madrider Kurzbesuch erzählte, dass es in seiner neuen Schule in Brasilien alle möglichen Drogen gebe und seine Klassenkameraden alle zugedröhnte Freaks seien, was ja anfangs ganz lustig gewesen sei, auf Dauer aber nerve, weil die alle dann doch irgendwie komisch seien.

Das wünscht sich seit einiger Zeit auch unser kleiner Sohn sehnlichst: einen erneuten Umzug in ein aufregendes Krisengebiet voller Drogenprobleme und Auftragskiller – Hauptsache, niemals zurück in unser bezauberndes Fünfseenland.

Wir reden hier nach wie vor von demselben Kind, das ein paar Jahre zuvor Zustände in München gekriegt hat.

Das haben wir nun davon!

Noch mal: Die Kinder fanden Madrid nach wenigen Wochen einfach nur toll, nach dem ganzen Anfangsgequengele. Dabei hatten wir sie selbst Wochen vor dem Umzug kaum in die bayerische Hauptstadt locken können.

»Was soll ich denn in München?«, hatte unser großer Sohn gefragt, der unglaubliche Qualen im Nationaltheater und in den Kammerspielen hatte erleiden müssen. Was ihn nicht davor bewahrte, zumindest ein paarmal zu spanischen Bühnen gezerrt zu werden.

Genau wie sein kleiner Bruder, der seinem Martyrium eines Tages folgendermaßen Ausdruck verlieh: »Wisst ihr, ich frage mich wirklich, warum ihr Eltern alle so gleich seid. Wir haben festgestellt« – also sein Diplomatenfreund von der M-30 und er –, »dass wir DASSELBE durchmachen müssen, er muss in DIESELBEN Ausstellungen und Filme wie ich, aber ich muss auch noch in die OPER!«

»Na und, es hat dir doch gefallen«, erwiderte ich kaltblütig, »außerdem musst du dafür nicht auf langweilige Diplomatenempfänge.« Darüber hatte sein Freund sich offenbar bitter beklagt. »Also gleicht sich alles aus.«

Jedenfalls waren unsere Kinder groß und kritisch, als sie in das fremde Land kamen, und nahmen die neuen Standards fix an.

»Also der und der fliegt übers verlängerte Wochenende mal schnell in die Karibik, und wenn ich schon hier bin und dableiben MUSS und überhaupt, brauche ich dringend eine Taschengelderhöhung. Das Leben ist hier einfach teurer«, klagt Sohn eins und geht mit seinem Freund Designer-Unterhosen kaufen.

Ich persönlich kann mich nicht entsinnen, als Vierzehnjährige mehrmals wöchentlich Sushi essen gegangen zu sein, aber …

Außer auf Designer-Schnäppchenjagd zu gehen

und in angesagten Restaurantketten abzuhängen, besuchen unsere Kinder nebenbei auch noch eine private Schule, was jetzt allerdings nicht besonders spektakulär ist. Trotzdem gibt es Unterschiede, und zwar ganz läppische: Spanische Kinder sind allgemein behüteter, sie werden nicht nur als i-Pümpelchen von ihren Eltern oder deren Angestellten in die Schule gebracht, sondern selbst im hohen Alter noch sehr oft bis vors (bewachte) Tor gefahren und/oder nachmittags wieder abgeholt. Das alles unabhängig von der Entfernung des Wohnorts – eine klassische Überversorgung, zumindest meinem bundesrepublikanischen Durchschnitts-Blickwinkel nach.

Nur die nachlässigen Deutschen in Madrid vertrauen auf die Selbständigkeit ihrer Kinder und lassen diese auch über Land alleine und obendrein mit den öffentlichen Verkehrsmitteln reisen. Viele spanische Kinder benutzen zumindest die kostspieligen offiziellen Schulbusse, die bestimmte Routen abfahren. Oder einen privaten Fahrer.

Meinen kleinen Sohn beeindruckte es einmal über alle Maßen, als der Chauffeur einem seiner Klassenkameraden den vergessenen Turnbeutel nachlieferte.

Er (mein Sohn) kannte solche Sklavendienste bis dahin nur von seiner Mutter, die ihm ebenfalls stets alles nachschleppte. Wie unelegant.

Im Übrigen haben sich beide Söhne, ich muss es leider sagen, im madrilenischen Alltagsleben gewisse Starallüren zugelegt, etwa war Müll etc. runterbringen irgendwann nicht mehr selbstverständlich, weil ja ALLE ANDEREN »Angestellte« haben.

Ansonsten zeichnen sie sich durch Sozialkompetenz und hohes Unrechtsbewusstsein aus, wir Erziehungsberechtigten tun jedenfalls alles, um keine ekelhaft verwöhnten, großspurigen, asozialen Weichei-Biester großzuziehen.

So hat auch Sohn zwei im Laufe der Jahre so seine eigene Theorie zu den spanischen Kindern entwickelt: »Zuerst werden sie den ganzen Tag in diese ›Hütestätten‹ abgeschoben« – damit meinte er Kindergarten und Vorschule, schließlich nannte er auch die Mittagsbetreuung seiner einstigen Grundschule, in der er nur kurz Kunde war, »Mittagsbetäubung« –, »und später, wenn sie Hemden und Krawatten und Schleifchen und Röckchen tragen und man sie vorzeigen kann, dürfen sie raus, dann lassen die Erwachsenen sie neben sich laufen wie die *mascotas*.«

In der Tat haben wir uns schon oft über die vorbildlich gekleideten Kleinstkinder im Sonntagsstaat amüsiert, die so vorbildlich gestylt waren, dass sie vor lauter Samt und Schlüppchen den Spielplatz gar nicht zu benutzen wussten oder besser gesagt dazu nicht in der Lage waren. Wäschestärke, sag ich nur.

Mein großer Sohn sieht das alles lässig.

Obwohl er eigentlich keine kleinen Kinder mag, toleriert er großzügig eine Horde unschuldiger zehnjähriger Mädchen mit hübsch gedrehten Zöpfchen auf der Straße, die in einer Reihe stehen und allabendlich lautstark eine neue Choreographie für einen spanischen Schlager einstudieren – quasi direkt unter seinem Studierzimmer. Sie gehören zu der *peluqueria »Chez Trois«* an der Ecke, einer dominikanisch-republikanischen Frisierstube mit origineller Einrichtung und von der Sonne verblichenen Auslagen, die von Trends längst vergangener Zeiten zeugen. Die gelbgrün, unregelmäßig flackernde Neonwerbung über dem irritierenden Schaufenster verheißt *»Afro-caribeña unisex«*.

Hier werden unermüdlich Perlen in Zöpfchen geflochten oder Haare geölt und geglättet, die Mütter stehen mit Kaffeetassen auf der Straße, und die Väter trinken Bier oder Cola, während sie kleine Häufchen aus Dominosteinen auf dem Kofferraum unseres vor dem Laden geparkten Wagens stapeln und Karten verteilen. Einer sitzt dabei auf dem Auto, also auf unserem, und stellt die Füße bequem auf der Stoßstange ab.

Dazu fällt mir nur der Sohn eines deutschen Nachbarn ein, der mir mal empört nachgelaufen war, weil ich beim auf den Millimeter genauen sanften Einparken mit MEINER Stoßstange SEINE Stoßstange touchiert hatte. Er fuhr übrigens einen Opel oder Polo und gewiss keinen Maserati oder Jaguar. Der Junge regte sich vielleicht auf, und ich wusste gar nicht, was er wollte. Wozu sonst sind Stoßstangen da, wenn nicht zum Abfedern und Dämpfen? Man sollte meinen, die Achtzehnjährigen von heute seien besser drauf …

So ein Rumgespieße um den heiligen Kleinwagen gibt es hier in Spanien nicht, dafür werden hier die Füße auf die Stoßstangen gestellt, wie sich das gehört. Auch wenn es unsere Stoßstange ist.

Der andere Mitspieler vom »Chez Trois« hatte sich gar einen original Frisierstuhl mit aufgeplatztem, leuchtend rotem Plastikbezug und schwarzer Fußablage aus dem Laden geschleppt und es sich darauf bequem gemacht. Da saß er dann und ermahnte zwischendurch immer mal wieder seine kleinen Zwillinge, die einen Ball an den Wagen kickten und mit ihren Patschhändchen am Außenspiegel zerrten, weil sie ihn abreißen wollten.

Derweil wurde gezockt, und einer zog sogar ein

Rateau, also einen Schieber oder vielmehr so ein Kasino-Roulette-Schäufelchen, über den speziallackierten Kofferraum. Unseren Kofferraum.

Wenn das der Kindsvater wüsste …

Nein, auch er findet das völlig in Ordnung. Man darf hier nicht kleinlich sein. Wenn man sein Auto draußen parkt, dann ist es gewissermaßen verloren und bleibt gezeichnet, es wird nämlich benutzt und erleidet autoalltägliche Kollateralschäden. Darum hatten wir auch alle unsere Autos gerecht verteilt, eines in der Garage, eines im Büro und eines auf der Straße, und als mein Auto von einem Fremden totgefahren wurde, hatten wir ein Parkproblem weniger. Ich sage dazu nur, dass dies das erste Auto meines Lebens war, dem ich auf dem Parkplatz nachsah. Nicht das schickste oder teuerste all meiner Autos, aber das geliebteste. Leider ist dem Fahrer nichts passiert …

Jedes Mal, wenn wir ein Auto bewegen und vor dem afrokaribischen Frisiersalon landen, ist dort etwas los, und auch die Herren mit den sehr kurzen Haaren warten nicht nur auf ihre Frauen oder Töchter oder ziehen Rateaus über unseren Kofferraum, sondern lassen sich dort frisieren.

In unserer kleinen Familie haben die Herren mit den kürzesten Haaren ebenfalls den größten Frisier-Fimmel. Merkwürdigerweise haben die männlichen Mitglieder (inklusive Hund) unseres Haushalts öfter und regelmäßiger Friseurtermine als die einzige Frau in ihrer Mitte, und alle machen ein großes Gedöns um ihre Haare, die wenigen.

Mein großer Sohn bat mich in spanischen Anfangszeiten, ihm einen Termin bei einem GUTEN Friseur zu machen, und solchermaßen sensibilisiert, entdeckte ich zwei überaus kuriose Etablissements: Das eine hieß »Salon Beauty Dream« und direkt gegenüber war die »Peluqueria Tanger«.

Der »Salon Beauty Dream« war strictly female, liebevoll mit viel Gold und Weiß hergerichtet und mit unzähligen Hauben ausgestattet, unter denen völlig reglos – aber noch am Leben – Frauen undefinierbaren Alters saßen, ständig, immer wenn ich vorbeikam. Ich kann mich nicht erinnern, darin jemals jemanden Haare schneiden gesehen zu haben, alle saßen immer nur unter der Haube.

Die sogenannte HAUBE habe ich, glaube ich, das letzte Mal in den späten sechziger Jahren als Kind gesehen. Sie weckte sofort schreckliche Erinnerungen in mir; soweit ich mich entsinne, hatte ich panische Angst vor ihr wie auch ihrem kleinen Bruder, dem Föhn.

Meine Haare mussten zum Verdruss meiner Mutter stets mit Handtüchern trockengerubbelt werden, weil ich nicht trockengeblasen werden wollte. Weil ich Angst hatte, WEGGESAUGT zu werden. In den unendlichen Weltraum der HAUBE.

Die Hauben im »Salon Beauty Dream« halfen mir Jahre später, als in Madrid die Erinnerung zurückkam, im Nachhinein meinen Sohn zu verstehen, den einen Sohn, den kleinen.

Er hatte früher ähnlich diffuse Ängste entwickelt, eine Art Swimmingpool-Phobie. Sie resultierte vermutlich aus einem Sommerurlaub in Südfrankreich, wo eine Freundin und ich immer mit großem Trara den Pool reinigten, Tabletten hineinwarfen, Schläuche andockten und mit wichtiger Miene Messwerte ablasen. Unsere kleinen Kinder beobachteten uns dabei ehrfurchtsvoll.

»DAS CHLOR, VORSICHT, DAS CHLOR!«, gellten

sie dann später immer (der große, wenngleich damals noch kleine, dafür aber immer coole Sohn natürlich nicht), wenn sie mit Schwimmflügeln und -reifen und Gummitierchen zu nahe an den Rand der Breitseite kamen, wo sich die Öffnungsstöpsel für den ganzen Techno-Kram befanden.

Das war die eine, die große Angst, in dieses lächerlich winzige Rechteck und damit in den vermeintlich tödlichen Strudel gezogen zu werden, der merkwürdigerweise »DAS CHLOR« genannt wurde und nahezu alptraumhaft wurde für meinen einen Sohn.

Daran musste ich denken, als ich ein Jahrzehnt später in Madrid vor dem »Salon Beauty Dream« stand.

Ich wollte dann in der »Peluqueria Tanger«, in der schwarzweißrotes Mosaik-Design vorherrschte, einen Termin für meinen Sohn ausmachen, doch der Laden war nur für Herren, wie auf einem Schild an der Eingangstür stand, und man verweigerte mir fast den Zutritt.

Mein großer Sohn ließ sich daraufhin die Haare so lange wachsen, bis er selbst den Coiffeur seines Vertrauens gefunden hatte.

»Haare machen« wurde irgendwann zum geflügelten Wort in unserer Familie, und ich kann an dieser Stelle versichern, dass nicht ich es bin, die »Haare macht«.

Egal, mein großer Sohn ist süß, verantwortungsbewusst, hilfsbereit und schon seit Ewigkeiten selbständig, er konnte bereits mit elf Monaten vorbildlich mit Messer und Gabel essen – was er dann später, so ungefähr in der Pubertät, wieder verlernt hat. Er ist zudem freundlich und humorbegabt, DOCH ER BLOCKIERT STUNDENLANG DAS BAD, schlimmer als ein Mädchen und länger als der Rest der Familie, und zwar inklusive komplettem Dusch- und Schminkprogramm (außerdem telefoniert er auch genauso lange, fällt mir gerade ein), nur um sich »die Haare« zu machen. WELCHE HAARE eigentlich? Er hat die kürzesten und wenigsten der ganzen Familie!

Allein unter Männern – ich verbringe viel weniger Zeit im Bad als meine Mitbewohner und bestätige damit auch die jüngste spanische Studie, derzufolge 14,2 Prozent der Männer täglich mehr als zehn Minuten im Bad verbringen, während nur 5,2 Prozent der deutlich effizienteren Damen so viel Zeit vorm Spiegel vergurken.

Muss ich mehr sagen?

5

Lebens-Mittel

Bei meinen früheren Spanienaufenthalten ist es mir nie so wirklich aufgefallen. Es ist kein böser Wille, sondern einfach Gewohnheit: Leider verläuft die spanische Lebensfreude umgekehrt reziprok zum spanischen Umweltbewusstsein. Das fängt beim Müllsammeln und -trennen an und hört beim Heizen auf. Gerne trägt die Spanierin auch im Winter bauch- und rückenfrei und hat die Wohnung daher stets wohltemperiert.

So finden es die spanischen Freunde unserer Kinder in unserem umweltbewussten deutschen Haushalt recht frisch, und im Gegenzug sah sich die dem Wetter entsprechend korrekt gekleidete Kindsmutter genötigt, sich in den schwülen Wohnungen spanischer Bekannter das Angora-Twinset vom schwitzenden Leib zu reißen. Es ist nicht nur schön mollig in vielen madrilenischen Apartments, sondern nahezu atemberaubend warm, was oft daran liegt, dass man die Temperatur nicht selbst regeln kann.

Bei Lola oder Beatrice im Haus geht die Zentralheizung morgens um elf (doch so früh!) an und glüht dann aber voll auf. Lola rennt nicht, Lola schwitzt!

Auch mein großer Sohn pflegt sich mitten im Winter in den völlig überheizten Wohnungen seiner Freunde im T-Shirt ans offene Fenster zu stellen, um durchzulüften – und sich dabei gehörig zu erkälten.

Trotz aller Zitronen- und Orangenbäumchen und ganzjährig blühender Palmen ist Madrid keineswegs tropisch, das muss hier mal gesagt werden. Im Januar und Februar ist es sogar richtig fies kalt, nahezu berlinerisch, wo der Wind bekanntlich direkt aus Sibirien kommt. Also hier weht er eisig aus der nahen Sierra.

Umso molliger mag man es zu Hause. Im Fernsehen schaltete daher das Umweltministerium einst Spots, in denen die Bürger aufgerufen waren, die Heizung doch etwas zu drosseln, frei nach dem Motto: Die Wohnung ist kein Strand, und auf dem Heizkörper muss man keine Spiegeleier braten können. Ferner wurde freundlich auf die Möglichkeit hingewiesen, sich in der kühleren Jahreszeit ruhig etwas wärmer zu bekleiden, mit einem Pullover etwa.

Yo reciclo
Tu reciclas
Él/ella recicla
...

Da hilft auch alles Durchkonjugieren nichts – ebenfalls ein lustiger Fernsehspot, in dem erst die Mutti den Kinderlein erklärt, dass sie ihre Flaschen nicht im Hausmüll entsorgt, und dann die Omi in bester Oberlehrerinnen-Manier nacheinander diverse Kartonagen in die Hand nimmt und sie anklagend in die Kamera hält: Das gehört in die gelbe Tonne, soll das heißen! Zur Sicherheit werden all die Gegenstände, die nun so gar nix im gelben Müll zu suchen haben, wie etwa Ziegelsteine oder Ähnliches, noch einmal extra eingeblendet und mit dicken Balken durchgestrichen.

Tja.

Und dann stapft man zum Container an der Ecke – einen Mangel an Entsorgungscontainern gibt es in Madrid wahrlich nicht, selbst kleinere Orte im ganzen Land haben in der Regel an der *plaza*, am Ortsein- oder -ausgang oder an anderer zentraler Stelle ihre Recyclingcontainer stehen.

Unsere »zuständigen« Container im Viertel haben Unbekannte schon mehrfach angezündet, entweder aus Wut über den verlorenen Parkplatz oder den Krach beim Flaschenentsorgen, jedenfalls musste jedes Mal ein Automobil mit dran glauben, das anschließend völlig ausgebrannt war. Die ersten beiden Male ersetzte die Stadt die Container bereits nach wenigen Tagen, nach dem letzten Mal dauerte es länger. Mehrere Monate tat sich nichts, ich bleibe dran.

Ich falte also stets vorbildlich deutsch – wie wir alle wissen, ist die erklärte Lieblingsbeschäftigung eines jeden Deutschen sorgfältiges Mülltrennen – meine Zeitungen und Kartonagen sorgsam in eine Papiertüte und beobachtete erst neulich fasziniert, wie sich ein winziger alter Mann gemeinsam mit seiner winzigen alten Frau abmühte, eine sehr große Plastiktüte, die mit allerlei Dingen vollgestopft war, unter anderem vielleicht auch mit Zeitungen, in den Papiercontainer zu schieben.

Auch habe ich schon mal eine verwirrte Señora gesehen, die ihre ganzen Schnapsflaschen im normalen Straßenabfalleimer an der Ampel entsorgte, wohl in der irrigen Annahme, es handele sich hierbei um den Glascontainer. Nun, zumindest die Farbe des Behältnisses stimmte, in der Nacht sind eben alle Katzen grau.

Die Dame war wohl eine Ausnahme, denn es ist nicht so, dass man noch groß erklären müsste, wo man welchen Müll entsorgen kann. Auch für Batterien ist an vielen Bushäuschen oder Umgebungsplänen, die in Nähe der Metroeingänge stehen, gut sichtbar ein Behältnis angebracht. Trotzdem hören sich die Dinger immer leer an, wenn ich meine aufgebrauchten Zellen einwerfe – wahrscheinlich sind alle entsorgten AAAs in Madrid von mir.

Aber ich kann damit leben und die Madrilenen erst recht.

Allerdings geht es auch anders: In Esportes, einem kleinen mallorquinischen Dorf, entsorgen alle Bürger ihren Sondermüll ganz vorbildlich und verstehen überhaupt nicht, warum Rest-Spanien ihrem tadellosen Beispiel nicht folgt. So schwierig sei das nun auch wieder nicht, sagen sowohl sehr junge wie auch sehr alte Dorfbewohner.

Es ist eine gewisse Laxheit, die DEM SPANIER (oder dem Madrilenen) das bewusste Mülltrennen unmöglich macht, glaube ich, denn wenn die Spanier so richtig effizient wären – von der berüchtigten deutschen Effizienz wollen wir hier lieber schweigen, wohin die führen kann, wissen wir –, dann wären sie keine Spanier mehr, was sie ja gerade – meistens – so liebenswürdig macht.

Spanier laufen ungern, vermeiden Treppen und lieben Lifte, und wenn sie am Sonntag einen Wanderausflug machen, parken sie direkt neben dem Rastplatz und marschieren schnurstracks zum nächsten Tisch unter schattigen Bäumen. Das muss reichen, genug Auslauf gehabt! Nach der Vesper wandern sie dann wieder zum Wagen zurück und können ganz entspannt nach Hause fahren. Dem durchschnittlichen spanischen Bewegungsdrang ist damit Genüge getan.

Deshalb ist es nur logisch, dass ein Spanier auch nicht groß durch die halbe Stadt rennt, um seinen Gift- oder Elektromüll am nächsten *punto limpio*, einem der »sauberen Punkte«, zu entsorgen (in der Provinz gibt es witzigerweise *minipuntos*).

In unserer Familie machten wir so unsere eigenen Erfahrungen: Der Kindsvater schleppte einst eine original spanische Friteuse an. Hurra, dachten wir, endlich jeden Tag selbstgemachte Calamares und Boquerones und Merluza und und und … Das Teil benutzten wir anfangs begeistert ein paarmal – und dann nie wieder, unter anderem deswegen, weil wir nicht wussten, wohin mit den vielen Litern Alt-Olivenöl. Ein einziger Liter Haushaltsöl kontaminiert immerhin tausend Liter Wasser, wie hier noch mal oberlehrerhaft festgestellt werden muss.

Seit neustem gibt es eine Umweltaktion in ungefähr fünfzig Madrider Schulen, in denen das Küchenöl gesammelt und zu Biodiesel wiederverwertet wird. Doch was tut der Rest Madrids, der kein Kind an einer dieser Schulen hat?

Ich fragte Pilar, da sie hundertpro umweltbewusst ist und alles vorbildlich recycelt – für die anderen vom *tertulia indiscreta* würde ich ehrlich gesagt keine Hand ins Feuer legen. So erfuhr ich von diesen *puntos limpios*. Die gibt es auch mobil, und zwar in jedem Viertel einmal die Woche zu unmöglichen Zeiten und teils mit so vielen Sonderregelungen, dass einem glatt die Lust am Recyceln vergeht, aber das ist in D-land in der Provinz ja auch nicht anders.

Andererseits kann man problemlos seinen Weihnachtsbaum entsorgen, wenn man ihn im Topf gekauft hat und er noch einigermaßen in Schuss ist. Er wird dann wieder eingepflanzt bis zum nächsten

Jahr, und bei großen Bäumen gibt es sogar einen Abhol-Service!

So kommt es dann, dass abends, so ab acht, wenn die Mülltonnen auf der Straße stehen und man seinen täglichen Batzen an Anderthalbliter-Wasserplastikflaschen in die gelbe Tonne werfen will, gar kein Platz mehr darin ist, weil jemand seine alte Stereoanlage, einen Riesenkarton und ein paar Jacken entsorgt hat.

So ist das.

Deshalb hat auch der Bürgermeister unserer kleinen Stadt einen neuen Anschlag verübt: Zur Umwelterziehung der Bürger ist der Einsatz von Müllkontrolleuren geplant, die bei Verstößen und falschem Recycling saftige Strafen erteilen. In diesem Zusammenhang wurde auch der Ruf nach einer »Pipipolizei« laut, wie es Torquay an der englischen Südküste vorgemacht hat. Genervte Anwohner in sensiblen Vierteln, etwa um Gran Via oder in Lavapiés, die verständlicherweise den ewigen Uringestank in ihren *barrios* satthaben, fordern drastische Strafen, und die Bußgelder für Wildpinkler sind jetzt auch empfindlich hoch geworden, ebenso jene für die Hundebesitzer, die ihre Tiere überall Häufchen verteilen lassen. Witzig nur, dass sich dann dieselben Anlieger darüber beschweren, dass die berittene Polizei, die für Recht, Ordnung und Einhaltung all dieser Fäkaliengesetze sorgt, ihrerseits deftige Pferdeäpfel hinterlässt – selbstverständlich ohne sie zu entsorgen. Ich schlage daher eine *reunión* mit den Wiener Fiakern vor.

Jedenfalls ging ein Aufschrei durchs Land wegen der Müllpolizei – ist auch ja keine Flasche versehentlich im Haushaltsmüll gelandet oder gar eine Plastikverpackung zwischen die Zeitungen gerutscht? Das ist schon ganz schön kleinlich für spanische Verhältnisse!

Jetzt mal ehrlich, da wundert sich nicht nur der *tertulia indiscreta*, wenn die Müllmänner zu blöd sind, den von den Bürgern wohlsortierten Müll in die richtigen Wagen zu werfen.

»Die vielen leeren Flaschenkisten aus den Kneipen landen doch im Wagen für Normalmüll«, hat Pilar beobachtet.

Maite ergänzt: »Und Madrid hat viele Kneipen!«

Alleine deshalb sorgt die Müllpolizei für Spott – wer durchwühlt schon Mülltonnen? Das macht man doch höchstens in Deutschland, als Redakteur von Popmagazinen.

Aber wohl dem, der überhaupt eine gelbe Tonne hat. In meinem speziellen Fall kam es EINMAL zum konstruktiven Zusammenwirken der hartnäckig beharrlichen teutonischen Neumieterin und der aufgeschlossenen spanischen *communidad*, der Hausgemeinschaft.

Es hat dann auch nur ein paar Monate gedauert, bis die Tonne da war. Zuvor, und das ist jetzt wirklich wahr, zuckte mir regelmäßig im wahrsten Sinne des Wortes die Hand zurück, wenn ich alles zusammen in eine einzige Mülltonne werfen musste.

Jahrzehnte deutscher Bio-Sozialisation hinterlassen dann doch ihre Spuren.

Anfangs haben wir noch brav sortiert – doch man soll nicht trennen, was in der großen Tonne unten auf der Straße notgedrungen friedlich wieder zusammengefügt wird.

Leider – es ist eine Schande, aber genauso wahr wie der beschriebene Müll-Vereinigungs-Schock – ging es mir im Laufe der Zeit dann doch zusehends flotter von der Hand, den Müll bequemerweise komplett zusammenzumanschen wie einst in England oder Argentinien, wo Mülltrennung ja auch irgendwie kein Thema ist.

Selbst auf diversen Stippvisiten in oberbayrischen Hoheitsgebieten übersah ich faul die Biotonne. Ausgerechnet ich, die ich jahrzehntelang das Glas nach Farben getrennt hatte und alle Bioobst- und -gemüse-Botzel stets an zufällig vorbeihoppelnde Kaninchen verteilt hatte, die eigentlich Zwerge waren, aber wegen des guten Essens schließlich fast so aussahen wie belgische Riesenrammler. Normalen Rasen aßen die schon gar nicht mehr, den Löwenzahnsalat gab's bei den Menschen. Nebenbei gesagt wurden sie sehr alt.

In Madrid werden die Leute übrigens auch sehr alt – erstaunlicherweise. Man denkt ja immer, die Landbevölkerung lebe länger, und natürlich gibt es zig spanische Dörfer, wo alle Einwohner um die neunzig sind und das Küken, eine rüstige Sechzigjährige, den Dorfbus steuert. Oder Dörfer, wo von zweiundvierzig Einwohnern nur einer noch berufstätig ist, die andern sind alle pensioniert und quietschfidel, der Arzt kommt zweimal die Woche vorbei, ebenso wie die Brotlieferanten oder Fisch- , Fleisch- und Gemüsehändler.

Ja auf dem Land, da wird man leicht steinalt.

Dennoch ist Madrid eine der Gegenden mit der höchsten Lebenserwartung in ganz Europa, trotz des ewigen Lärms, des elenden Verkehrs und der grausamen Abgase, die man zwangsläufig inhaliert und die auch die wahnsinnig vielen Bäume und Grünanlagen nicht verbessern können. Von wegen Photosynthese! Ganz besonders schlimm ist es in den kühleren Monaten, wenn zu den normalen Abgasen noch die Emissionen der Öl- und Kohleheizungen dazukommen.

Im Sommer wird die Kontaminierung überlagert – so kommt es mir zumindest vor – vom Duft blühender Blumen, nach gegrilltem Fisch oder frisch geröstetem Kaffee.

Und Drogenresten. Neueste Untersuchungen haben ergeben, dass die madrilenische Luft von mindestens fünf verbotenen Substanzen geschwängert ist, werktags hauptsächlich von Cannabis, während man am Wochenende erhöhte Kokainanteile herausgefiltert hat. Um gleich mal alle Hoffnungen zu dämpfen: Man müsste ungefähr tausend Jahre oder so leben, um eine berauschende Wirkung zu verspüren. Heißt es. Ich persönlich bin mir da gar nicht so sicher. Vielleicht ist genau DAS das spezielle »Spanien-Gefühl«.

Den Duft der Großstadt macht also nicht unbedingt der Komposthaufen aus, und eigentlich ist jedem spanischen Städter in Ermangelung desselben ebenso wie der Biotonne die Anschaffung eines oder mehrerer kleinerer Haustiere anzuraten. Man glaubt gar nicht, was diese putzigen kleinen Nager allein an Biomüll so alles wegfressen, das ist locker schon mal eine Plastiktüte pro Tag.

Und Plastiktüten gibt's zuhauf in Spanien. Im ganzen Land werden großzügig Millionen von Plastiktüten verteilt, selbst im Bioladen – auf jeden Einkauf mindestens eine Tüte. Also jetzt mal in Zahlen: Pro Jahr verbraucht laut Statistik jeder spanische Bürger ungefähr 238 Plastiktüten, was meinem Gefühl nach stark untertrieben ist, denn wenn man sich alles »einpapierln« lässt, kommt man locker auf hundert Tüten pro Monat, eher mehr. Das sind in ganz Spanien ungefähr zehntausend Millionen Plastiktüten pro Jahr, die insgesamt wiederum rund hunderttausend Tonnen unzerstörbaren Plastikmüll generieren – das Zeug braucht ja Dekaden, bis es abgebaut ist.

Plastik, Plastik über alles.

Dabei sind es nicht nur die Tragetüten allein, auch die Ware selbst ist zigfach versiegelt, und Reinigungsmittel oder Tiefgefrorenes wird gleich doppelt einpapierlt. Selbst die letzte Salami oder der schlichte Naturjoghurt sind noch supersicher doppelt und dreifach plastikverpackt.

Am Wochenende kann man dann alleine mit den Folien, mit denen die Beilagen der Sonntagszeitung so sorgfältig wie sinnlos versiegelt sind, eine weitere Plastiktüte füllen.

»Also heute geht's ums Thema Umwelt«, belehrte uns Sohn zwei eines Tages grinsend, nachdem er die plastikverschweißte Wochenendbeilage endlich wie eine Zwiebel herausgepult hatte und die Headlines über das Sonderthema las. Er war sichtlich erheitert.

Immer mal wieder wird dazu aufgerufen, doch Papiertüten oder wiederverwendbare Baumwolltaschen zu benutzen oder recyclebare Plastiktüten, die an vielen Supermarktkassen zu erwerben sind. Letztere finden nicht gerade reißenden Absatz.

Seit September dieses Jahres sind zumindest einige der großen Supermarktketten dazu übergegangen, Gratis-Einwegtüten zu verbannen und so die latente »Darf's noch eine mehr sein?«-Haltung endgültig aufzugeben. Spanien wird einem dann irgendwann nicht mehr als das Land der wehenden Plastiktüten in Erinnerung bleiben.

Eine ähnliche Innovation, von den Einheimischen herzhaft belacht und weitgehend ignoriert, sind die sogenannten »Öko-Kassen« oder »Grünen Kassen« in einigen Supermärkten. Dort kann der umweltbewusste Spanier schon seit längerem mit seiner eigenen privaten Einkaufstasche hingehen und seine Wurst in dieselbe packen und bekommt keine einzige Plastiktüte, selbst auf flehentliches Bitten nicht. Als ich mal ziemlich in Eile war und keinen Nerv auf die üblichen kilometerlangen Schlangen an den anderen Kassen hatte, ging ich einfach zur Öko-Kasse, weil die total leer und ich die einzige Kundin weit und breit war. Als meine farbenprächtige mexikanische Plastik(!)-Einkaufstasche prall gefüllt war und ich nur noch eine Winzigkeit verpacken musste, verwehrte mir die Kassiererin die übliche Handvoll Plastiktüten, und ich musste eine kostenpflichtige Ökotasche erstehen, ganz korrekt so wie in Deutschland.

Wie gesagt, diese Kassen sind ein todsicherer Tipp für Eilige, denn dorthin verirrt sich garantiert keiner. Zumindest nicht, bis sich das Plastiktütenverbot endgültig durchgesetzt hat.

Deutlich beliebter als Öko-Kassen sind hierzulande allerdings die *carros*, die rollbaren Einkaufstaschen, sogenannte *rolser*, die oft fast genauso hoch sind wie ihre spanischen Besitzer. Die Dinger haben ein enormes Fassungsvermögen – und einen definitiven Hauch von Biederkeit.

In Deutschland haftet diesen Wägelchen völlig zu Unrecht etwas Omahaftes an, vielleicht, weil sie entfernt an eine Gehhilfe erinnern. Dabei sind die Teile äußerst praktisch, wenn man schwer einkauft und sich die Waren nicht liefern lässt, wie in Spanien allgemein üblich.

Auch ich trage mich seit Jahren mit dem Gedanken, einen *rolser* zu erwerben, und das, obwohl meine Söhne, diese Spießer, mir drohen, grußlos an mir vorbeizueilen, sollten sie mir jemals mit so einer ROLLIGEN Einkaufstasche auf den Straßen Madrids begegnen.

Doch auch die *rolser* tragen nur bedingt zu umweltbewussterem Handeln bei. Leider ist oft zu beobachten, dass der eifrige Käufer seine Waren in einer Unzahl von Plastiktüten verstaut, bevor er sie in sein Wägelchen legt, also wieder einmal doppelt gemoppelt.

Da kann man nur froh sein, dass halb Spanien angeblich immer essen geht und deshalb nicht so viel einkaufen muss …

Ungefähr zweitausend Euro pro Jahr gibt jeder Bürger im Durchschnitt fürs Speisen im Restaurant aus, was im monatlichen Budget selbstverständlich fest eingeplant ist. Somit hat man kaum etwas zu entsorgen und spart zudem noch den lästigen Einkauf, die Zubereitung, den Abwasch und die damit verbundenen Strom- und Wasserkosten – wird ja auch alles nicht billiger.

Für um die zehn Euro (natürlich ist die Grenze nach oben offen) bekommt man hier an jeder Ecke ein passables dreigängiges Mittagsmenü, inklusive Getränken und oft auch Kaffee. Also immer schön nach dem *menú del dia* fragen, denn das ist günstiger als die Karte.

Wenn es auch so scheint, als ob hier alle Welt dauernd außerhäusig isst, die Restaurants der Stadt trotz omnipräsenter Weltwirtschaftskrise immer zum Bersten voll sind und man ohne Reservierung vor allem abends nicht weit kommt, weshalb böse Zungen schon öffentlich fragen, von welcher *crisis* hier eigentlich alle reden, können sich natürlich nicht alle den täglichen Restaurantbesuch leisten. Madrid ist nicht gleich Rest-Spanien, und Salamanca ist nicht Carabanchel.

Gerade die Durchschnittsverdiener und jüngeren Berufstätigen, *mileuristas* – Tausendeuristen – genannt, im spanischen Sprachgebrauch Berufsanfänger mit einem sehr niedrigen monatlichen Verdienst, sprich Tausend-Euro-Einkommen, müssen aufs Restaurant verzichten und werden entweder bei Mama verköstigt oder nehmen sich von zu Hause etwas in die Arbeit mit.

In der Mittagspause, also etwa ab zwei, sitzen sie dann in den Parks oder auf den *plazas* und gabeln ihren Nudelsalat oder belegen sich abenteuerliche Brote. Ich pflege zu dieser Zeit nach meiner Morgenschicht am Schreibtisch mit dem Hund ebenfalls auf *plazas* herumzulungern und Zeitung zu lesen, kurz bevor die Kinder kommen und ich an den Kochtöpfen schwitzen muss. Manchmal brodelt das Essen auch schon vor sich hin, und ich verlasse den heimischen Herd und beobachte interessiert die diversen ernährungstechnischen Baustellen der anderen.

Obwohl ich schon als Schülerin das Zelten hasste, komme ich nicht umhin, den Camping-Pragmatismus der jungen Leute zu bewundern. Macht eine junge Angestellte sich etwa ein Thunfisch-Sandwich, kippt sie erst mal das überflüssige Öl aus der Büchse lässig über die Schulter ins öffentliche Rosenbeet (mitten auf Gloria Dei oder eine andere arme, robuste Edelrose). Danach benutzt sie den Deckel als Messer, verteilt damit die sämige Paste sowie den mitgeführten

Senf und schneidet auch noch die Zwiebel. Und das alles mit extrem langen, lackierten Nägeln.

Stressfreier wäre da vielleicht ein Besuch in einer der Gaststätten, die mit Billigmenüs locken oder das Essen gleich kostenfrei für Arbeitslose anbieten.

Eingekauft und gekocht wird natürlich noch immer. Die vielen berufstätigen Mittags-Restaurant-Esser müssen ja abends ihre Kinder, soweit vorhanden, zuverlässig versorgen, und selbst Studenten (oder ich) können sich nicht nur an *tapas*, den leckeren, kostenlosen Beilagen zu jedem Erfrischungsgetränk, satt essen – auch wenn man damit prima über den Tag kommt.

Allerdings sind solche Kocharien wie in Deutschland, zu denen man Freunde einlädt, in der Küche Wein trinkt und gemeinsam vorbereitet und schnippelt, hier in Spanien eher unüblich – zumindest habe ich das so noch nicht erlebt.

Eine Bekannte erklärte mir einmal, dass sie sich lieber mit Freunden im Restaurant treffe, als die ganze Arbeit zu Hause zu haben und dann auch noch die Bude vollgequalmt zu bekommen von betrunkenen Gästen, die erst am frühen Morgen gehen, nachdem sie wahrscheinlich noch das Sofa ruiniert haben …

Ana lud einmal zu einer *merienda* ein, einer nachmittäglichen Zwischenmahlzeit oder Vesper, die ich für einen Kaffeeklatsch hielt, die jedoch »alles sein kann«, wie Ana mir grinsend auf meine Nachfrage erklärte, während sie den Wein entkorkte. Sie servierte sehr viele Platten mit Schinken, Salami und anderem Kram, und besonders toll fand ich die fischig feinbelegten Sandwichs, sorgfältig in Dreiecke geschnitten.

»Oh, là, là, da hast du dich ja selbst übertroffen«, sagte ich bewundernd.

»Das habe ich doch nicht selbst gemacht«, grinste sie und bekannte schamlos, alles drüben im Delikatessenladen XY gekauft zu haben. »Kennst du den etwa nicht?«

Nein, den kannte ich nicht, da ich Delikatessen stets selbst zubereite, trotzdem war ich schwer beeindruckt von dem weißen, weichen, ungetoasteten Weißbrot, das – ohne Witz – »Bimbo« heißt.

Bimbo-Brot ist total beliebt, am besten ohne Kruste, soweit man den weichen Rand so bezeichnen kann, und blütenweiß – bloß kein Vollkorn oder Integral. Bimbo-Brot kann man bedenkenlos zahnlosen Kleinkindern oder Rentnern anbieten, was mich sofort wieder an die Kanaren erinnert. Dort habe ich in einem deutschsprachigen Radiosender Werbung für einen deutschen Zahnarzt gehört, der auch am Samstag geöffnet habe, um die Probleme mit den dritten Zähnen kurieren zu können – die Inseln scheinen fest in deutscher Hand, in älterer deutscher Hand wohlgemerkt.

Sogar am Flughafen habe ich erstaunt die deutschsprachigen Hinweistafeln zur Kenntnis genommen, das ist wohl so an den üblichen verdächtigen Touri-Orten, und auch für viele deutsche Auswanderer ist das fremde Land immer Ausland geblieben. Später in der Stadt war ich umgeben von sehr munteren Seniorengrüppchen in sehr kurzen Shorts, die sich besorgt den TREFFPUNKT durchsagen, FALLS SIE SICH VERLIEREN.

Einigermaßen verstört bin ich so auf einigen kanarischen Inseln herumgetappt.

Auch viele Städtchen an der Costa Blanca sind nahezu besetzt von Deutschen oder Engländern. Die besten Fish 'n' Chips aller Zeiten habe ich in Spanien in einer Bude am Meer gegessen – nur zur Info: Ich habe früher mal in London gelebt und dort viel Fish 'n' Chips gegessen. Jedenfalls erklärte mir die britische Besitzerin der Bude, die nach eigenem Bekunden kein Wort Spanisch sprach, weil sie ohnehin nur mit Engländern zu tun hatte, ganz verzweifelt, nachdem sie einen sichtlich älteren Gast »bis morgen zum Geburtstag« verabschiedet hatte, sie wisse gar nicht, wo sie SO VIELE Geburtstagskerzen auftreiben solle.

Aber die Klientel will bedient werden, und auch die Deutschen bekommen, was sie wollen: Teppichboden und Bockwürstchen.

Die Spanier haben sich cool auf die wohlhabenden Dauergäste eingestellt und bilden zunehmend Leute in medizinischen Pflegeberufen aus, die dann in den deutschen Enklaven (oder Altenheimen) von Denia bis Alicante arbeiten.

So viel dazu.

Zurück zum Essen.

Maite zum Beispiel lädt grundsätzlich ins Restaurant ein, mit der etwas fadenscheinigen Begründung, sie könne ihre Wohnung niemandem präsentieren, weil sie so unaufgeräumt sei, und auch die andern Mitglieder des *tertulia indiscreta* bitten ihre Gäste bei Geburtstag und ähnlichen Festivitäten in die Bar.

Im Grunde hege ich den Verdacht, dass keiner vom *tertulia* oft kocht, und wenn, dann machen sie ein großes Gedöns darum und diskutieren Zutaten und Zubereitung so gründlichst aus, dass es schon verdächtig wird. Denn im Prinzip finden sie alle Kochen ganz grauenhaft und tun es höchstens mal am Wochenende, auf dem Land.

Im Übrigen halten sie alle Sauerkraut und *codillo,*

also Haxe, für DIE typische deutsche Mahlzeit. Bereits mehrfach habe ich erklärt, dass ich persönlich noch nie so eine rosa Haxn verspeist habe und dass das mit dem Sauerkraut so eine Sache ist, und die Fässer und der Krieg und die Haltbarkeit und überhaupt der Skorbut damals auf den Schiffen und der getrocknete *bacelao* …

Aber sie bleiben hartnäckig, und deshalb nehme ich mir schon seit langem vor, sie alle mal im Hochsommer einzuladen, um sie dann bei gefühlten hundert Grad im Schatten mit unserem Nationalgericht zu quälen. Zur Strafe gibt's dann Äppelwoi dazu, und wenn ich den höchstpersönlich aus Bockenheim im Koffer anschleppen muss.

Jedenfalls reagieren sie zumeist erstaunt bis mitleidig, wenn sie von meiner täglichen Kocherei hören, deren Krönung und Höhepunkt im Verzehr selbiger so gegen halb vier Uhr nachmittags liegt, wenn die Kinder aus der Schule kommen.

»Qué horror!«, ruft Óscar und rollt entsetzt mit den Augen.

So ähnlich reagiert auch mein großer Sohn bisweilen, wenn er das Ergebnis meiner künstlerisch wertvollen und ausgewogenen kulinarischen Kreationen erblickt.

Rufe ich aus der Küche im hinteren Teil der Wohnung lautstark »ESSEN!«, kommt meist nur einer angeprescht: der Hund. Mit einem Affenzahn galoppiert er den ersten Flurgang entlang, schlittert übers Parkett, nimmt die Kurve in den zweiten und bleibt nach dem Endsprint hechelnd in der Küchentür stehen. Erwartungsvoll.

Der hat noch Hoffnung.

Im Gegensatz zu den Kindern.

»Grünkernbratlinge! Meine Freunde wissen nicht mal, was das sein soll, wer isst denn so was!«, rief einst mein großer Sohn, und das Grauen stand ihm ins Gesicht geschrieben.

So ähnlich sieht Ana aus, wenn ich von Soja, Ingwer und Gurken erzähle. »Was macht man damit?«, fragt sie höflich mit ihrer Professoren-ich-habe-selbst-für-den-letzten-blödesten-Studenten-Geduld-Stimme und geht noch ein paar Luxus-Sandwichs im Delikatessenladen kaufen.

Ich habe geschworen, dass ich mitkomme, einst, an dem Tag, wenn Kind zwei das Haus verlassen hat und ich niemals wieder eine Küche benutzen werde.

Auch Maite sagte einmal nachdenklich: »Ich weiß gar nicht, ob ich zu Hause überhaupt Kaffee habe, den nehme ich immer in der Bar.«

Kurz darauf schenkte sie mir einen Gutschein, damit ich auch einmal morgens einen Kaffee in der Bar nehmen könne, ich arme Seele, die ich immer mit der italienischen, kleinen Silbernen am Herd arbeite.

Maite ist eine jener Personen, die in ihrer winzig kleinen Handtasche unglaublich viele, erstaunlich große Dinge – darunter neben Teilen der voluminösen Tagespresse natürlich auch eine Schere – mit sich führen. Als typisch spanische, handtaschenaffine Señora stopft sie nicht wie ich immer alles in irgendwelche Hosen- oder Jackentaschen.

Aber es stimmt wirklich, das Café ist am Morgen schon stimmungsvoller als die heimische Küche, wenn nicht gerade einer der Gäste die leider allgegenwärtigen Spielautomaten bedient. Weil man da keine Arbeit hat. Und weil man ab Februar draußen sitzen kann, wenn's gutgeht. Und weil der Kaffee da viel besser schmeckt und riecht.

Das ist eben der ganz spezielle Duft in Spanien, so aromatisch und ganz anders als in Deutschland, es duftet nach Meer oder Zitrusfrüchten, und in Madrid duftet es nach Café und Calamares, und es riecht nach Sonne (jaja, und nach Abgasen und Drogen).

Ein Singen und Summen liegt in der Luft, der Scherenschleifer lässt seinen sirenengleichen Ruf erklingen, und dazu dieses Licht, dieses typische Spanien-Licht von blitzblauem Himmel, das die Sonne zwar nicht »bei Tag und Nacht« scheinen lässt, aber fast!

Das Licht, klar und strahlend, macht, ähnlich wie in der Provence, den Zauber dieses Landes aus, in dem es einem manchmal so vorkommt, als würde den ganzen Tag gegessen und getrunken und gefeiert, von morgens bis mittags und nachmittags und abends bis nachts. In einigen Vierteln Madrids ist tatsächlich nachts mehr los als am Tag.

Die madrilenische Café-Klientel ist gemischt und unermüdlich: Anzugträger, Hausfrauen, Arbeiter, Mütter, Business-Frauen, Studenten und Müßiggänger.

Zunächst gibt es einen schnellen Kaffee auf dem Weg zur Arbeit, dann muss dringend eine erste Frühstückspause eingelegt werden, in der Regel zwischen elf und zwölf. Diese wird übrigens gerne auch zu geschäftlichen Besprechungen genutzt, wie hier Geschäftskontakte sowieso eher in der Bar als am Telefon geknüpft und aufrechterhalten werden.

In Spanien läuft alles über Netzwerke, irgendwer kennt immer jemanden, der jemanden kennt, und der macht einen bekannt mit dem Freund eines Bruders oder dem Schwager einer Schwester …

Die Spanier kennen sich ohnehin alle untereinander, kommt es mir vor, seit dem Kindergarten sind sie zusammengeschweißt über Schule, Sportverein und Studium bis zum beruflichen Wirken, was logischerweise Vor- und Nachteile hat. Es dauert, bis man in diese eingeschworenen Zirkel hineinkommt, und selbst dann läuft es eher spontan ab als vorausplanend. Darauf muss man sich einstellen. Doch wenn man es geschafft hat und sich mit jemandem bei einer *caña* sehr privat über Familie, Kinder und Schulen austauscht, ist das erfolgversprechender für die weitere Zusammenarbeit als zig so höfliche wie nichtssagende, weil rein fachbezogene Mails oder Telefonate. Denn hat man erst einmal ein persönliches Verhältnis aufgebaut, lässt es sich umso besser miteinander arbeiten.

Nach der kleinen Frühstückspause geht's dann wieder ins Büro, und gegen zwei Uhr wird Mittag gemacht. Offiziell geht die Siesta bis ungefähr fünf Uhr nachmittags, und auch die kleinen Einzelhandelsgeschäfte sind während dieser Zeit geschlossen.

Die Spanier behaupten ja von sich immer, dass sie die fleißigsten Arbeiter Europas mit den meisten Wochenstunden seien, doch seitdem nicht nur der Kommissar der *asuntos economias y montarias*, das Mitglied der Europäischen Kommission für Währung und Wirtschaft, Joaquín Almunía, festgestellt hat, dass »die sehr niedrige Produktivität« Spaniens Hauptproblem sei, wird die Siesta allgemein verkürzt.

Die meisten Arbeitnehmer sind sowieso davon genervt, besonders die berufstätigen Mütter, da der Schulunterricht in der Regel um fünf Uhr endet.

Die Arbeit sei hier oft nicht effektiv, behaupten vor allem auslandserfahrene Bekannte, die schon mal in Nordamerika – welch ein Gegensatz! – gearbeitet haben. Erstens einmal werde in Spanien der Tag oft zerdehnt, eben weil man sich nicht strikt an die Tagesordnung oder Pläne hält, sondern offen für alles Zusätzliche ist. Zweifellos ist das kreativ und flexibel, aber eben auch zeitraubend. Einer raschen Abwicklung von Besprechungen ebenso wenig förderlich ist, dass die Teilnehmer von Meetings oft die Handys nicht abschalten und zwischendurch ausgiebig telefonieren. Da kann der Tag schon lang werden.

Ausländern, die sich mit einer spanischen Firma auf demselben Flur befinden oder sich ein Büro mit einem spanischen Unternehmen teilen, kommt es GEFÜHLT oft so vor, als arbeiteten sie doppelt so viel wie ihre einheimischen Kollegen, deren Büros wegen ausgiebiger Mittagessen sowie vieler Feier- und Brückentage oft verödet scheinen. Allerdings kenne ich auch Madrilenen, die am Wochenende arbeiten, so ist das nicht. Ob's glücklich macht, ist die andere Frage.

Die spanischen Kinder sind immerhin mit die glücklichsten Europas – mir ist aufgefallen, dass es hier fast nie schreiende kleine Kinder gibt, während in Deutschland an jeder Ecke geheult und gequengelt und geschimpft und gezerrt wird –, wenn auch die schulischen oder später studentischen Leistungen laut diesen ominösen, Europa vergleichenden Leistungs-Rankings nicht top sein sollen.

Ist das vielleicht nichts?

Die Kinderversorgung in der Schule scheint mir, wenn auch nicht zufriedenstellend, so doch viel besser als in Deutschland oder zumindest in Bayern zu sein, wo es selbst im einundzwanzigsten Jahrhundert kaum Ganztagsschulen gibt, geschweige denn gescheite Schulkantinen, was hier in jeder öffentlichen Grundschule Standard ist.

Das Schulessen wird oft kritisiert, dennoch zeichnet sich deutlich ein Trend zu bewussterem und gesünderem Essen ab, denn, man muss es sagen: In Spanien ist fettiges Essen sehr beliebt, trotz aller mediterraner »Diät«. Vor allem im Landesinneren essen die Menschen oft recht deftig, und die Hälfte der Madrilenen leidet unter zu hohen Cholesterinwerten. Das ist auch kein Wunder, oder wie es mein einer Sohn, mein kleiner, eine dem Essen und all seinen Varianten jederzeit aufgeschlossene Person – schon im zarten Babyalter lag er in Seitenlage wie ein alter Römer im Garten und kaute verträumt den ein oder andern Grashalm sowie die eine oder andere vertrocknete Nacktschnecke – mit einer Vorliebe für sämtliche internationale Kochsendungen so schön sagte: »Das bringen auch nur die Spanier fertig, den Speck in der Friteuse mit fünf Litern Öl zu braten!«

Öl gibt es oft schon zum Frühstück, das in der Regel kurz und schmerzlos gehalten wird: Man nimmt einen Kaffee und isst eine *tostada*, selbstverständlich aus Weißbrot, mit Olivenöl und Tomate oder Marmelade. Wesentlich ungesünder ist das beliebte, aber hochgradig fettige Gebäck, die *churros* oder *porras*. Eine existentielle Wahl, die einen dünn, die anderen dick, von der Konsistenz eines Krapfens oder Kreppels oder Berliners oder einer Ausgezogenen, und eine gefühlte Zehntausend-Kilokalorien-Bombe, die zu allem Überfluss noch gerne in sämigen schwarzen Kakao getunkt wird. Allein um so ein Frühstück abzubauen, müsste man bis Portugal joggen.

Mit derlei Kleinigkeiten gestärkt, schlägt der Spanier sich bis zum Mittagessen in den Bars bei den bereits erwähnten *tapas*, kleinen leckeren Appetithäppchen, durch und genießt nebenbei das Ambiente gewisser *tabernas* mit ihren schönen Kachelwänden oder alten Zinntresen und altmodisch gefliesten Böden. Bei Letzteren handelt es sich laut Ana um das »Modell Mortadella«. Sie findet nämlich, dass alle meine Lieblingsbars »Wurstfußböden« haben, aber das ist eine andere Geschichte.

Allein an den madrilenischen Bars lassen sich die Vielfalt und der Geschmack der spanischen Küche ermessen, da ja nicht alle Barbesitzer aus Madrid stammen und die Palette ihrer kleinen Köstlichkeiten die ganze Bandbreite der Delikatessen aus verschiedenen Regionen von Nord bis Süd widerspiegeln. Von Asturien bis nach Andalusien reicht das Angebot der »kleinen Schweinereien«, die man auch als größere Portion, als *ración*, bestellen kann.

Mittagessen gibt's in der Regel ab zwei, wobei einen mitleidige Seelen durchaus schon mal bis vier füttern, was meinen Essgewohnheiten sehr entgegenkommt, denn fatalerweise überfällt mich persönlich der ganz große Hunger immer außerhalb aller deutsch-üblichen Essenszeiten. Die späte Mahlzeit ist toll, außerdem brauche ich dann kein Abendessen mehr.

Beim Essen geben sich Spanier und Spanierin übrigens gerne mal die Mütze, und laut neuesten Umfragen trinken die jungen Mädels mehr als die Jungs. *Quieren demostrar que son iguales que los hombres*, sie wollen den Männern in nichts nachstehen, und machen so angeblich mehr als die Hälfte der Betrunkenen aus.

Ob sich das auf nächtliches »Kampftrinken« bezieht, weiß ich nicht. Allerdings habe ich bei geschätzten zweihundert Grad unter gleißender Sonne fernab von jedem Sonnenschirm schon mehrfach seriöse Omas beim Mittagessen beobachten können. Meist waren sie in Begleitung ihrer Salamanca-gestylten Töchter, die Babys im Kinderwagen dabeihatten – also keinesfalls die üblichen verdächtigen Alkoholiker –, nahmen schweren Rotwein aus Literkaraffen zu sich und fielen danach NICHT um.

Trotzdem: Ein Päuschen braucht man dann schon mal, und wenn die *siesta* und *merienda* des frühen Abends überstanden sind, wartet bald schon wieder das Abendessen.

Ich muss gestehen, dass auch uns die *siesta* längst in Fleisch und Blut übergegangen ist, wenn wir auch wie viele Ausländer ein Problem mit dem sehr späten Abendessen haben – außer im Hochsommer.

Ab neun Uhr abends herrscht hierzulande reger Betrieb in allen Küchen, aus den Fenstern hört man es klappern und brutzeln, dass es eine Freude ist. Auch zum Essengehen macht der Hungrige sich langsam locker und nimmt nach selbigem, das in geselliger Runde leicht mal bis Mitternacht dauern kann, noch eine *copa* oder einen *chupito*, einen Absacker – oder mehrere, denn es ist in Spanien extrem wichtig, an einem Abend mehrfach die Bar zu wechseln. Ganz im Gegensatz zu Deutschland, wo man sich in seiner Stammkneipe den ganzen Abend über festsitzt.

Obendrein lieben die Spanier es, in riesigen Horden auszugehen. Das sehe ich – als langweilige Deutsche ohne Vereinszugehörigkeit eher Anti-Pulk genormt – immer wieder sehr schön an meinen Kindern, die sich problemlos an die hiesigen Verhältnisse adaptiert haben.

Wenn mein großer Sohn, der einen enormen Bekanntenkreis hat und an jedem Flughafen oder sogar im Flieger einen Kumpel trifft, sich verabredet, wird das zuvor ausgiebig mit Millionen madrilenischen Freunden in Millionen Handy-Minuten oder im Chat besprochen: Wo starten wir mit wem wann und wen treffen wir dann wo …

Sind die Details endlich ausdiskutiert, können sämtliche dezidierten Pläne gegebenenfalls in Sekundenschnelle verworfen werden, was aber nicht weiter schlimm ist. Hauptsache, man ist GANZ VIELE – die Größe einer Fußballmannschaft mit Ersatzspielern und Physiotherapeuten sollte es schon sein. Im Grunde ist es gleichgültig, wer letztendlich dazustößt, alles ist offen, *pantha rhei*, alles bewegt sich, *la nave va*, möglich ist alles, die Nacht ist jung.

Trotz aller Vorablogistik hält man sich jedoch nicht sklavisch an die getroffenen Verabredungen, irgendjemand wird schon auftauchen, wenn man um eine bestimmte Zeit an einem bestimmten Ort ist. Wichtig ist nur der Kern, irgendwann stößt dann schon ein Grüppchen aus einer anderen Schule oder kommen Freunde und Verwandte eines Anwesenden dazu, in diese wabernde Masse, die gewissermaßen ein Zellkörper ist, der sich beständig teilt und erneuert, vergrößert, verändert und keineswegs zielgerichtet fortbewegt. Die Masse macht's.

Das mag bei den Jugendlichen in Deutschland ähnlich sein, doch bemerkenswert in dem Sinn, dass es auch einigermaßen typisch für das Ausgehverhalten des durchschnittlichen spanischen Erwachsenen ist. Wenn ich mich mit jemandem verabrede, kann es durchaus passieren, dass der jemanden mitbringt, der wiederum von irgendjemandem angerufen wird, der ebenfalls hinzukommt. Am Ende marschieren alle gemeinsam irgendwohin, um dort völlig Wildfremde zu treffen, von denen wiederum jeder sein eigenes Süppchen kocht und alle somit ganz schön rumkommen am Abend.

Natürlich kann ich auch jederzeit überschaubar zu zweit oder dritt ausgehen und gepflegt speisen.

Speisen kann man in Madrid bestens, außerdem bekommt man wie bereits angesprochen fast alles aus den Regionalküchen: sei es *allioli*, das Knoblauch-Olivenöl-Gemisch aus Katalanien, *pulpo gallego*, scharfe Krake aus Galizien, oder seien es *mojos*, die bunten Gemüse-Kräuter-Dips von den Kanaren, nur um meine Favoriten zu nennen. Auch die typisch andalusische Küche, immer mit mächtig Knoblauch und dem Klassiker *gazpacho*, der köstlich erfrischenden Gemüsesuppe, die fast jedes Restaurant selbst zubereitet, findet man überall in der Stadt. Von dem vielleicht berühmtesten spanischen Nationalgericht, der beliebten und preisgünstigen *paella*, behauptete einmal die valencianische Tante eines Freundes, dass jede spanische Hausfrau ihr ganz spezielles Rezept habe, deshalb schmecke sie in ganz Spanien niemals gleich.

Stimmt.

Die Spanier sind übrigens definitiv schinkenverrückt, Serrano zu schneiden ist eine Kunst, die jeder mit großem Tamtam zelebriert, und zwar nicht nur in den Bars und Supermärkten. Fast jeder Haushalt hat so ein Schweinebein bei sich in der Küche in einer Spezialvorrichtung stehen und wetzt sein Spezialmesser, um damit hauchdünne transparente Scheiben zu fabrizieren.

Auch gibt es jedes Frühjahr eine Delikatessen-

Messe in Madrid, den »Salon der Gourmets«, in deren Verlauf unter anderem ein Serrano-Schinken-Meister gekürt wird. Die Finalisten übertreffen sich geradezu in der Kunst des eleganten Säbelns und Filetierens.

Nicht nur die weltberühmte Melanie Griffith, die mit dem ebenfalls weltberühmten Antonio Banderas, gebürtig aus Malaga, verheiratet ist, hat in einem Interview im spanischen Fernsehen verschämt zugegeben, dass so ein behuftes Bein in der Küche durchaus gewöhnungsbedürftig sei. Auch ich verhüllte einst mit sehr vielen Tüchern die *pata negra*, die mein großer Sohn von seinen Freunden zum Geburtstag geschenkt bekam und die wochenlang in unserer Küche ausdünstete.

Der ultimative Renner in Spanien für die Hardcore-Schinkenfans ist übrigens Kaninchenschinken, das sind so Dreihundert-Gramm-Teilchen, die einen in ihrer Winzigkeit nur dauern können.

In Madrid erfreut sich das sogenannte Schinkenmuseum, *museo de jamon*, großer Beliebtheit bei Einheimischen wie Touristen. In jeder Filiale der Restaurantkette hängen einem Hunderte von Schinken um die Ohren. Und riechen. Nach Schinken. Komisch für die einen und köstlich für die anderen. *Jamón, jamón*!

In dem Zusammenhang muss ich an ein Foto meines großen Sohnes von vor vielen Jahren denken, als er noch kein großer Sohn, sondern ein eher kleiner Zwockel und noch nicht mal eingeschult war. Wir waren zu Besuch in einer Madrider Wohnung. Damals bot er Marilyn Monroe, während sie so unnachahmlich süß und verführerisch aus den Boxen der Stereoanlage sang, die so hoch waren wie er, schüchtern eine Reiswaffel an. Er hielt das Gebäck freundschaftlich an die Lautsprecher (der Ruf der Sirenen funktioniert offenbar immer). Jene Boxen und jene Wohnungen befanden sich in der Nähe eines dieser Schinkenmuseen, in das wir ihn ausführten. Was hat er gelacht, der arme, semivegetarisch ernährte Sohn zwischen den hinter und über ihm baumelnden Schinkenbrocken!

Was war ich traurig.

Im Übrigen läuft derzeit im spanischen Fernsehen ein ziemlich witziger Schinken-Spot, der dieses Thema aufgreift – mit ähnlichem Ende. Zwar liefen meinem Sohn nicht Tränen aus den Augen, als er den Schinken aß, aber so ähnlich.

Schinken wird hier in jeder Form konsumiert, als *tapa* pur, gegrillt als Beilage oder mitgekocht in der Suppe, als Knochen auch im landestypischen Nationalgericht aller Provinzen, dem *cocido*. In Madrid wird der Kichererbseneintopf mit Kohl zubereitet, man isst ihn von Nord bis Süd in tausend Varianten, und manch einer fügt noch Kartoffeln oder verschiedene Bohnensorten hinzu, je nach Region weiße, rote oder schwarze. Dazu gibt es die typische spanische Paprikawurst oder *morcilla*, eine Art Blutwurst, die in Andalusien besonders lecker ist, weil mit Pinienkernen gefüllt.

Gegen einen ordentlichen *cocido* ist grundsätzlich nichts zu sagen, vor allem im Winter, bedenklich ist nur, dass da manchmal so allerlei hineingewurschtelt wird …

Ich habe den Eintopf jedenfalls nur einmal bestellt, das war in Escorial.

Ursprünglich wollten wir das weltberühmte Schloss Philipps II. besichtigen, doch kaum standen wir vor der so beeindruckenden wie abweisenden Fassade, meuterten die Kinder.

»Das ist doch wohl nicht euer Ernst«, sagte Sohn eins, »da geh ich nicht rein, das sieht ja aus wie im Knast!«

»Na ja, aber drinnen soll es ganz schön sein, vor allem die Bibliothek.« Ich wedelte mit dem kleinen Reiseführer, um meine Behauptung zu untermauern.

»Ha«, tönte es aus der Richtung des anderen Sohnes, »das will ich erst mal im Internet sehen, ob sich das wirklich lohnt.« Zweifelnd betrachtete er den sehr braunen und sehr symmetrischen Bau und fällte sein abschließendes Urteil: »So stelle ich mir die DDR vor.«

Vor der DDR stand übrigens eine enorm große Schlange Einreisewilliger, in die mich einzureihen ich nur bedingt Lust verspürte. Das war's dann mit Escorial, und wir gingen essen. Wir Eltern fuhren dann später noch mal alleine hin – zur Besichtigung. An jenem Tag war es jedenfalls kalt, trotzdem mussten wir draußen sitzen wegen des Hundes, denn in Spanien darf ein Hund gar nirgendwohin, und so ein Süppchen soll ja Wunder wirken bei scharfem Wind in Escorial.

In einem der typischen braungebrannten, kleinen Tonschüsselchen servierte der Kellner die dampfende Köstlichkeit, nicht ohne mich zu meiner Wahl aufrichtig zu beglückwünschen. Der Rest der Familie hatte traurigen Spargel, langweilige Makkaroni oder gar Salat bestellt. Ich kenne keinen einzigen Spanier, der regelmäßig Salat isst oder ihn wertschätzt, selbst für Ana oder Maite ist er nicht mehr als eine lästige Beilage, von der man höchstens mal ein Blättchen aus Pflichtgefühl nimmt, wenn man zu Gast ist. Ana verzieht stets schmerzvoll das Gesicht, wenn sie von deutschen Schnittlauchbroten und englischen Gurkensandwichs hört, Gemüse geht für sie eigentlich nur in Form von Gazpacho.

Doch zurück zur anderen Suppe: Diese roch heiß, ich erkannte diverse Bohnen, und obenauf schwamm etwas, das wie getoastetes und leicht aufgeweichtes Weißbrot aussah, so ähnlich wie bei Zwiebelsuppe. Ohne zu zögern, nahm ich einen Löffel und schluckte ein wenig von dem, was auch immer es war. Jedenfalls kein geröstetes leicht aufgeweichtes Weißbrot.

Mein einer Sohn, der kleine, wie schon erwähnt für jede Art von Nahrungsmittel aufgeschlossen, kostete ebenfalls mutig – und wollte gerade ausspucken, als der Kellner auftauchte. Wohlerzogen behielt er die Masse im Mund – im Gegensatz zu seiner Mutter zuvor – und schob den Brei so verzweifelt wie tapfer von der rechten in die linke Backe. Aber selbst ein Esser aus Leidenschaft wie er musste, kaum dass der Ober außer Sichtweite war, die Serviette zu Hilfe nehmen. Er als familienanerkannter Essenstester behauptete, das aufgeweichte Weißbrot sei PANSEN. Wo zum Teufel hat dieses Kind jemals Pansen gegessen? Man weiß es nicht. Ich sag nur: Wer Nacktschnecken kaut …

Ich erlitt daraufhin eine leichte *ataque de nervios*, der Rest der Familie, alles überzeugte Fleischesser, wollte diese Expertise memmenmäßig auf gar keinen Fall verifizieren, und auch unser ewig hungriger und keinesfalls mäkeliger Hund verweigerte jede Kostprobe, was am Ende allen zu denken gab.

Seitdem habe ich nie wieder *cocido madrileño* probiert. Nicht zuletzt deswegen, weil ich im Lauf der Zeit in viele Suppentöpfe geschaut habe, wo zwischen den Kichererbsen öfter mal traurig falbe Schweineohren herumschwammen.

»Aber nein, die esse ich doch nicht«, sagte einmal Diego ganz empört, als ich ihn darauf ansprach. Ich war erleichtert, bis er hinzufügte: »Da ist doch gar nichts dran!«

Warum dann die Öhrchen immer munter obenauf schwämmen, fragte ich – und die gute Gemüsesuppe versauen, dachte ich.

Diego sah mich erstaunt an. »Ja, natürlich wegen der Proteine.«

Ach so.

Wegen der Proteine werden auch viele Stierschwänze verkocht, wahrscheinlich – so weit meine Theorie. Wobei mich der Freund meines großen Sohnes, als ich diese äußerte, darauf hinwies, dass Ochsenschwanzsuppe ja wohl typisch deutsch sei.

Typisch spanisch jedenfalls ist der *cocido* oder die *olla podrida aus* Kastilien, für die man ursprünglich einen Schweinskopf auskochte, oder die *olla churra* aus Valencia oder die *cassola*, ein köstlicher Fischeintopf. Komischer- und inkonsequenterweise habe ich kaum Skrupel, arme Fischlein zu verspeisen. Das Zerhacken ehemals lustig im Wind flatternder Schweineöhrchen für den abendlichen Eintopf erfordert dagegen doch ein gerüttelt Maß an Kaltblütigkeit.

Ob *olla* oder *cocido* – generell werden die Speisen in Spanien SEHR lange gekocht, oft viele Stunden im Ofen oder auf dem Herd, was ich erst neulich wieder interessiert mit meinem einen Sohn, dem kleinen, in einer der hiesigen Kochsendungen beobachtete: Vorher sieht alles prächtig und frisch aus, aber dann, nach der empfohlenen Kochzeit von mehreren Stunden …

Das steht in großem Kontrast zu der Molekular-Schaumschlägerei des spanischen Starkochs Ferran Adrià.

Oder wie mein großer Sohn sagte: »Wie kann man aus so schönen bunten Sachen nur so eine eklige braune Pampe machen?«

Der Kleine guckte nur kurz von seinem Buch hoch. »Aus den besten Zutaten machen sie das Schlimmste.«

»Manchmal«, sagte ich, »man nennt es ›Eintopf‹.«

Ähnlich abgeneigt sind wir dem beliebten Hasenbraten mit allen Soßenvarianten von Thymian bis Weißwein, alleine schon wegen unserer Hausgenossen selig, den Zwergkaninchen, und das ebenfalls populäre *cochinillo* ist ganz entschieden GAR nicht unser Ding.

Cochinillo ist eine Art Embryo, sozusagen ein Schweinefötus. Dieses ungeborene Schweinchen, das eine eher weiße Farbe hat und sich mit dem Löffel zerteilen lässt, weil es so EXTRAZART ist, lässt sogar den Kindsvater schaudern. Dabei kennt der sonst eher wenig Skrupel und hat auf seinen berufsbedingten Exkursionen in den argentinischen Hochebenen auf Einladung mitleidiger Gauchos und Hirten sogar schon ohne Murren Ziegenaugensuppe gegessen.

Schweinefötus geht nun wirklich nicht, mir reicht es schon, wenn ich manchmal irgendwelche Köche am Morgen mit *cochinillos* in Plastikfolien wie Leichensäcke über den Schultern vor den Restaurants sehe oder eine längsgeteilte Schweinchenhälfte mit noch ungeöffnetem Auge – BABY! – dekorativ in der Auslage einer Metzgerei, einfallsreich mit Petersilie dekoriert.

Aber wie ist das eigentlich mit dem Spanferkel?

Wie gesagt, das eine oder andere Öhrchen in der Suppe, gerne werden auch die Pfoten mitgekocht oder geröstet und als Tapa angeboten oder ein Schwänzchen ausgekocht. Ein Sprichwort besagt sinngemäß, dass die Spanier ALLES am Schwein aufessen, bis auf seine Seele.

Zweifellos Geschmackssache, Kutteln werden schließlich auch weltweit gegessen und sogar Affenhirne im asiatischen Raum oder im bayerischen die Weißwurst, und bei dem einen besten Freund meines großen Sohnes soll der *cocido madrileño* ganz toll sein und überhaupt keine Schweinerei.

Es gibt an Spanien genau zwei Dinge, die mich nerven: Das eine ist das mangelnde Umweltbewusstsein und das andere ist *cochinillo*.

6

(M)e(h)r-Leben

Von den vielen Dingen, die ich an Spanien mag, liebe ich am allermeisten *HABLAR*.

Hablar, also reden, das ist ganz wichtig in Spanien, *hablar* ist der Ausdruck eines typisch spanischen Lebensgefühls: Ich rede, also bin ich. Hier wird einfach gerne geredet, und zwar ohne Ende, bisweilen auch ohne Anfang und vor allem recht unvermittelt – genau wie es mir GEFÄLLT.

Nirgendwo wird so viel geredet wie in Spanien – oder überhaupt im Süden, wozu ich übrigens auch Südamerika und Hessen zähle, auf meiner kleinen, persönlichen Weltkarte, die schlicht in »warm« und »kalt«, »oben« und »unten« eingeteilt ist –, so kommt es mir jedenfalls vor. Überall quakt und schwätzt und gurrt und lacht es, und das ist mir super sympathisch. Es geht um nichts und es geht um alles – man lebt, darum spricht man. Ob dabei auch gedacht wird, ist eine andere Frage …

Man redet MIT anderen oder monologisiert/doziert VOR anderen oder am Handy, das hier *móvil* heißt, oder man babbelt einfach so vor sich hin, wie zur Selbstbestätigung, zur Daseinsberechtigung, zur Existenzversicherung seiner selbst.

Meist ist *HABLAR* laut und meist ist es durcheinander.

Wie in unserem *tertulia indiscreta*.

Da quatschen auch oft alle so vor sich hin, jeder mit jedem, also mit mindestens drei, meist mit mehreren Gesprächspartnern gleichzeitig und noch dazu über verschiedene Themen: so erzählt Óscar vom Sex am Vorabend, Ana vom Wasserrohrbruch bei ihrer Mutter, Diego vom letzten ultragünstigen Hundesalonbesuch, wo irgendeine FRISUR inklusive war, jedenfalls nicht seine, und Pilar erklärt mir den speziellen Weinanbau, flach, auf den Kanaren, und Maite mischt sich ein, der galizische Wein sei auch nicht schlecht und wahrscheinlich überhaupt der beste Spaniens – nein Murcia, oder Cartagena, ruft da Beatrice, die aus dem Baskenland stammt, aber Andalusien liebt und Avila auch nicht schlecht findet, doch sie wird von Maite totgeredet und wendet sich somit Óscar und delikateren Themen zu, obwohl sie eigentlich viel zu wohlerzogen für solche schweinischen Geschichten ist, an denen mein rechtes Ohr hängt, während Maite Stift und Block aus ihrer winzigen Tasche zückt, um mir die besten *bodegas* Galiziens samt vier wichtiger Jahrgänge aufzuschreiben, da hilft auch kein schwacher Protest meinerseits, das sei doch eh viel zu teuer, außerdem habe ich Óscar verloren und konzentriere mich gerade auf einen anderen spannenden Wortbeitrag, in dem es um die Unsicherheit in unserem Viertel geht, die Schwester von X wurde gestern bei Quevedo ausgeraubt, als die Nichte mit der Cousine am Geldautomaten …, aber eigentlich will Maite sowieso etwas anderes, sie schwenkt irgendein Journal, das man unbedingt gesehen (und kommentiert) haben muss, über irgendein Steindorf an der Küste, Kulisse irgendeiner Fernsehserie, Asturien, stimmt, schön, schade, jetzt leider »verbrannt« wegen zu viel Popularität, und dann fällt auch noch jemandem ein, die gesamte

Filmgeschichte Woody Allens ausdiskutieren zu wollen (wegen Vicky-Cristina-Barcelona), witzigerweise die Dialoglastigkeit – *madre mía*, ein weites Feld –, und überhaupt ist Óscars Sex viel interessanter, Ana hat schon ganz schmale Augen, ob aus Begeisterung oder Müdigkeit ist schwer auszumachen, und das alles ganz frühmorgens, und es fällt überhaupt nicht auf, dass ich eigentlich noch schlafe, denn ich sage zu allem etwas und erzähle noch etwas Langweiliges aus meinem Privatleben, das in keinerlei Zusammenhang mit irgendeinem erwähnten Thema steht und weiter nicht auffällt oder stört und trotzdem kommentiert wird irgendwie, etwa, dass mich das Gewicht meiner Haare auf der linken Kopfhälfte schmerzt, und überhaupt schläft Ana auch, selbst wenn sie raucht und lacht und ihrem Hund (und manchmal aus Versehen auch mir) Bällchen zuwirft, und dann bimmelt ein *móvil*, und unsere Diskussion wird fortgetragen in einen anderen Raum mit einem weiteren unbekannten Teilnehmer, der eigentlich nur wissen wollte, wo man Hüften am besten operiert, und der nun etwas über die letzte Hunde-OP erfährt, die teurer war als der Blinddarm von der Nichte von soundso, und jedem fällt etwas dazu ein, weil jeder mal Beschwerden hatte oder hat, vor allem Óscar, der eigentlich an ALLEN Krankheiten dieser Welt leidet – wie jeder Mann ist er ein ausgesprochener Hypochonder –, und damit sind wir auch schon bei der *sanidad*, der katastrophalen, und gleich danach beim blöden Minister und dann beim noch blöderen Theater wegen der zuständigen allerblödsten Kommunalpolitikerin und und und …

Das ist nicht Screwball, das ist Doppelsquash mit vierzig Bällen, mindestens.

Ich möchte an dieser Stelle noch mal darauf hinweisen, dass diese Gespräche morgens, oft vor dem Frühstück, stattfinden. Auch sind wir vom *tertulia indiscreta* keineswegs gute alte Freunde, die sich nicht nur mit wenig, sondern auch mit – haha – sehr vielen Worten verstehen, sondern ein bunt zusammengewürfelter Haufen wildfremder Menschen unterschiedlicher Sozialisationen, der sich erst relativ kurze Zeit kennt.

Natürlich gibt es auch dröge Tage, meist die im Winter, an denen es nicht ganz so lebhaft zugeht, dann ist es vielleicht leiser und langsamer, aber dennoch auch immer durcheinander und immer sehr persönlich.

Genau deswegen ist *HABLAR* eine große Kunst, *HABLAR* bestimmt die spanische Gesellschaft, *HABLAR* ist reden, wenn man schon längst ausgestiegen oder halb bewusstlos ist, keiner mehr richtig zuhört und trotzdem alle Riesenspaß haben und SICH VERSTEHEN, weil sie freundlich sind, liebenswürdig sind.

Das ist ungefähr das Level, das in Deutschland in einer eingeschworenen dadaistischen Clique erreicht wird oder wenn alle bekifft sind, wie ich als bekennende Nichtkifferin leicht immer wieder feststellen kann.

Hier in Spanien wird geredet, und zwar einfach drauflos, da wird nicht erst gewogen und eventuell für zu leicht befunden. Denn auch viele Worte und vor allem viele überflüssige Wörter können schön sein, erst recht in einer fremden Sprache. Mir als Nichtmuttersprachlerin ist dabei durchaus bewusst, dass *HABLAR* für mich persönlich immer viel zu folkloristisch sein wird, um einfach nur profanes

Geschwalle sein zu können. Wie wunderbar wäre es, auch in meinem Heimatland so hören zu können.

Wie auch immer – Unterhaltungen und somit zwischenmenschliche Beziehungen unterschiedlichster Art scheinen mir in Spanien grundsätzlich liebenswerter als in Deutschland. Außerdem ist der Unterhaltungswert der spanischen Durchschnittskonversation im Hundepark gar nicht hoch genug einzuschätzen, wenn ich da so an meine Hundespaziergänge in Deutschland denke …

Die waren einsamer.

Und stiller.

Und sooo viel langweiliger.

Die durchaus freundliche Unterhaltung mit anderen Hundebesitzern, mit denen ich mich nie privat getroffen hätte, so wie hier, beschränkte sich auf höfliche Floskeln, wie das so in Deutschland üblich ist, wo man ja sehr effizient zu sein pflegt und eher dezidiert und knapp Auskunft zu geben gewohnt ist und wo alles etwas unpersönlicher ist unter Nichtbusenfreunden, grob gesagt.

Das ist jetzt natürlich eine oberflächliche und verallgemeinernde Aussage, denn auch DER DEUTSCHE ist zu tiefen, TIEFSTEN gar, Emotionen fähig, wie wir alle wissen, man denke nur an all unsere so sensiblen wie leistungsimmanenten Dichter und Denker und Wanderer und Musiker. Klar hockt man im Land der kindskopfgroßen Zitronen nicht im Stübchen und DENKT, sondern geht auf die *plaza* und IST – und bevor ich mich jetzt hier im noch tieferen und tödlichen Strudel von Sozio-Kultur-Geschwätz verliere: Ich finde es einfach lustiger in Spanien, wo fraglos auch GEDACHT wird, ohne jetzt groß These und Antithese aufstellen zu wollen.

Natürlich kann man kritisch alles hinterfragen, natürlich hat alles im Leben zwei Seiten, und natürlich haben auch die Offenheit, Leichtigkeit und Liebenswürdigkeit in Spanien Vor- und Nachteile. Inwiefern die sprichwörtliche Freundlichkeit einfach nur oberflächlich ist, darüber kann man streiten, wenn ich auch behaupten möchte, dass ich in Ana eine Freundin fürs Leben gefunden habe.

Hablar ist jedenfalls die pure Schwatzlust, *Hablar* ist aber auch das Gespräch mit einer Maklerin in einer unsäglichen Wohnung, die man bereits in der Eingangstür als solche identifiziert hat und von der von Anfang an klar ist, dass man sie auf GAR KEINEN FALL jemals in diesem Leben mieten wird.

Doch statt höflich zu lächeln und zu gehen, bleibt man, weil die Maklerin gerade vom letzten Strafzettel erzählt. Da zieht man nicht einfach die Augenbrauen hoch und verabschiedet sich, nein: Man spricht über die deutschen Bekannten der Frau. Nach meiner jetzigen Erfahrung hat offenbar JEDER Madrilene Freunde oder Bekannte in Deutschland, zumindest diejenigen, mit denen ich zu tun habe, kennen immer angeblich irgendwen. Dann will die Maklerin noch etwas über König Ludwig wissen. Ich verweise kurz quer auf Mayerling, was ich persönlich viel wildromantischer finde, doch sie lässt sich nicht ins Bockshorn jagen, sie kennt ihn wohl, den Unterschied zwischen Österreich und Bayern – wenn auch in den Wochenendbeilagen renommierter spanischer Tageszeitungen immer mal wieder hartnäckig behauptet wird, die »Tirolerjacke« sei ein typisch bayerisches Utensil –, und hakt unerbittlich nach.

Um die Wohnung geht es schon lange nicht mehr.

Dann sprechen wir über bestimmte spanische Erfrischungsgetränke, die bei Magengrippe helfen, über die handgearbeiteten *azulejos*, die Kacheln am Balkon, die wir eigentlich beide scheußlich finden, die sie aber höflicherweise so respektvoll wie doppeldeutig »Unikate« nennt, wobei wir beim Sofa der Maklertochter in Sevilla wären.

So geht das.

Nix mit brüsk.

Hablar bedeutet nämlich auch »Zeit verschwenden«. Das ganze *Hablar* dient natürlich auch zur Beschwichtigung, zur Entschuldigung, wenn mal wieder etwas nicht klappt – und das passiert schon öfter mal –, und es kann einen genauso entzücken wie zur Verzweiflung treiben, weil man niemals eine Auskunft bekommt, auf die man jemanden festnageln kann. Alles ist windelweich und bezaubernd, aber genauso fluffig verpuffend im Weltraum.

Hablar ist manchmal keinen Pfifferling wert, und natürlich: Was bleibt einem anderes übrig, als unendlich geduldig und freundlich zu sein, in einem Land wie Spanien, wo einen nicht nur die Bürokratie in den schieren Wahnsinn treiben kann?

Soll man sich aufregen? Nein, im Zweifelsfall lacht man und lässt die Heulsusen lamentieren.

Aber geredet wird immer. Und zwar viel.

Auch das liebe ich, diese Leidenschaft zur Freude wie zur Leidensbereitschaft. Gleichzeitig liebe ich DIE SPANIER für ihre unendliche Gleichmut, auch wenn das widersprüchlich zu sein scheint.

»Wenn es jetzt nicht klappt, wird es morgen klappen.«

Oder auch nicht. Und dann kann man immer noch weinen. Oder lachen.

Spanische Offenherzigkeit, selbst wenn sie noch so oberflächlich sein mag, tut gut – Freundlichkeit und Lachen tun ebenfalls gut, es lebt sich einfach besser.

Die Frage nach Kohärenz oder der berühmt-berüchtigten *eficiencia alemana* stellt sich nicht, dieses typische deutsche Maßregeln, die Nationalkrankheit »Besserwisserei«, diese Hausmeister-ZEUGEN-Attitüde, dieses Denunziantentum.

In Spanien geht es in Ordnung, wenn man betrügt, wer besteht denn schon auf eine ordentliche Rechnung mit *IVA*, der Mehrwertsteuer? Die Handwerker bieten einem billigere Leistungen an, wenn man sie schwarz und cash zahlt – dann WAREN SIE NIE DA, hat mal einer zu mir gesagt, weil er von einer offiziellen Firma kam, die wiederum er betrügen wollte, weil sein Gehalt so erbärmlich war.

So betrügt jeder jeden mit bestem Gewissen, denn der Staat zieht einen ja doch auch bis aufs Hemd aus, und man ist letztendlich immer der Gefoppte. Genau deshalb ist Spanien so, wie es ist.

Insofern bedeutet *hablar* auch leben und leben lassen, mit allen Sonnen- und Schattenseiten. Jeder kann im Prinzip machen, was er will, muss aber damit rechnen – und es auch dulden –, dass sein Gegenüber es ebenso hält, sprich: Wenn einer ewig ausschweifend feiert, was seine Nachbarschaft klaglos hinnimmt, muss er sich nicht wundern, wenn ein anderer über ihm morgens um sechs das Bad renoviert, am Wochenende natürlich.

Wer ein Problem hat, bleibt ziemlich alleine damit, weil es in Spanien so etwas wie Gemeinsinn oder Verantwortung für andere nicht gibt, da wird eher mal für sich und die eigene Familie gedacht. Deshalb regt sich aber auch keiner groß über den anderen auf, eben weil er nicht weiter sieht, vielleicht.

Als ich in unserer dritten Wohnung nach knapp zwei Jahren die Anwälte in unserem Stockwerk mal lässig im Vorübergehen darauf ansprach, dass es für mich manchmal ziemlich lästig sei, wenn zwanzigmal am Tag ihre Klienten bei mir klingeln – einmal hat mir während des Iberia-Streiks ein Pilot seine ganze Lebensgeschichte über die Sprechanlage geschildert, bis ich endlich mal zu Worte kam und erwähnte, dass ich eben NICHT der Anwalt sei, sondern die andere Mietpartei im selben Stockwerk –, dann ziehen sie die Augenbrauen hoch, ganz erstaunt. Was, ja aber – verstehe ich nicht. Was wollen Sie mir damit sagen? DAS IST DOCH NICHT MEIN PROBLEM!

Nö, natürlich nicht, denn bei ihnen klingelt's ja nicht unentwegt für lau, ICH mutiere hier ja zur Vorzimmerdame der Anwaltskanzlei gegenüber und habe ja meinen Schreibtisch praktisch an der Tür!

Natürlich habe ich weder ihnen, die übrigens sehr lieb mit meinem illegalen Hund, dem *amigo invisible*, umgingen (auch in jener Wohnung war ich mir nie sicher, ob Hunde nicht verboten waren), noch dem Piloten erzählt, dass ich im Prinzip an ALLEM und allen Lebensgeschichten wahnsinnig interessiert bin. Ich habe auch nicht gefragt, warum sie zu blöd sind, ihren Klienten zu sagen, dass sich die Kanzlei RECHTS und nicht LINKS befindet, ich habe nur lachend erwähnt, dass mich das manchmal ziemlich nerve.

Ansonsten musste ich eben damit verbleiben, dass es MEIN Problem war, hätten meine Freunde permanent falsch bei ihnen geklingelt, hätten die freundlichen Herren sie sicher auch geduldig jahrelang auf die andere Seite verwiesen.

Im Prinzip bin ich ja für jede gute Geschichte zu haben, aber wenn das SO zeitraubend ist … Man kann und will schließlich nicht alle naselang Erbschafts-, Ehe- und Sozialdramen per Sprechanlage verkraften.

Die Toleranzschwelle ist hier insgesamt relativ hoch. Deshalb wirkt in Spanien (oder vielmehr Madrid) auch alles leichter, offener, geduldiger, und die ganze mediterrane Lebensfreude färbt auf einen ab.

Wahrscheinlich lieben die Menschen das Leben hier einfach mehr als anderswo, sie wirken nie verbiestert oder stur, sondern entspannt – wenn auch manchmal aus schierer Verzweiflung, aber selbst dann haftete dieser Resignation immer noch Humor an.

Das fällt mir ganz besonders auf, wenn ich wieder einmal frisch ankomme – hier oder dort, aber ganz besonders, wenn ich mich aus dem in jeder Hinsicht eher frostigen Deutschland wieder in Madrid EINFÄDELE.

Es fängt schon am Flughafen an und begleitet mich durch die Metro bis zur ersten Bar, wo der Fernseher schon am frühen Morgen in grenzwertigen Privatprogrammen bis zum Anschlag tobt. Gleichzeitig hört man aus der Küche im Konfliktrhythmus dazu das Radio, die Gäste unterhalten sich laut und lebhaft, die Kaffeemaschine zischt, und die Spielautomaten piepen und quengeln. Klar ist das alles ein Höllenlärm und die Schmerzgrenze je nach Tagesverfassung früher oder später erreicht, doch es ist wenigstens nicht so schrecklich GEDÄMPFT wie oft in Deutschland. Nichts schlimmer als Lokalitäten, in denen man nichts außer der eigenen Stimme vernimmt.

Deswegen liebe ich *hablaaar*, diese ausgiebigen

Wortwechsel, oft unglaublich lange und unheimlich nichtssagend und für den unfreiwilligen Mithörer in Bus oder Super(markt) auch unglaublich nervtötend, weil sie jeder Kohärenz entbehren. Gerade darum aber auch unheimlich charmant und unheimlich spanisch.

Natürlich geht *HABLAR* noch besser am Handy.

Der Spanier und sein *móvil* sind wie Topf und Deckelchen, Romeo und Julia oder die Faust aufs Auge: unzertrennlich. Schon seit zwei Jahren gibt es in spanischen Haushalten weniger Festnetzanschlüsse als Handys. Das *móvil* ist für den Durchschnittsspanier so nötig wie die Luft zum Atmen, so zumindest scheint es mir, die ich noch nie so viel Ohren an den kleinen, lebensspendenden Blechbüchsen habe kleben sehen wie hier in Madrid.

Kettenrauchend und dauertelefonierend kreuzen Tausende aufgeregt schnatternde Menschen die Straßen, und jeder hängt am Tropf, an seiner Sauerstoffzufuhr, seiner Nabelschnur, seiner Überlebensdosis *HABLAR*. Im Gehen, Stehen, Sitzen, Liegen wird telefoniert, und nicht einmal auf Vorträgen und im Theater wird das Ding abgestellt. Es ist mir durchaus schon mal passiert, dass ich auf einer Behörde mit jemandem zu tun hatte, der mir nur mit einem Ohr zuhörte, weil er sein Handy nicht weglegen mochte, und mich herrisch herumwinkte und -dirigierte, während er parallel sein PRIVATES Zweitgespräch führte. Unverschämtheit!

Leider kann man in Madrid auch im Untergrund noch telefonieren, und bedauerlicherweise wird das Netz immer weiter ausgebaut, damit die Leute bald auch in der gesamten Metro NOCH MEHR quatschen können. Kein Wunder, viele Spanier scheinen ohne ihr *móvil* nicht überlebensfähig zu sein.

Der Drang nach Kommunikation ist kaum zu bremsen, und die Studenten seien mehr mit ihren Online-Communitys beschäftigt als mit der Uni, heißt es. Ständig müssen Homepages und Profile aktualisiert werden, weil man in mehreren Foren, Blogs und Feeds gleichzeitig registriert ist, um neue Freunde in der digitalen Welt zu finden und mit ihnen zu chatten oder zu skypen, wenn gerade mal kein Gesprächspartner vor Ort ist.

In der Stadt gibt es mehrere Wifi-Zonen (etwa in Chueca, Latina und Santo Domingo) für jene Unglücklichen, die entweder zu Hause kein Internet haben oder nicht einmal beim Shoppen auf die Kumpels von Nettby oder Tuenti verzichten können.

Mehr als absurd war der Einfall von irgendjemandem in der Stadtverwaltung, auch die städtischen Busse mit Internetanschlüssen auszustatten. Die sollten eher mal öfter und pünktlicher kommen, lautete der einhellige höhnische Tenor der Bürger als Antwort auf diese Schnapsidee. Als ob man in den meist absolut überfüllten Bussen auch noch dringend sein Netbook zücken müsste, wo man doch schon vollauf mit Telefonieren beschäftigt ist, damit einem keiner das *móvil* aus der Manteltasche klaut …

»Ich bin's«, tönte es mir einmal im Bus heiser und unvermittelt von hinten ins rechte Ohr, so dass ich mich zutiefst erschrocken sämtlicher bekannter Horrorfilme besann und mir angsterfüllt an den Hals griff, wo ich den kühlen Stahl des irren Triebtäters bereits zu spüren vermeinte.

Doch bei vorsichtigem Umdrehen stellte sich heraus, dass es nur eine kleine, dicke Señora mittleren

Alters war, die mit einer jener typischen rauen, sehr tiefen Frauenstimmen in ihr Mobiltelefon sprach. Es war voll, es war eng, und ihr niedliches Doppelkinn lag quasi auf meine Schulter gepresst.

Ich konnte förmlich FÜHLEN – wer Körperkontakt sucht, ist zu den Stoßzeiten in Bus und Metro bestens aufgehoben –, wie sie der *tía*, ihrer Tante, versicherte, sie nicht heute Nachmittag, sondern morgen abzuholen: »JA, MORGEN. Am Nachmittag, MORGEN, *TIA*, AM NACHMITTAG. JA, JA, MORGEN.«

Ihr Kinn vibrierte heftig an mir, und sie wiederholte die Sätze mehrfach, immer lauter werdend, so dass es sicher auch dem Fahrer ganz weit vorne nicht entgangen sein dürfte. Man kennt diese Art von Gesprächen.

Lustig sind auch die vielen Brasilianer und -innen in den Öffis, die sich am Handy ungeniertest über Drogen und Sex unterhalten und offenbar denken, wir Spanier seien zu blöd, um ihr Portugiesisch zu verstehen.

Exzessiv telefoniert wird auch noch im Kino während des Vorspanns, selbst unter schwierigsten Bedingungen. Einmal balancierte vor mir ein Zuschauer einen Riesenkübel mit *palomitas*, Popcorn, auf den Knien, umklammerte mit der einen Hand den Litereimer Cola und presste mit der anderen das Handy ans Ohr, um verlorengegangene liebe Freunde in den vorderen Reihen zu orten und noch rasch zu besprechen, was man denn nach dem Film so machen könne.

Als einige der geneigten Mit-Kinobesucher ihr Missfallen äußerten, verabschiedete er sich, als wär's das letzte Mal: schon hart, geschätzte sechsundachtzig Minuten so völlig von der Welt und den Freunden, soll heißen DEM *HABLAR*, abgeschnitten zu sein.

Zum Trost widmete er sich anschließend lautstark dem explodierten Mais.

Eine Begebenheit der ganz besonderen, nahezu surrealen Art hatte ich einmal auf einer *plaza*, in irgendeinem Café. Ein junges, dürres, bleiches Pärchen schlenderte heran, offensichtlich schwer verliebt, so ineinander verwickelt, wie das nur frisch Verliebte tun. Sie setzten sich an den Nebentisch, und kaum hatten sie bestellt, klingelte ein Handy.

Seines.

Er antwortete natürlich, eine Hand auf oder an ihr.

Es dauerte etwas länger, das Gespräch. Als die Getränke kamen, telefonierte er noch immer.

Sie starrte stumm an ihm vorbei, auf mich, auf die anderen Gäste. Gedankenverloren streichelte sie seine Hand, die freie.

Er redete und redete. Sie starrte.

Als endlich auch ihr Handy zu bimmeln begann, war sie wie erlöst. Sie ließ ihn los, er musste die Hand von ihr lassen, denn sie wühlte in den unendlichen Tiefen ihrer Handtasche nach ihrem Telefon und nahm den Anruf ebenfalls an.

Sie tranken und telefonierten. Beide. Dabei schauten sie mich an und schauten andere an.

Und redeten.

Aber nicht miteinander.

Sie tranken aus, winkten dem Kellner und telefonierten noch immer. Er zahlte, das Telefon am Ohr, sie lachte, das Telefon am Ohr, und nachdem sie das Wechselgeld erhalten hatten, erhoben sie sich und gingen davon. Hand in Hand, jeder sein Handy am Ohr, lebhaft plaudernd.

Vielleicht hatten sie sich ja inzwischen auch gegenseitig angerufen.

Ich weiß es nicht.

Aber so ist das.

Seit einigen Jahren erst trage sogar ich mein *móvil*, das ich hauptsächlich als Diktiergerät und Fotoapparat benutze, wenn nicht gerade der Akku leer ist, IMMER mit mir herum. Schließlich möchte auch ich ein nützliches und sprachbegabtes Mitglied der Gesellschaft sein. Ich bekam es übrigens als damals Letzte in Deutschland – ich hatte so eine schäbige, nie benutzte Einundfünfziger-Nummer – und ebenso als Letzte in Spanien, was jedoch keiner merkte, weil ich eleganterweise an das kosmopolite Netz des Kindsvaters angeschlossen war und demzufolge mein Handy schon jahrzehntelang haben KÖNNTE.

Abgesehen davon, dass ich fast nie telefoniere und kaum erreichbar bin – weil das Telefon meist auf lautlos und Vibrieren geschaltet ist, was nix hilft, wenn es lautlos kilometerweit entfernt in vergessenen Hosentaschen vibriert –, kennt keiner außer der Supermarktkette Carrefour, unserem Vermieter und meiner Familie meine Nummer, die ich eifersüchtig hüte.

Daher rufen mich auch nur die wenigen Vertrauten an. Carrefour: »Hallo, wir haben noch Ihr Tiefkühlzeug.«

Kinder: »Was gibt's zu essen?« – »Ich komm dann und dann.«

Kindsvater: »Ich bin hier und dort.«

Ana, die, äußerst unspanisch, genauso ungern telefoniert wie ich, ist ebenfalls immer kurz und bündig, sie kommuniziert lediglich in Einzeilern und macht knappe Zeitvorschläge: Um sieben? Um acht? Etc. Seit langem treffen wir uns immer am selben konspirativen Ort. Geht doch.

Einmal fragte Ana: »In der ersten Stunde *de la tarde*?«

Da ich nicht wusste, was denn jetzt genau die »erste Stunde« sein sollte – eins, also dreizehn Uhr, oder zwölf oder vollendet zwei – und wann denn jetzt genau *tarde* begann, also ob sie mich um zwei Uhr mittags oder nachts treffen wollte, was mir beides recht gewesen wäre, dauerte jenes Gespräch ungewohnt lange.

Ana und ihr Mann fanden das sehr lustig.

Außer Ana und mir kenne ich noch mindestens einen Menschen in Spanien, der das Handy wahrscheinlich genauso verabscheut wie wir: einen ehemals berühmten Anwalt, der das Land vor Jahren Hals über Kopf wegen Steuerhinterziehung und so verlassen musste. Der lebte dann jahrelang glücklich und zufrieden in Saus und Braus auf verschiedenen Inseln an Palmenstränden und wurde schließlich in Argentinien geschnappt und ausgeliefert – weil seine Frau die Finger nicht vom Handy lassen konnte und geortet wurde …

Sie hatte nämlich viel zu viel mit der Heimat geplappert. Mit ihrer Mama.

Hablar muss nicht immer so fatal enden, es geht auch anders.

Das beweisen die Spanier täglich auf den *plazas* und Spielplätzen, die einen ganz zentralen Stellenwert im öffentlichen kulturellen und sozialen Leben einnehmen.

Hier trifft sich Jung und Alt, Arm und Reich, sozusagen Networking aller Klassen, quer durch die

Vorstadt. Da baumeln die viel zu kurzen Beinchen auf viel zu hohen Bänken beim Eisschlecken, seien es die vom Kleinkind oder die der dazugehörigen Omi.

Der Spielplatz kann sich im wunderbar großen und grünen Retiro, im etwas kleineren Parque Berlin oder im ganz, ganz großen Parque del Oeste befinden, übrigens sind nicht alle Parks in Madrid so prachtvoll wie diese Vorzeigeparks im Zentrum der Stadt, es gibt viele vergessene Parks in den ärmeren oder sprich »normalen« Wohnvierteln, die keine Renommee- oder Touri-Zonen sind, die nicht gehegt und gepflegt und bewässert werden. Dort sind die Brunnen schon lange versiegt und werden wohl auch noch lange trocken bleiben, selbst wenn die Anwohner noch Dutzende von Petitionen an die Stadtverwaltung richten werden, und nunmehr rostige Eisenstangen machen inzwischen den »Spielplatz« aus. Dennoch, auch sie Treffpunkt und Erlebenszentrum im positiven wie negativen Sinn.

Gleiches gilt für die verstaubten Plätze mitten auf einer der belebten versmogten Verkehrsachsen oder die zubetonierten in einer der grauen Nebengassen in einem trostlosen Viertel: Die *plaza* muss nicht immer idyllisch sein, und der Spielplatz auch nicht, denn er ist mehr als ein Konglomerat von Kletter- und Spaßgeräten. Er ist ein Wohnzimmer – sowohl für »verwahrloste« Unbeaufsichtigte der Mittel- und Unterschicht als auch für die allzu überversorgten reichen Kids mit den dazugehörigen Kindermädchen und nicht zuletzt für all die Großeltern und Eltern.

Man trifft sich nicht nur zum Spielen, sondern vor allem zum Draußensein und Plaudern. Auch wenn man sich nicht verabredet hat und gleich im Pulk auftaucht – wer kennt sie nicht, die aufgeregten Jungmütter, die BEKENNENDEN VÄTER sind meist nur am Wochenende unterwegs –, trifft man sicherlich jemanden aus dem Viertel, oder man macht eine neue Bekanntschaft, was in Madrid ein Leichtes ist.

Die Mädchen, die die Kleinen der Wohlhabenden beaufsichtigen – oder auch nicht, oft habe ich eine gewisse Gleichgültigkeit festgestellt, was in direktem Zusammenhang mit Bezahlung und Behandlung seitens des Arbeitgebers stehen mag –, sitzen giggelnd auf den Bänken. Sie werden oft und despektierlich *chachas* genannt, was genauso abwertend ist wie die Bezeichnung für Süd- oder Lateinamerikaner: *sudacas/-os*.

Ich hatte diesen Begriff noch nie gehört, bis mein einer Sohn, mein kleiner, mich aufklärte. Er hatte öfters von einer gewissen Chacha erzählt, und ich hielt das für einen Eigennamen, ähnlich wie Zsa Zsa, doch er belehrte mich, dass einige seiner Freunde immer nur von ihrer *chacha* sprechen, nicht einmal die Namen der Angestellten kennen und sie auch weitgehend ignorieren, was schlichtweg abscheulich ist. Da waren wir uns einig.

Andererseits weiß ich von der osteuropäischen Hausangestellten des besten Freundes meines großen Sohnes, um die sich die Arbeitgeber rührend kümmern – auch um ihre große Familie, die inzwischen nach Spanien nachgekommen ist.

Die Kindermädchen treffen im Park jedenfalls ihre Landsmänninnen und kichern über Popstars und Liebhaber, während die Muttis wie überall auf der Welt über ihre prächtigen Sprösslinge reden und die Alten entweder kommen, um ihre Enkel zu hüten oder um etwas Leben zu schnuppern.

Die spanische Gesellschaft steht und fällt mit den Omas und Opas – wie in Deutschland auch. Hier wie da ist man doch als durchschnittliche berufstätige Mutter ohne Familienhilfe geratzt, weil der ganze Verdienst für die Kinderbetreuung draufgeht.

Die Alten hüten also die Kinder, weil beide Eltern berufstätig sind, sie keinen Platz in der öffentlichen *guarderia*, dem Kindergarten oder der Vorschule, bekommen haben und sich eine private nicht leisten können. Die »Schlüsselkinder« ohne *yayo* und *yaya*, Opa und Oma, deren Eltern berufstätig sind und weder Zeit noch Nerven noch Geld haben, den Nachmittag ihres Sprösslings pädagogisch wertvoll zu gestalten, treffen ihre Clique und machen das, was die adoleszenten Spacken weltweit tun: herumlungern und protzen und prahlen oder Fußball spielen oder rauchen und wahlweise am Handy oder der Freundin rumfummeln. Nebenbei sollen sie meist noch auf ihre kleinen Geschwister aufpassen.

Die *plaza*, der Park und der Spielplatz sind letztlich ein *club social*, denn in vielen Familien ist es nicht nur üblich, das Wochenende im Park und in Spielplatznähe zu verbringen, sondern fast jeden Nachmittag. Das gilt vom ersten bis zum letzten einigermaßen warmen Tag des Jahres, sprich günstigstenfalls ungefähr von Ostern bis kurz vor Weihnachten.

Es finden nicht nur Volleyballturniere im öffentlichen Raum statt, auch Familienfeste werden gefeiert oder Theater- oder Tanz- oder Musikproben abgehalten. Schließlich ist nicht jeder in Madrid in der glücklichen Lage, ein Chalet mit Garten oder Gemeinschaftsgrünfläche mit Tennisplatz und Swimmingpool sein Eigen zu nennen, und auch ein

Wochenendhaus in der Sierra kann sich nicht jeder leisten.###

Man muss aber kein *abu*, ein Opa, sein, auch die Alten ohne Aufsichtspflichten kommen auf ihre Kosten, denn das Schöne an spanischen Parks oder *plazas* ist, dass nicht nur die Kinder dort einen Spielplatz haben, sondern auch die Senioren.

Auf vielen Kinderspielplätzen gibt es Ecken mit lustigen blauen Geräten, die aussehen wie Bushäuschen und *espacio para mayores*, Senioren-Eck, genannt werden – das sind *zonas de ejercicios*, eine Art Mini-Freiluft-Fitnesscenter.

Oft sind in selbigen Installationen, die ich höchstselbst heimlich unter Ausschluss der Öffentlichkeit getestet habe, auf Schulterhöhe kleine Räder angebracht, an denen die älteren Herrschaften abwechselnd ihre Arme trainieren sollen. Sinnvoll zur Förderung der Durchblutung oder gegen »Winkewinke-Ärmchen«, im Englischen auch »Bingo-Arms« genannt.

Konstruktionen mit – wenigen – Treppenstufen sind ebenfalls ein wichtiger Bestandteil des Sport-Ecks: Wenn man es geschafft hat, die höchstens vier Stufen zu erklimmen, muss man nur noch eine kurze Rollstuhlrampe abwärtsschreiten, dann hat man schon ein Gutteil des Trainings absolviert.

Irgendwie erinnert mich das an hiesige Hundepensionen oder vielmehr Vier-Sterne-Hundehotels, wo man seinen Liebling für knapp sechzehn Euro am Tag abgibt. Dort haben sie dann ein Zimmer mit Balkon, also ein Freigehege, und bekommen täglich eine Massage mit Duftkerzen und Räucherstäbchen oder dergleichen. Die kleinen oder vielmehr ganz kleinen Hunde wie etwa Yorkshireterrier, die *mascotas*, die üblicherweise im Arm oder in der Handtasche getragen werden und sich kaum bewegen, werden täglich auf ein Laufband gestellt, damit sie in Schwung kommen und LAUFEN LERNEN.

Übrigens trägt auch mein Freund Diego, der Anarchist, seine winzigen *mascotas*, die er selbst ironisch nur als »Schlüsselanhänger« bezeichnet, meist auf dem Arm herum. Seine offizielle Antwort auf die Frage nach dem WARUM lautet: »Sie sind so empfindlich, und am Boden erkälten sie sich.« Die Schlüsselanhänger sind durchaus in der Lage zu laufen, ich habe es selbst gesehen, denn im Park pflegt Diego sie gelegentlich auf dem Rasen »auszusetzen«.

Wir vom *tertulia indiscreta* sehen uns dann immer an, während wir im Hundepark stehen, den Schatten der Glyzinien-Pergola suchen und alle außer mir rauchen. Pilar nimmt die Zigarette aus dem Mund (ihr Hund raucht übrigens nicht) und verzieht ihn zu einem feinen Lächeln, Maite bläst kunstvolle Wölkchen und verdreht die Augen, und Ana und ich müssen uns extrem zusammennehmen, um nicht laut loszuplatzen.

Nur Óscar kennt wieder einmal nichts und grinst skrupellos. »Ach was, er trägt sie doch nur, damit sie sich nicht schmutzig machen und er sie hinterher nicht kämmen muss.«

Diego fühlt sich ertappt, blickt besorgt auf seine Schlüsselanhänger und erklärt, dass sie in der Tat recht NIEDRIGE Tierchen seien und sich deshalb in dieser staubigen Stadt leicht beschmutzen, aber er sei doch auch eher klein und trotzdem nicht allzu schmutzig und ...

Irgendwann gibt Óscar lachend auf, und auch wir

schweigen, denn irgendwo macht jeder von uns ein rechtes Theater um sein Tier.

Zufrieden lachen können auch die Senioren, wenn sie ihr Pensum am erwähnten »Sportplatz« absolviert haben, denn dann dürfen sie sich auf den Sitzbänken, vor denen am Boden Fahrradpedale montiert sind, ein bisschen ausruhen. Wenn sie gut drauf sind, treten sie mehr oder weniger heftiger in die Pedale, wenn nicht, sitzen sie nur da, plaudern mit dem jeweiligen Trainingspartner und halten sich die Zeitung als Sonnenschutz über den Kopf. Doch meist plaudern sie mit dem jeweiligen Trainingspartner UND strampeln in die Pedale, zumindest quietscht es immer aus dem Rentner-Eck.

Stundenlang quietscht es.

Gerne sind die kleinen Bänkchen auch im Kreis oder L-förmig angeordnet, damit die sportlichen Alten sich besser miteinander unterhalten und die Headlines der Tagespresse ausdiskutieren können, während sie vor sich hin quietschen. *Hablar, hablar*.

Hier muss niemand einsam sein.

Später dann, wenn all die Kinder und Kindermädchen, all die Mamis und Papis, all die Omis und Opas im Bett liegen, kommen die anderen: die jugendlichen Trinker, die sich offensichtlich auf der Suche nach der verlorenen (Kinder-)Zeit besonders gerne auf dem Spielplatz treffen, um dort die mitgebrachten Spirituosen zu vernichten. Das nennt man hierzulande *botellón,* doch dazu später mehr.

In einer meiner üblichen Mittagspausen auf der *plaza* hörte ich einmal, wie ein jugendlicher Trinker seinem Kumpel die unbedingten Vorzüge des *botellón* schilderte.

»Man kommt mit drei Freunden an und geht mit dreißig neuen nach Hause«, erklärte er.

Eben. Sag ich doch: *hablar*!

Der Rest ist Schweigen.

Noch eine letzte Anfügung zum Thema Sport und somit Geselligkeit, was also auch eher in die Kategorie *hablar* fällt: *Campeones de sofá*, also echte *couch potatoes*, so sagt man, seien die Spanier. Von wegen.

Zumindest die Madrilenen scheinen nicht sportmüde. Vor allem im Frühling finden recht viele Sportereignisse statt, von allgemeinen Stadt- und Marathonläufen hie bis hin zu Frauenmarathonläufen da. Leider finden die Veranstaltungen meist am/im/um den Retiro-Park statt, und leider immer genau die drei- bis viermal im Jahr, wenn wir den Retiro-Park besuchen wollen. An ein Durchkommen ist da beim besten Willen nicht zu denken.

Letztes Mal stand ich mindestens zehn Minuten herum, bevor ich es wagte, quer durch die Frauenmarathonläuferinnen, die den Hauptweg mit ihrem Gerenne blockierten, auf die andere Parkseite zu stöckeln. Erst kämpfte ich mich durch die freudig erregten Fan-Massen, die den Weg heftig klatschend und winkend säumten und mir dabei in die Rippen stießen, dann stakste ich auf hohen Absätzen im verzweifelten Zickzack durch die schwitzenden, begeisterten Sportlerinnen und musste erneut durch die brüllenden Fans auf der anderen Seite. Dabei hätte ich dann auch noch fast ein Kleinkind umgestoßen.

»*Mami campeonata*«, stand auf dem von Papi (oder gar Mami-Champion höchstselbst?) gemalten Schild, das da eine Kleine vor sich herschleppte, während sie sich auf wackligen, dicken Kinderbeinchen an den Buggy des Zweitgeborenen klammerte.

Wir gingen dann erst mal einen trinken auf den Schreck, bei so viel Marathon muss man sich schließlich ausruhen. Frauenbewegt, hundebewegt, kinderbewegt, ja auch männerbewegt, denn DER KINDSVATER ZAHLTE.

Viele Menschen in Madrid joggen, mindestens ebenso viele sitzen und essen und trinken auch nur wie immer und überall, und viele andere Menschen in Sportbekleidung sieht man auf dem Weg ins Fitnessstudio oder zum Tennisplatz federn.

Jeder so, wie er kann.

Sport ist reine Ermessenssache, da führen die Leute nicht nur ihre Hunde aus, sondern auch die betagten Eltern, die, auf den Arm der Tochter gestützt, im Trippelschritt einmal die *plaza* umkreisen müssen, um den Kreislauf in Schwung zu halten. Natürlich wird dabei heftig geplaudert. Die Route scheint genau abgezirkelt, denn eventuelle, auf der Rennstrecke herumliegende lästige Hindernisse wie Kleinkinder, schlafende Hunde oder herumfliegende Bälle werden dabei rücksichtslos niedergetrampelt – oder besser gesagt niedergetrippelt.

Doch es geht auch anders: Sport ohne *hablar*!

Ich erinnere mich an zwei ältere Damen, die unermüdlich um die Plaza Dos de Mayo ihre Runden zu drehen pflegten. Da wir damals in der Nähe wohnten, pflegten wir Eltern den Abend oft in einem der dortigen Cafés bei einem Glas Wein oder Bier ausklingen zu lassen, und so wurden die beiden Damen bald zu guten Bekannten. Vielleicht trainierten sie für den erwähnten Stadtmarathon im Frühling, vielleicht war es aber auch nur eine Empfehlung ihres Hausarztes.

Die eine körperbewusste Seniorin schob als Alibi einen riesigen altmodischen Kinderwagen vor sich her, den Enkel vermutlich, denn auch der musste bewegt werden in frischer Luft. Sie durchschritt oder vielmehr durchpflügte das Karree generalstabsmäßig von der einen Seite zur anderen und wieder zurück, das Kind plärrte nie. Wer weiß, ob da überhaupt eines drin war … Unermüdlich drehte sie ihre Runden, anfangs in atemberaubendem Tempo, später dann nicht mehr ganz so schnell.

Die andere hatte keinen Halt. Sie hatte weder einen Kinderwagen noch eine Gehhilfe, sondern marschierte einfach vor sich hin, und zwar mit recht energischem Gesichtsausdruck.

Sie hatte offensichtlich eine Aufgabe.

Die hieß: Ich laufe zwanzigmal rund um die *plaza*, weil es gut für Knie, Hüfte und das allgemeine Wohlbefinden ist. Sie lief oder vielmehr ging, heftig, aber regelmäßig atmend, alles unter Kontrolle. So lief sie, und sie lief immer noch, als wir etwa beim dritten Glas waren. Ab und zu stützte sie sich mal ab, etwa auf einem Mülleimer, am Gitter der Bäckerei oder an einer alten Bekannten. Ich habe sie auch noch Jahre später dort laufen sehen, in dem neu installierten Senioren-Sport-Eck war sie allerdings nicht anzutreffen.

Natürlich nicht.

Da trainierten nur die jugendlichen Trinker mit ihren Weinflaschen.

Ein wesentlich angenehmeres Training – und genauso wichtig wie *hablar* – sind die *besos*, die Küsse, die man sich hier oft und gerne gibt und die *hablar* eindrucksvoll unterstützen. In Spanien geht es viel körperlicher zu als in Deutschland, ständig wird umarmt oder geknufft, alle fassen sich an und küssen ganz viel!

Kennt doch jeder, die berühmten schmatzenden Almodóvar-Verwandten-Küsse auf sämtliche Wangen. Leider konnte ich sie bei meinen Kindern nicht einführen, bei dem Thema war Assimilation plötzlich gar nicht mehr angesagt. »So« spanisch müsse es jetzt auch nicht zugehen, erklärten meine Söhne in seltener Einmütigkeit.

Ana amüsiert sich immer darüber, dass ich mich darüber amüsiere. Sie sagt, auch ihre Mutter, diese betagte, würdige Dame, fordere zusehends energischer das ihr zustehende Tagespensum von mehreren hundert Küssen ein, was für sie selbst allmählich etwas ermüdend werde. Gottlob sei ihr Sohn aus dem Haus und müsse nicht mehr geküsst werden, sonst würde sie durchdrehen.

Klasse! Ich liebe diese Zeremonie, bis sich alle durchgeküsst haben.

Selbstverständlich dürfen auch Nichtverwandte zudringlich werden. Da kneifen ganz normale Hausfrauen schon mal vor lauter Begeisterung eine sehr berühmte madrilenische Kommunalpolitikerin vermeintlich freundschaftlich in die Wangen, so dass die gute Frau ganz zerknautscht aussieht und ein rotes Mal zurückbleibt. Doch sie lächelt unbeirrt (oder ihr Lächeln ist berufsbedingt dauereingefroren) und lässt sich weiter körperverletzend abknutschen von ihren potentiellen Wählerinnen.

Man stelle sich diese Situation mit einer unserer Politikerinnen vor! Sofort zehntausend Sicherheitsbeamte und U-Haft. Mundraub! Sachbeschädigung!

Wenn dann ebenjene madrilenische Kommunalpolitikerin mal wieder fünfhundert Sozialwohnungen vergibt, reagieren die künftigen glücklichen Wohnungsbesitzer mit so überschwenglicher Ekstase, dass man meinen könnte, man sei Zeuge einer religiösen Erweckung geworden. Da wird die Frau nicht nur in die Wangen gekniffen, die Leute küssen ihr die Hände, stoßen schrille Schreie aus und trampeln begeistert mit den Füßen.

Solchermaßen leidenschaftlich geht es in Spanien jedoch nicht nur bei Begeisterungsausbrüchen zu, sondern auch in der Trauer und in der Wut. Wenn hier ein Autowerk, ein Metaller oder ein Elektronikhersteller dichtmacht und ein paar tausend Leute auf der Straße stehen, wird das keinesfalls still geduldet, nein, da wird laut gelitten und geschimpft und Krawall gemacht.

Während in Deutschland die Gewerkschaftler brav ihre Westen, Mützchen und Trillerpfeifen benutzen und ein bisschen die Straßen auf und ab marschieren, geradezu verschämt ihre Transparente hochhalten und nervös an ihren Zigaretten ziehen, geht es in Spanien zur Sache. Hier streiken höchstens die Richter so diszipliniert wie die Deutschen.

Normalerweise brüllt die Menge wütend in die Kameras der unvermeidlichen Fernsehteams und droht oder weint, Tomaten und Eier fliegen auf die schicken Fassaden des ehemaligen Arbeitgebers, die Demonstranten stoßen Absperrungen um und benutzen sie als Katapulte für die riesigen Glasfassaden.

Vergleichbaren Volkszorn habe ich in Buenos Aires gesehen, während einer der vielen Krisen, als die um ihr Geld geprellten Rentner auf die Banken losgingen. Da haben sie dann Fenster und Türen der Geldinstitute zur Sicherheit mit Brettern vernagelt.

DER SPANIER ist grundsätzlich leicht erregbar, und allein über die in ganz Madrid vor einigen Jahren installierten Parkautomaten echauffierten sich die Leute gewaltig. Viertausendzweihundert davon hat die Stadtverwaltung in der Metropole installiert und kassiert pro Jahr geschätzte achtzig Millionen Euro, und dann verrechnen sich die Dinger auch noch zuungunsten des unglücklichen Parkers: Viele Automaten ziehen einem von der teuer bezahlten halben Stunde auch noch ein paar Luxusminuten ab. Daher geschieht es nicht selten, dass erboste Madrilenen die Dinger einfach anzünden und abfackeln oder samt Verankerung aus dem Boden reißen – das müssen dann aber Profis sein – oder einfach mit einem Laster umfahren.

Seit dem Streik der Parkkontrolleure verwenden die Erzürnten auch gerne Kilometer von Klebeband, die sie über den verhassten Geldschlitz pappen. Ich kenne das aus eigener Erfahrung; wenn man einmal anfängt zu kleben, kann man nicht mehr aufhören, da wird dann ein schlichtes, ehemals flaches Einschreiben zum dicken Päckchen, und am Ende ist das Tesa alle.

Damals hatten die Kontrolleure höchstpersönlich die Automaten umwickelt, damit die Autofahrer nicht mehr zahlen konnten. Als ob das einer freiwillig gemacht hätte, die ganze Stadt befand sich für ein paar Wochen im Ausnahmezustand, keiner fand mehr einen Parkplatz, weil selbst die illegalsten Ecken auf ewig zugeparkt blieben, und wer einmal einen Parkplatz hatte, fuhr nie mehr weg, so schien es. Großspurig prangten handgemalte Zettel am verklebten Geldschlitz: ein Geschenk ihres Parkkontrolleurs.

Sie wollten ein höheres Gehalt und mehr Sicherheit erzwingen. Schließlich werden sie tagtäglich von wütenden Mitbürgern bedroht oder tatsächlich verprügelt und fürchten um ihr Leben.

Zu Recht. Man kann sich allerdings auch ärgern über sie, wir als Anwohner haben einen grünen Anwohner-Parkausweis, der dazu berechtigt, auf den grün gekennzeichneten Parkflächen zu parken (die blauen sind für Zonenfremde, die an den obenerwähnten Automaten löhnen dürfen). Steht der Wagen jedoch nur wenige Zentimeter über die Linie, weil irgendein Park-Depp zwei Plätze blockiert, selbst wenn er keinen stört und nicht einmal auf den Zebrastreifen ragt, wird man mit empfindlichen Geldstrafen belegt – wenn man nicht gar abgeschleppt wird, was ich keinem wünsche.

Weiter im Hohelied auf die spanischen Tugenden und *hablar*.

Ich liebe die spanische Leidenschaft, die spanische Leidensbereitschaft und die unendliche Geduld, die das zweifellos landestypische Temperament nicht ausschließt.

Nehmen wir zum Beispiel das höfliche Schlangestehen an der Bushaltestelle, der Fleisch-/Fisch-/Käsetheke, der Kasse im Schwimmbad oder vorm Theater: Alles Chaos fügt sich zu wunderbarer folgerichtiger Ordnung, weil jeder nach dem Letzten in der Schlange fragt und sich NIEMALS einfach plump vordrängeln würde.

Ähnliche Paradebeispiele an Duldsam- und Höflichkeit sind die Engländer und die Argentinier, an deren stoischem Alltagsverhalten ich viele Parallelen zu entdecken vermeinte und nie begriffen habe, warum ausgerechnet diese beiden gewissermaßen seelenverwandten Völker sich wegen ihrer blöden, kargen Inseln bekriegten.

Geduldig stehen die Spanier also an der Kinokasse, bei den Behörden – und vor der Rolltreppe. Bevor ein Madrilene die Treppe (völlig frei) hinaufsteigt, wartet er lieber in einer um mehrere Ecken gehenden Schlange vor der Rolltreppe.

Andererseits geht es auch bis ins Groteske rücksichtslos: Nur in Spanien habe ich es bisher erlebt, dass mich entgegenkommende Passanten wie ein lästiges Insekt mit einer fiesen, kleinen wedelnden Handbewegung beiseitescheuchen. DU sollst Platz machen, ausweichen, wollen sie damit sagen, während sie in ihr Handy schnattern und nicht dazu bereit sind, ihrerseits auch nur EINEN Zentimeter auf der öffentlichen Straße auszuweichen.

Herrisch und unsympathisch ist das.

Beschwere ich mich darüber im *tertulia*, sagt Beatrice entschuldigend: »Das sind die alten Herrschaften aus der Franco-Zeit.«

Ich dagegen sehe: Das sind auch jüngere Herrschaften, meist männliche Bürohengste.

Oder, eine ähnliche Nummer: Kommen einem vier Spanier in einer Reihe entgegen und blockieren den gesamten Bürgersteig. In der Regel weicht garantiert KEINER der wichtig schwatzenden Gruppe aus. Alle sind so sehr mit sich, ihrem Zirkel oder ihrem Geschwätz beschäftigt, dass sie andere gar nicht bemerken – einerseits süß, andererseits ignorant. Folgerichtig drücken sie den entgegenkommenden Störenfried an die schmutzige feuchte Hauswand oder drängen ihn gleich auf die Straße, wo ihn theoretisch (und praktisch) das nächste Auto erledigen und somit für immer aus dem Verkehr ziehen könnte. Der wird fürderhin niemals wieder eine lustige Truppe durch freches Entgegenkommen stören.

Vorsicht – Rücksicht – Nachsicht – das sind sicher keine ausgesprochen spanischen Tugenden.

Doch anderseits, bei aller vermeintlichen Rücksichtslosigkeit: Die Sozialverantwortung scheint mir hier viel höher zu sein als in Deutschland. Miteinander reden bedeutet tatsächlich auch miteinander leben.

Manchmal kommt es mir so vor, als habe jeder in Madrid seinen »eigenen« Bettler oder Obdachlosen, für den speziell er Sorge trägt, eine Patenschaft gewissermaßen. Meine Familie und ich haben beobachtet, dass sich bestimmte Anwohner regelmäßig mit »ihren Pennern« in ihren Vierteln unterhalten, die sich mit ihren Habseligkeiten entweder auf einer Parkbank oder in einem bestimmten Winkel installiert haben, und ihnen Geld oder Kleidung geben, morgens im Vorübergehen. Auch Bücher und Zeitschriften bringen sie gelegentlich vorbei.

Entweder handelt es sich hier um ein hohes Sozialbewusstsein, oder jedem ist klar, wie schnell so ein Absturz vonstattengehen kann – wie flugs das Abschmieren von Arbeitslosigkeit und Wohnungsverlust hin zum Obdachlosendasein.

In gewissen Restaurants beobachten wir ebenfalls, dass die Köche und Kellner abends CARE-Pakete an bestimmte Obdachlose verteilen. Unter anderem auch an einen einbeinigen Bettler, der seinen Stammplatz vor einer nahe gelegenen Kirche hat.

An diesem heiligen Ort, den ich täglich mehrmals passiere, kam es einmal zu lautstarkem Streit. Ein ausländischer Bettler beschimpfte den Einbeinigen, weil der von einer mitleidigen Señora ein stattliches Almosen bekommen hatte und ihm nichts abgeben wollte.

»Aber wir stehen beide hier, das muss geteilt werden«, plärrte der Ausländer.

Der Einbeinige sah das anders, schließlich hatte die Frau IHM das Geld in die Hand gedrückt. Das Gezeter artete dermaßen aus, dass sich die Señora, die mittlerweile weitergegangen war, genötigt sah, sich umzudrehen und dazwischenzugehen. Ein Wort gab das andere, die Situation kulminierte, und der Einbeinige drohte schon mit der Krücke.

Am Ende deutete der Fremde wutentbrannt auf den Bettler mit dem Geld und schimpfte: »Warum ER und ich nicht?«

Der christlichen Señora war es nun endgültig zu viel, außer sich schrie sie ihn an, mit überkippender Stimme: »Weil er nur ein Bein hat! Deshalb!«

Dann war Ruhe.

Auch wenn die Menschen sich mit ihrer Gabe vielleicht einen Ablass zu kaufen glauben: Hierzulande werden Obdachlose wesentlich respektvoller behandelt als in Deutschland. Selbst für die städtischen Parkbediensteten oder Reinigungsleute sind sie keine »Penner«, sondern der »Señor« oder die »Señora«, und man REDET miteinander.

Übrigens sehen nicht alle Obdachlosen nach Obdachlosen aus, sofern sie nicht trinken. Sie sind krampfhaft bemüht, ein »normales« Leben zu führen, putzen sich verstohlen die Zähne im Park, kämmen und schminken sich und verbergen ihre Koffer in den Büschen, um in der Nähe Postkarten oder Fächer an Touristen zu verkaufen.

So auch ein älteres Obdachlosenpärchen im Zentrum, wir pflegten uns gegenseitig zu grüßen und man kannte sich. Die beiden waren einander zärtlich und fürsorglich zugetan und residierten in ganz großem Stil in einer bestimmten Anlage – stets auf derselben Bank, das Hab und Gut in einem Rollkoffer-Set ordentlich verstaut. Sie schliefen in einer Art Zelt, das sie morgens umständlich und sorgfältig abbauten, ebenso wie sie ihre Kleidung stets zum Lüften aufhängten und ausklopften.

Eines Morgens tauchte im Park ein Filmteam auf zum Drehen. Als die Señora dies bemerkte, griff sie eilig zu einem Spiegel, um ihr Haar in Ordnung zu bringen, ihr Mann musste sie kämmen, dann zog sie aus einem der Koffer ein farbenprächtiges Tuch und drapierte es über den Trainingsanzug. Man kann ja nie wissen.

Die Parks und *plazas* werden immer voller, scheint es. Da fühlt man sich nicht wirklich gut.

Wirklich schockierend war es aber, als ich mal einen Menschen beobachtete, der sich an den Mülltonnen schräg gegenüber von unserem Haus zu schaffen machte. Bei uns an der Ecke ist ein kirchliches Studentinnenwohnheim, dessen Küchenabfälle offenbar immer frisch und ergiebig sind. Es ist ja mittlerweile schon eine traurige Gewohnheit, zusehends mehr Leute in Containern oder Abfalleimern kramen zu sehen, auf der Suche nach irgendetwas Brauchbarem, das sie dann diskret im mitgeführten Beutel verstauen. Ich hatte aber bisher in Europa noch nie jemanden direkt aus der Mülltonne ESSEN sehen, so wie den Mann vor dem Wohnheim, der seinen Fund gierig und schnell verschlang.

Seit kurzem steht es übrigens in Madrid unter Strafe, das Essenklauen aus Mülltonnen. Damit soll vor allem den professionellen kleinen Unterhändlern Einhalt geboten werden, die gezielt vor den Supermärkten warten und ganze Kartonagen mit nicht mehr taufrischem Obst und Gemüse abgreifen und es dann billig weiterverkaufen. Den Obdachlosen wolle man diese Nahrungsquelle jedoch nicht entziehen, hieß es, und die Polizisten wüssten sehr wohl zu unterscheiden.

Esperanza und Pablo von dem kleinen Lebensmittelladen mit peruanischen Spezialitäten auf dem anderen Eck bei uns in der Straße entsorgen das Gemüse nicht kartonweise. Die beiden haben vielmehr ihre eher überschaubare Stammkundschaft – wenn denn Pablo vor lauter *HABLAR* mal Zeit für einen Kunden hat.

Esperanza ist eine energische Dame in den Sechzigern, stets nach der letzten Mode frisiert und gekleidet. Ihr Mann kleidet sich ebenfalls sehr sorgfältig, auch bei der größten Hitze trägt er lange Hosen, und sein einziges Zugeständnis an den Hochsommer sind gelegentlich gewagte Hawaii-Hemden. Die beiden stammen aus Peru, leben aber seit zwanzig Jahren in Spanien und haben es zu bescheidenem Wohlstand gebracht. Esperanza leidet darunter, dass ihre Familie so weit weg ist – vor allem, wenn jemand schwer erkrankt ist und sie aus Kostengründen nicht mal schnell heimfliegen kann –, aber immerhin ist ihre Tochter samt Enkelin bei ihnen in der Fremde.

Esperanza ist wirklich äußerst hilfsbereit. Als wir damals frisch ankamen im Viertel und in der größten Affenhitze in der neuen Wohnung weder Strom noch

Gas noch Wasser hatten, bot sie mir an, meine Lebensmittel, auch die nicht bei ihr gekauften, in einem ihrer riesigen Profi-Eisschränke zu lagern. Auch ist sie eine Art Medizinfrau und kennt für jedes Zipperlein einen passenden Tee oder eine Wurzel. Außerdem ist Esperanza äußerst geschäftstüchtig, denn sie hat oft kein Wechselgeld parat, das dann so allmählich in Vergessenheit gerät.

Das macht aber Pablo wieder wett, der einem immer irgendein süßes Teilchen extra schenkt. Er macht ja eigentlich in Transporte, ist aber in letzter Zeit häufiger im Laden, und wenn ich ihn manchmal so beobachte im Umgang mit den Kunden, wie er umständlich abwiegt und im Zweifelsfall eine Zitrone umsonst hergibt, denke ich, dass Esperanza zum gerechten Ausgleich einfach sehr geschäftstüchtig sein MUSS.

Ich finde sie jedenfalls beide nett, und immer wenn ich vom Schreibtisch einen von ihnen an der Ecke unter der Markise auf ihrem schwarzen Stuhl sitzen sehe – Pablo mit Zeitung, Esperanza natürlich IMMER am Handy und manchmal auch ins Gespräch vertieft mit einem Bekannten, wobei der Gast auf einer umgestülpten Obstkiste sitzt –, freue ich mich des Lebens.

Wie Pablo und Esperanza zeichnen sich viele Madrilenen durch enorme Hilfsbereitschaft aus. Jedes Mal, wenn ich meinen uralten Lieblingsrucksack benutze, der unglaublich viele Einzelfächer und Seitentaschen hat, so eine Art Anglerweste in Taschenform, weisen mich aufmerksame Personen darauf hin, dass einer dieser zahllosen Verschlüsse, der übrigens seit Jahren defekt ist, offen stehe und ich somit leicht Opfer eines Raubes werden könne. Das kam inzwischen so oft vor, dass ich mir das praktische Teil fürderhin erspare und korrekt verschließbare Handtäschchen benutze, um die freundlichen Spanier nicht länger zu beunruhigen.

Schon zweimal ist es mir passiert, dass jemand mir aufgeregt hinterherlief, nachdem er mir eine falsche Auskunft gegeben hatte, als ich wieder einmal irgendeine Straße suchte, um irgendeine Wohnung zu besichtigen. Einmal hastete mir der Mann der Informantin, die so hochschwanger war, dass sie nicht mehr rennen konnte, mit einem Kleinkind auf dem Arm hinterher und erklärte, dass seine Frau sich geirrt habe, die gesuchte Straße sei nicht hier, sondern da. Ein zweites Mal war es eine kleine, aufgeregt schnaufende ältere Dame, die mich kaum einholen konnte. Das ist doch unglaublich und rührend und nett.

In Deutschland passiert einem so etwas nicht, da kümmert sich ja nicht einmal einer um dich, wenn gerade dein Kind im Baumarkt absäuft. So geschehen, als mein kleiner Sohn tatsächlich noch sehr klein war.

Er hatte damals blonde Löckchen und trug eine rote, gestrickte Baskenmütze sowie eine dieser schweren, wollenen Baseballjacken. Jedenfalls wandte ich mich für den berühmten Bruchteil einer Sekunde den Holzbalken auf meinem Einkaufswagen zu – wir waren gerade in der Renovierungsphase – und nahm aus den Augenwinkeln wahr, dass das rote Baskenmützchen verschwunden war. Mein Sohn war tatsächlich in eines dieser circa zwanzig Zentimeter tiefen Ausstellungs-Gartenteich-Exemplare gefallen. Die Wollsachen – ein nahezu tödliches Equipment – hatten sich binnen Sekunden vollgesogen.

Als ich gerade losrannte, tauchte er zum Glück schon wieder auf, sein großer Bruder hatte ihn sofort gerettet, und er war mit dem Schrecken davongekommen. Ich zog das bis zu den Hüften nasse Kind sofort aus und wickelte es in meinen Mantel und den Schal, schließlich war Winter, während mein großer Sohn die nassen Sachen seines Bruders umsichtig über die Balken am Einkaufswagen hängte. Um uns herum herrschte derweil geschäftiges Baumarkt-Heimwerker-Treiben, und die anderen Kunden würdigten uns weder eines Blickes noch fragten sie nach dem Befinden, geschweige denn, dass sie ihre Hilfe anboten, wenigstens pro forma. Ja nicht einmal die gelangweilte, kajalgeschminkte kuhäugige Kassiererin wunderte sich.

So etwas würde in Spanien NIEMALS passieren, eine solche Indifferenz gibt es hier gar nicht, Gleichgültigkeit ist den Spaniern wesensfremd, glaube ich.

Hier muss ich nur in der Schlange an der Supermarktkasse stehen, um alles über die Essensgewohnheiten von Onkel Paco und die Vergesslichkeit von Amparo zu erfahren. Noch während ich den Käse aussuche, erzählt jemand dem Verkäufer, mir und allen, die es hören wollen, wie stressig und TEUER es dieses Jahr war, die diversen Schuluniformen für die Kinder zu besorgen. Oder während der Mann den Schinken kunstvoll schneidet – die spanischen Fleischerei-Fachangestellten wissen dies zu zelebrieren wie niemand sonst –, hört man, wie das so war letzten Sonntag, als der *jamón* wieder einmal so hervorragend war und die Kinder alle da waren. Der Verkäufer zeigt dann tatsächlich echte Anteilnahme, springt voll darauf an und packt seinerseits aus, was er so unternommen hat am letzten Sonntag.

Zwischendrin taucht ein andere Verkäufer auf und fordert von seinem Serrano-Kollegen die Mitgliedskarte für das Fitnessstudio ein, die die beiden sich offenbar so rechtswidrig wie brüderlich teilen. Der Schinkenschneider unterbricht kurz seine Tätigkeit, um die Karte für seinen Kumpel zu suchen, und die Kunden haben vollstes Verständnis und warten geduldig. In diesen harten Zeiten muss man sparen, wo man kann.

Mir bleibt genügend Zeit, einen kurzen Blick auf die Karte zu erhaschen, auf der ein Foto abgedruckt ist. Ich wundere mich kurz, denn die beiden sehen sich überhaupt nicht ähnlich, aber dann fällt mir ein, dass in der Regel in den Studios die Karten nicht kontrolliert werden, sondern in einen Automaten geschoben werden, der daraufhin die den Eingang versperrende Schranke öffnet.

Ich war nämlich auch einmal in einem Fitnessstudio, nachdem mir Ana und Pilar die tollsten Sachen aus ihrem Yogakurs berichtet hatten. Da ging alles ab: Liebe, Leben, Leidenschaft, nur kein Yoga. Das interessierte mich natürlich brennend, ich wollte schließlich keinen Sport machen, sondern neue Freunde und aufregende Geschichten finden. Also schrieb ich mich auch zum Yoga ein, und da ich Unabhängigkeit beweisen wollte, wählte ich nicht das Institut von Ana und Pilar.

Das war ein Fehler.

Denn mein Fitnessstudio war ein echtes Sportstudio: Leise säuselte die Musik, und laut atmeten die Frauen, BEWUSST eben. Sie wirkten ziemlich verbiestert – auffallend viele übrigens in lustigen wollenen Ringelsocken. Von daher fügte ich mich gut ein, mein Sport-Outfit rekrutierte sich nämlich aus abenteuerlich gestreiften Kleidungsstücken – das letzte Mal war ich vor hundert Jahren in einem Turnverein gewesen, also eher Tennis –, die ich probehalber zu Hause anprobiert hatte.

Mein großer Sohn war bei meinem Anblick entsetzt zurückgeprallt. »Mama! Du siehst aus wie ein Lutscher!«, hatte er fassungslos ausgerufen.

Der andere Sohn war neugierig hinzugekommen und ergänzte glucksend: »Ja, aber wie so ein Psycho-Lutscher, also ich meine, so ein Psychedelischer!«

Aus langjähriger Erfahrung und reinem Selbsterhaltungstrieb hatte ich mich auf keine weitere Diskussion mit diesen Kindern eingelassen und da stand ich nun, ich Psycho-Lutscher, auf einem Bein neben den Yoga-Frauen, die ihr spezielles isotonisches Selterswasser neben sich stehen hatten, von dem sie trotz der eher läppischen Anstrengung dauernd tranken. Ich dagegen hatte überhaupt keinen Durst und wurde so was von schläfrig und langweilte mich zu Tode und wusste nach relativ kurzer Zeit, dass Yoga definitiv nicht mein Sport ist. Auch an den Geschichten der Ringelsockigen hatte ich kein Interesse, so es denn überhaupt Geschichten GAB.

Außer mir war ein junges Mädchen neu hinzugekommen, eine Studentin. Wir sahen uns am Ende der transzendenten Veranstaltung nur erschöpft an und schlappten traurig nach draußen. Auf dem Flur fragte ich sie, ob sie noch mal komme. Ganz sicher nicht, war die Antwort, denn sie fand Yoga auch scheiße. Daraufhin setzten wir uns auf eine Bank, gingen die Angebotsliste des Fitnessstudios durch und hatten keine Ahnung, was die Unterschiede zwischen Body

Pump und Body Tonic, Cardio-Tonic und Spinning sein könnten. Daher drückten wir uns schließlich die Nasen an den Glaswänden platt, hinter denen die verschiedenen Kurse liefen.

In diesem Zusammenhang erinnere ich mich an eine lustige Begebenheit beim Einkaufen. Als wir einmal die Serpentinen zur Tiefgarage eines berühmten spanischen Kaufhauses hinunterfuhren, konnten wir es nicht fassen: Direkt, aber so was von direkt, nämlich kaum einen Meter entfernt von der Ein- und Ausfahrt samt Abgasen befand sich ein Fitnessstudio. Das war unschwer an der gläsernen Fassade zu erkennen, die – teils geöffnet – tiefe Einblicke bis ins Innerste des Etablissements gewährte, wo Dutzende Menschen in Sportbekleidung an verschiedensten Apparaten zugange waren.

Dagegen ist ja grundsätzlich nichts zu sagen, wirklich befremdete uns nur, dass ganz vorne an der Glasfront ungefähr zwanzig Laufbänder in einer Reihe standen, und zwar mit Blickrichtung zu den ein- und ausfahrenden Autos. Auf diesen Laufbändern standen Menschen. Und liefen. Und schauten. Uns an.

Ich schwitzte. Da wir im Stau standen und darauf warteten, unser Parkticket ziehen zu dürfen, hatte ich reichlich Gelegenheit, die uns rücksichtslos anstarrenden Läufer genauso rücksichtslos zu studieren. Ihre schweißnassen Gesichter hätte ich problemlos berühren können, hätte ich den Arm ausgestreckt. Doch auf dem Rückweg kurbelte ich rasch alle Fenster hoch und senkte scheu den Kopf. Es war einfach zu peinlich.

Zurück zu MEINEM Studio, wo die Studentin und ich die Kursangebote durchgingen. Also, für alle, die es noch nicht wissen: Spinning war nichts weiter als doofes Heimtrainer-Fahrradfahren mit Animateur. Beim sogenannten Aero-Dance hingegen ging die Post ab, lauter Techno, bauchfreie Amazonen mit wallenden Mähnen – die Yoga-Tränen hatten ihre Haare natürlich streng weggebunden, obwohl sie sich kaum bewegten – und ein Trainer, der unentwegt meterhoch hüpfte. Wir kamen zu dem Schluss, dass man das nur durchhalten könne, wenn man auf Droge war, und wir wussten beide nicht, wo man hier in der Stadt Ecstasy erwerben konnte. Das Step-Latino wiederum hatte dezentere Musik, Flamenco-Jazz, und meine neue Bekannte beschloss spontan, sich hierfür umzuschreiben. Das war schade, denn für mich kam das überhaupt nicht in Frage – um mit Horst Schlämmer zu sprechen: »Ich habe Knie!« Für diese ständige Auf-und-ab-Stufenakrobatik taugen meine armen, alten Gelenke nun wirklich nicht.

Ich machte dann Pilates, was an sich nicht schlecht war, denn die Musik war gut, das Dehnen schadete auch nichts, und die Trainerin war super. Aber wie schon gesagt: Ich war eigentlich nicht wegen des Sports gekommen, sondern wollte neue Freunde kennenlernen, mit denen ich nach der Alibi-Turnstunde einen heben gehen konnte, so wie Ana und Pilar in ihrem Pseudo-Yogakurs.

Ich hatte echt Pech.

Die Yoga-Truppe war ja schon ein naturtrüber Verein gewesen, und die Mitglieder des Pilates-Kurses waren aber auch so was von verbissen und ernsthaft bei der Sache, der sportlichen … Mein Psycho-Lutscher-Outfit hatte ich allmählich etwas dezentisiert, denn die Pilates-Frauen waren super stylish und trugen vorbildliche Sportbekleidung, und ich wollte ja eine von ihnen werden. Doch sie wechselten kein privates Wort, besprachen höchstens jeden Muskel, hinterfragten ihre Zipperlein bei der Trainerin, hatten an nichts Interesse außer dem Sport und huschten nach getaner Arbeit sofort aus dem Saal. Wahrscheinlich dehnten sie zu Hause weiter.

Das war ja nicht der Zweck der Übung!

Traurig dachte ich an Anas und Pilars Kurs, wo sich offenbar keiner ein Bein für den Sport ausriss!

Übrigens gab es auch einen Mann im Kurs, aber der wurde geächtet. Wahrscheinlich weil er nicht gut genug aussah.

Ich zog das dann bis zum Ende durch, aber leider habe ich in den Monaten im Fitnessstudio keine einzige nette Bekanntschaft gemacht, und die witzige Studentin aus meiner ersten Yogastunde habe ich auch nie wiedergetroffen.

Aber dafür kann man ja in Madrid an jeder Ecke neue Freunde finden, da muss man nur mal einkaufen oder in den Hundepark gehen. Genau das ist es, was ich hier so mag.

Bei allem Lärm und Stress ist die Atmosphäre von Hilfsbereitschaft, Offenheit, *hablar* eben, allgegenwärtig. Oder um MIT DEM DICHTER zu sprechen: Durch die Straßen schwappen Wellen warmer Freundlichkeit, umschmeicheln dich, umspülen dich, und du lässt dich so mittreiben. Bezirzt bis betäubt vom allgegenwärtigen munteren Gezwitscher.

Jeder ist wahnsinnig besorgt und verspricht eher immer zu viel, dieses typische *quiero y no puedo*, ich WÜRDE ja so gerne, KANN jetzt aber gerade nicht, diese Ambivalenz von Chaotisch- und Bemühtsein, dieses *no te preocupes*, mach dir keine Sorgen – wenn ich das höre, stehen mir sämtliche Haare zu Berge, und ich bin spätestens dann sofort SEHR besorgt.

Eine weitere typische Redewendung ist die – natürlich rein rhetorische – Frage: *Se solucionó?*, – Hat sich dein Problem gelöst?, übrigens meine absolute Lieblingsphrase. Ganz wichtig, dass alles klappt oder geklappt hat, und die Antwort muss natürlich unbedingt »Ja« lauten, unabhängig vom tatsächlichen Stand der Dinge, denn jeder freut sich so, wenn alles gut ist, denn er hat (oder hätte zumindest prinzipiell wirklich gerne) alles dafür getan.

Dafür liebe ich diese Stadt und ihre Bewohner.

7

Lebenslust

Nicht nur ein grundsätzliches Friedens- und Harmoniebedürfnis prägt das spanische Alltagsleben, sondern auch systemimmanente Vergnügungssucht, ein gewisser unbedingter Wille zur *fiesta,* weshalb man sich gerne mit Freunden und Verwandten umgibt.

Ein Spanier mutterseelenallein – das GEHT nicht.

Essen ist in Spanien ein Gemeinschaftserlebnis, was sich auch darin ausdrückt, dass es durchaus üblich ist, sich gemeinsam mehrere Gänge zu bestellen und dabei kreuz und quer von allen Tellern zu picken. Zudem bedeutet Essen nicht nur Nahrungsaufnahme, da wird geredet und gelacht, oft stundenlang, da werden Geschäfte gemacht, da trifft man seine Leute, *mi gente*, und klärt alle Dinge, die man tatsächlich am Telefon nicht besprechen kann.

Die Spanier sind viel ausgehfreudiger als die bräsigen Deutschen, und wie schon erwähnt treffen sie sich meist in großer Runde, vielmehr in ganz großer Runde. Je größer, desto besser. Meine Theorie ist, dass ein Spanier alleine gar nicht überlebensfähig ist, die Gruppe ist seine Familie, sein Nest, seine Existenzberechtigung.

Ein etwa dreißigjähriger Bekannter wies uns einmal mit dramatischer Geste darauf hin, dass seine Familie da, ganz oben links, wohne – wir waren am Flughafen und starrten gelangweilt auf irgendwelche

Metropläne –, während er selbst da unten, ganz weit rechts, lebe. Traurig deutete er auf die allerentgegengesetzteste Richtung, und selbst sein gesenkter Arm sah ganz entmutigt aus.

So weit weg, so weit entfernt von seiner Familie, wohlgemerkt, wir sprechen hier von Metroplänen, nicht Fluglinien. Getrennt. Allein. Wobei er mit seiner Freundin zusammenlebt.

Was sollen wir da erst sagen, wir mehrfach entwurzelten Deutschen, die wir doch, zumindest als sehr junge Menschen, froh um jeden Kilometer sind, den wir zwischen uns und unsere Familie, unsere Lieben, legen können.

In Spanien dagegen tut man alles, um zusammenzukommen. Wer keine Familie hat, der sucht sich eben eine. Bei uns um die Ecke gibt es einen Laden – offiziell eine Frühstücksbar, doch in Wahrheit eher ein Treffpunkt für verkrachte Existenzen und verlorene Seelen aller Nationalitäten, die Familienanschluss suchen. Ihre Erziehungsberechtigte haben sie in einer bildhübschen jungen Frau gefunden, die jeden Tag die Bar macht, nur montags hat sie frei. Sie schlichtet Streitigkeiten und maßregelt Leutchen, die dreimal so alt sind wie sie selbst: »Nein, jetzt kein Bier mehr für dich, Javier!« – »Winston, hast du nicht genug gespielt?«

Sie wird als Instanz zweifelsfrei anerkannt.

Ich habe schon mehrere solcher Bars kennengelernt, die auf mich einen *club-social*-Eindruck machen, wie man das aus Südamerika kennt, eine Art Nachbarschaftstreff, ein Wohnzimmer für jeden, der es zu Hause zu eng, zu dunkel, zu kalt oder einfach zu einsam hat. Hier kann man problemlos den ganzen Tag verbringen, bei einem einzigen Getränk, beim

Karten- oder Brettchenspielen. Man liest und plaudert und hört Musik und tanzt. Den *club-social*-Effekt spürt man auf den bereits erwähnten *plazas* und Spielplätzen wie auch in den großen Markthallen in jedem Viertel, in denen unzählige Händler Lebensmittel sowie Kurzwaren und Kosmetik feilbieten.

Allerdings sind die Waren meist teurer als beim chinesischen Gemüsehändler – nur nebenbei: Eine beliebte spanische Redewendung lautet *engañar como un chino*, betrügen wie ein Chinese, aber das fällt jetzt eher in die Kategorie Polenwitze – oder in den preisgünstigen *fruterias*, doch darauf kommt es gar nicht an, denn der Plausch mit dem Fleischverkäufer oder der Gemüsefrau ist wichtiger als der Einkauf selbst.

Das ist wohl der Haupteffekt der spanischen Markthallen, der *mercados*: Sie dienen hauptsächlich dem Sozialkontakt.

Auch mir armer Immigrantenseele.

Wie oft habe ich schon Mitkäufer am Fischstand gefragt, wie man diesen oder jenen Fisch zubereite, ob *gallo* oder *gallo filete*, ob jetzt der vordere oder hintere Teil des *merluza* besser ist oder welche komischen Muscheln das sind. Keiner hat mich je abgewimmelt oder für doof gehalten, und bei besagten Stabmuscheln kam es zu einer regelrechten Diskussion unter den Kunden, weil jeder etwas beizutragen wusste in puncto Herkunft und Zubereitung.

Wenn mich mein Fischverkäufer dann auch noch *reina* nennt, Königin, geht mir das runter wie Butter. Und nicht nur mir: Siebzigjährige werden launig als »*joven*«, junge Frau, bezeichnet oder *guapa* – aber das hatten wir ja schon bei den Prozessionen. Alle, egal ob jung oder alt, hübsch oder hässlich, dick oder dünn, männlich oder weiblich, erfahren eine verbale Streicheleinheit, was einfach reizend ist.

Spanisch.

Andererseits erinnere ich mich, dass der beste Freund meines großen Sohnes mal erzählt hat, dass die Haushaltshilfe seiner Familie immer den alten Fisch angedreht bekommt. Zumindest war es am Anfang so, als sie gerade angekommen war in dem fremden Land. Nicht mal geschuppt hat der Händler ihr den Fisch, und dann hat sie ihn mit allem Drum und Dran zubereitet, was einen höllischen Gestank zur Folge hatte. Sie kommt aus Tschernobyl und kennt sich nicht so aus mit frischem Fisch.

Die *mercados* sind nicht nur ein synästhetisches Erlebnis, sie beflügeln nicht nur sämtliche Sinne, sondern auch das redliche Bruttosozialprodukt sowie die Kommunikation unter den Bürgern – und den Schwarzmarkt.

Letztlich ist das ein kleiner Nebeneffekt der *crisis*: Wenn die *mercados* schließen, so um zwei Uhr nachmittags, und die Händler ihre *siesta* begehen, machen sich oft nur Minuten später in einigen Vierteln die Subunternehmer ans Werk, sprich diejenigen, die sich zuvor in den Hallen Waren zusammengeklaut haben. Die Lebensmitteldiebstähle haben in der angespannten wirtschaftlichen Lage, selbstverständlich AUS NOT, deutlich zugenommen. Diese Raub-Händler bieten ihre Sore dann später draußen um die Hälfte billiger an.

Jeder weiß, dass es sich dabei um Diebesgut handelt, doch das ficht keinen an. Die Krise kostet, und Not macht bekanntlich erfinderisch. Und Geld hat sowieso keiner.

Da zückt dann schon mal ein äußerst seriös wirkender Rentner einen Schinken, den er unter seiner Strickweste am Bauch angewärmt hat – *la panza es primero*, der Wanst zuerst, heißt auch eine Restaurantkette in Spanien, die wir schon immer mal heimsuchen wollten –, und eine liebe Omi breitet Würstchen und Bonbons vor sich aus, von denen man besser nicht wissen will, wo sie die zuvor gelassen hat. Diese wohlfeilen Waren kommen besonders bei den spanischen Senioren gut an, die sogar so weit gehen, ohne jeden Skrupel bei den Schwarzhändlern BESTELLUNGEN aufzugeben und sich das Diebesgut dann direkt nach Hause liefern zu lassen. Denn sie sind der Meinung, dass sie ihrerseits ausgeraubt werden, und zwar vom Staat, der beständig die Kosten für öffentliche Verkehrsmittel, Schwimmbad, Gas und Strom erhöht.

So viel zu den charmant-kriminellen spanischen Überlebensstrategien und dem Gemeinschaftserlebnis *mercado*.

Natürlich kommt man auch alleine durch, kann rasch in der Bar seinen Kaffee trinken, die Zeitung dabei überfliegen oder auf der *terraza* eines Restaurants Arbeit vorschützen, indem man alberne Schriftstücke zu studieren vorgibt – aber das ist auch irgendwie blöd.

Ich habe schon oft einsame Spanier beobachtet, die sich in einem solchen Ausnahmefall verzweifelt ihr Handy ans Ohr klemmen und demonstrativ stundenlang quatschen, wie um zu beweisen, dass sie nicht WIRKLICH allein sind. Der *lonesome rider* aus Überzeugung findet sich hier eher nicht, einsame Wölfe und schweigsame Thekensteher sind wohl eher ein nordeuropäisches Phänomen. In Spanien herrscht latenter Gruppenzwang. Und diese Gruppen lärmen und lachen.

Als Ana einmal einen meiner Söhne fragte, was ihm an Spanien am besten gefalle, antwortete dieser, ohne zu zögern: »Dass die Leute hier so viel lachen.«

Das stimmt.

Immerhin zählt sich Madrid, und somit auch seine Bewohner, zu einer der glücklichsten Städte der Welt, die Metropole belegt Platz sechs auf dem Ranking der Top Ten.

Selbst wenn sich ein ganz normales Tischgespräch oft wie ein lautstarker Streit anhört – dem ist nicht so. Hier wird einfach grundsätzlich sehr laut gesprochen. Allerdings wird nicht nur sehr laut, sondern auch sehr durcheinandergesprochen. Oft dauert es selbst in Diskussionsrunden mit Politikern und Journalisten, von denen man eine gewisse Kenntnis der rhetorischen Grundregeln erwarten kann, mehrere Minuten, bis sich einer durchgesetzt und die anderen – man kann es nicht anders sagen – TOTGEREDET hat. Nicht etwa, weil er die besseren Argumente, sondern weil er den längeren Atem hat.

Diskussionskultur existiert in Spanien durchaus, doch das Temperament geht den Beteiligten meist durch, was ich sehr lustig finde, abgesehen davon, dass ich dann immer Mühe habe, das Gespräch zu VERSTEHEN, also nicht nur rein von den Vokabeln her, sondern auch akustisch, wenn alle aufeinander einreden. Ich kann mich dann oft kaum auf eine Person konzentrieren, weil es so laut ist.

Eventuell ist die Konzentration zusätzlich durch dichte Qualmwolken gestört, denn in Spanien wird gepafft, dass es eine Freude ist. Das Rauchverbot, das sogar die Iren oder die Italiener – wer hätte das gedacht? – klaglos akzeptieren, ist hier ÜBERHAUPT nicht angekommen. *Se permite fumar!*, Rauchen erlaubt!, heißt es an fast allen Türen von Bars und Restaurants, und nur ganz, ganz selten ist Rauchen explizit verboten.

Es gibt zwar das sogenannte *ley del antitabaco*, doch nicht wenige Kommunen wie Madrid, La Rioja oder Valencia kochen ihr eigenes Süppchen, sprich erlassen ihre eigenen, recht laxen Dekrete, weshalb sich der Gesundheitsminister auch gezwungen sieht, via Gericht vorzugehen.

Jedenfalls rauchen alle wie die Schlote, Männer wie Frauen, und selbst Nachbarinnen und Klempner betreten unsere Wohnung ganz selbstverständlich mit der Fluppe im Mundwinkel.

Echte Angst bekam ich einmal, als der Gasboiler repariert werden musste und der Handwerker, der an allen möglichen Haupt- und sonstigen Hähnen zugange war, plötzlich eine Kippe im Mund hatte und in seinen Hosentaschen nach Feuer kramte.

»Geht das denn bei dieser Operation?«, fragte ich.

Er machte nur ein beruhigendes Handzeichen und lachte etwas mitleidig über die überängstliche Deutsche, die kurz den Atem anhielt – und nicht in die Luft flog. Auch im Aufzug blasen sie einen regelmäßig voll, der Metzger am Eck raucht direkt in seinem Laden in die Filets, und in ganz Madrid sieht man verzweifelte Gestalten aus Bürogebäuden stürzen. Sie japsen wie die Fische an Land, total auf Entzug, und zünden sich mit zitternden Fingern die Kippe am Eingang an, weil es ums Überleben geht. Dann wird tief inhaliert und entspannt.

Persönlich bin ich keine ausgesprochene Raucherin, aber auch keine militante Nichtraucherin, eher eine Gelegenheitsraucherin, die durchaus unterm Passivrauchen leidet.

»Komm, wir gehen nach Finnland«, sagt Ana, die Kettenraucherin, jedes Mal wohlerzogen, wenn sie bei uns zu Besuch ist.

Dann strebt sie sofort der Küche zu, dem dunkelsten Teil der Wohnung, den wir *Finlandia* nennen und wo im Ausnahmefall geraucht werden darf. Sie füllt leicht mal an einem Nachmittag zwei Aschenbecher, und obwohl wir mit drei Fenstern lüften können, fühle ich mich danach immer toxisch, was nicht nur an unseren Gesprächen liegt.

In der Metro und am Flughafen darf man nicht mehr paffen, in Letzterem gibt es allerdings ausgewiesene Raucherecken, die ungefähr den Charme der erwähnten weltweit berühmten weißen Plastikstühle haben, aber das ist wohl Sinn der Sache. Dafür wird politisch höchst unkorrekt auf der Straße, in der Bar, im Hausflur, im Auto geraucht – selbst wenn sich Kleinkinder im Fond befinden, qualmt die Mutti sich lustig eine.

Übrigens schmausen die Leute nicht nur Tabak. An jeder Ecke kiffen sie ungeniert, sitzen adrette junge Herren in schicken Anzügen und maßgeschneiderten Hemden auf Parkbänken in der Mittagspause und paffen in aller Ruhe ihre Joints, die *porros*. Das tun sie ganz selbstverständlich auch in den Büro- und Bankenvierteln und nicht nur in den üblichen verdächtigen Zonen. Letztlich ist das aber auch nur eine Arbeitsbeschaffungsmaßnahme, denn andere werden wieder dafür bezahlt, die diversen illegalen Substanzen aus der Madrider Stadtluft zu filtern.

Getrunken wird ebenfalls, sogar am frühen Morgen. In vielen spanischen Hotels sind bereits auf dem Frühstücksbuffet Rotweine zu finden und werden tatsächlich – wenn auch nur von ganz wenigen – konsumiert. Auch an den Tischen stehen überall Kühler für den Weißen oder Champagner bereit, die der Kellner auf Wunsch herbeischleppt. Nur zur Erinnerung: Wir sprechen hier von einer Zeit zwischen acht und elf Uhr morgens.

Allerdings ist das die beste Chill-out-Phase, in Madrid wird nämlich bis in den frühen Morgen gefeiert, die spanische Metropole ist zweifellos eine Stadt der Nacht, in der auch morgens um vier noch die Hölle los ist. Das gilt besonders am Wochenende, das so ungefähr ab Donnerstagabend beginnt.

Kaum wird es dunkel und die Hitze des Tages glüht nach, glühen die Madrilenen vor – bei der ersten *caña*. Die Nacht scheint die Madrilenen noch geschmeidiger zu machen, noch fröhlicher, als sie es ohnehin schon sind. Schwofend, in lachenden Grüppchen gleiten sie durch die Straßen, feiern drinnen und draußen und auch im Auto – man kann durchaus in einen nächtlichen Stau auf den großen Straßen Madrids geraten, weil die ganzen Nachtschwärmer noch unterwegs sind auf einen letzten Absacker oder vielleicht doch nach Hause. Angeblich brauchen die Madrilenen von allen Spaniern am wenigsten Schlaf, und das glaube ich sofort. Hier wird im Zweifelsfall eher gefeiert als geschlafen.

Nahezu jeden Tag ist in irgendeinem Stadtteil oder umliegenden Dorf eine *fiesta*, wenn nicht gerade die schon erwähnten diversen *ferias* stattfinden, zu denen man sich ohnehin im Familien- und Freundeskreis trifft und tagelang ausgelassen feiert.

Außer besagten zahlreichen offiziellen Festivitäten gibt es dann noch – manchmal recht willkürlich festgelegt, scheint es mir, und teilweise unter absurdem Motto, aber immer lustvoll – den Tag der Tomate, einen Tag des Cidre, den Tag des Schinkens oder der landesweit größten Bratwurst, ebenso den Tag des bemalten Eis (nicht Ostereis!) in Asturien, wo Eier in allen Größen mit meist typisch asturischen Landschafsmotiven bemalt und verkauft werden, den Tag des Fischbrötchens und die *hoyo*, zu der man Päckchen mit Brot und Oliven, Öl und *bacelao* erhält. Und und und …

In Aragon geriet unsere Familie einmal in der Osterwoche in eine riesige Trommel-*fiesta*, eine *tamborrada*. Hunderte von Menschen zogen trommelnd durch die ganze Stadt, was ohrenbetäubenden Lärm bedeutete, und zwar vier Tage ohne Pause, wie wir erfuhren.

»Hier lernen die Kinder erst trommeln und dann sprechen«, erklärte uns eine stolze Mutter, deren Kleiner mit leuchtenden Augen die Trommel malträtierte.

Oft wird draußen gemeinsam gekocht oder gebraten und gegessen und Wein getrunken und getanzt und gesungen, Hauptsache, nicht alleine bleiben.

In diesem Land scheint es jedenfalls immerzu irgendeine *fiesta* mit Gratisessen fürs ganze Dorf zu geben, gewissermaßen Straßenfeste, auf denen sich alle Anwohner versammeln, die in der Regel auch Nachbarn und Freunde sind, um des Feierns wegen zu feiern.

Auf unseren zahlreichen Urlaubs- und Geschäftsreisen quer durchs Land haben wir erlebt, dass Frauen für viertausend Leute *crespillos*, kleine gewickelte

Pfannkuchen, buken, oder es gab *pisto manchego*, eine Art Ratatouille, für Tausende. Damals hat es überall gebrutzelt, bis der Knoblauch rauchte, der größte *pisto* der Welt, hieß es, zubereitet in Pfannen mit einigen Metern Durchmesser. Oder die Riesenpaella oder der Super-Bohneneintopf für zweitausend Leute, der in einem riesigen Behältnis an einem Kran hing. Auf der *fiesta del vino* baumelte dagegen ein riesiger, völlig überdimensionierter Bocksbeutel in einer Baumkrone, die Feiernden ließen sich im Vorübergehen einen Strahl in die Kehle schießen, und wer sich geschmäcklerisch etwas Wein in ein kleines Krüglein abfüllte, den buhten sie aus.

Wenn ein Spanier in der Lotterie gewonnen oder ein erfolgreiches Geschäft abgeschlossen hat oder einfach nur ein wenig Geld verprassen möchte, teilt er es oft gerne mit seinem Viertel oder Dorf, statt das Geld aufzusparen und anzulegen, wie es jeder gute Deutsche täte. Da sitzen dann die Leute bei Hunderten Kilo Fleisch und literweise Wein und Brühe vergnügt auf Bürgersteigen und Autohauben und lachen. Das ist spanische Lebens- und *fiesta*-Freude pur.

Wie erwähnt, es wird keine Gelegenheit zum Feiern ausgelassen, und ist kein Anlass gegeben, dann suchen die Leute sich einen. Mittlerweile haben sich auch sogenannte »Frauenkarawanen« etabliert: Da organisiert ein Trupp fröhlicher, unbedingt heiratswilliger Frauen jeden Alters einen Bus in irgendein Dorf, wo sie zuvor die männliche Bevölkerung avisiert haben. Die interessierten Junggesellen empfangen die Señoras dann an der *plaza*, und alle wollen ihr Glück machen. Alle verbringen den Tag gemeinsam – beim Feiern –, rasch bilden sich Grüppchen oder Pärchen, und ab und zu entwickeln sich zarte

Bande und es wird geheiratet – *triunfo de Cupido* nennt sich das.

Manchmal habe ich den Eindruck, dass die Menschen nahezu fieberhaft feiern, was eventuell mit der Geschichte Spaniens zusammenhängt. Während der Franco-Diktatur war nämlich erst mal Schluss mit lustig. Nach dem Tod des *caudillo* kam es dann zur *movida*, zum Aufbruch, zur Kultur- und Spaßbewegung. Die ganze Stadt geriet außer Rand und Band und frönte nach Jahren der Unterdrückung exaltiertem Hedonismus. Viele Menschen bekommen heute noch feuchte Augen, wenn sie Popsongs aus den guten alten Zeiten hören. Noch immer relevante Gestalten aus dieser Zeit sind etwa der Regisseur Pedro Almodóvar oder die Sängerin Alaska.

Die *movida* war der Beginn einer neuen, schrillen Ära, die von der Hauptstadt aus Rest-Spanien erfasste, und nicht wenige behaupten, dass sie nie geendet hat und seit gut dreißig Jahren nur noch gefeiert wird.

Stillstand scheint es nicht zu geben in Madrid, es herrscht ein ständiges Kommen und Gehen in diesem großstädtischen, multikulturellen, chaotischen Schmelztiegel, von dessen Zentrum Sol nicht nur der Kilometer null als geographischer Mittelpunkt die Richtung für ganz Spanien weist.

Madrid liegt in der Mitte des Landes, und Sol ist das Herz der Stadt, wenn auch nicht wenige Spanier der Ansicht sind, dass das göttliche Barcelona, die selbsternannte »Hauptstadt des Mittelmeers«, auch die heimliche Metropole Spaniens ist.

Doch ob strahlende Metropole oder winziges Dorf – gefeiert wird überall, und manchmal auch recht deftig.

Die Leute werfen sich in den Dreck oder vor Stiere oder treiben auf der *batalla contra las novatadas*, der Schlacht gegen die Frischlinge, neue Studenten mit großem Hallo durch die Straßen und bewerfen sie mit einem ekligen Gemisch aus Farbe und Lebensmitteln. Trotzdem ist das ein großer Spaß und zudem ein beliebter Kontakthof.

Nicht ganz so spaßig finde ich einige andere Festivitäten, bei denen sie etwa Hühner wie Wäschestücke kopfüber an Leinen quer über die Straße aufhängen, denen dann männliche Dorfbewohner auf Pferden mit Stöcken die Hälse abschlagen, oder den derben Brauch zu Ehren des heiligen San Blas, aus zwanzig Meter Höhe eine Pute ins begeisterte Publikum zu werfen, oder zu Ehren der Jungfrau (mal wieder), der *Virgen de la Peña,* einen Stier, den unglücklichen *toro de la Vega*, durch die Gassen hetzen und mit Lanzen quälen. Die Tiere kommen leider nicht so glimpflich davon wie einige der ausgelassenen Teilnehmer auf den Tomatenfesten, wo die Leute sich mit Tomaten bombardieren und dabei verletzen – blaue Augen wegen grüner Tomaten.

Die meisten dieser *fiestas* sind illegal, doch die Dorfbewohner teilen sich achselzuckend die Strafen, und protestierende Tierschützer werden einfach ausgepfiffen.

Leider arten nicht nur die *fiestas de pueblo* manchmal etwas aus, auch das erwähnte *botellón*, das sogenannte »Kampftrinken« unter Jugendlichen, ist eine zweifelhafte *fiesta*.

Weltweit sind die Ausnüchterungszellen mit Jungen und Mädchen voll, in Deutschland sind Flatrate-Partys beliebt, zu denen man eine Eintrittspauschale zahlt und dann trinkt bis zum Umfallen. *All you can drink*, lautet die Devise, als gäb's eine Art Schnaps-Buffet wie in den französischen »Open Bars« mit ihrem Alkohol-Brunch.

In Spanien behelfen sich die Jugendlichen anders, sie pflegen die Kunst des Flaschenleerens unter freiem Himmel, obwohl in Spanien das öffentliche Trinken, vor allem in Ansammlungen, offiziell verboten ist.

Mit 16 Jahren kann man in Spanien zwar die Schule verlassen und eine Menge Pflichten haben wie arbeiten, heiraten und Steuern zahlen, doch das Gesetz verbietet bis 18 den Alkoholgenuss. Maite und Beatrice behaupten, dass nicht wenige Mädchen oder besser gesagt junge Frauen bis in die siebziger Jahre nur deshalb geheiratet haben, um abends ausgehen zu können! Aber dann kam ja die *movida* und alles wurde anders.

Die Jugendlichen, die *fiesta* machen wollen und dazu Bier oder Wein trinken möchten und sich die hohen Preise der Bars nicht leisten können, rotten sich jedenfalls nach wie vor auf öffentlichen Plätzen, in Parks oder auf Straßen zusammen, um bis in die frühen Morgenstunden feuchtfröhlich zu feiern und danach alle braven Bürger über ihre zurückgelassenen leeren Flaschen und Plastikbecher stolpern zu lassen.

Theoretisch ginge das ja in Ordnung, so ein günstiges Bierchen in lauer Nacht mit guten Freunden. Doch leider artet *botellón* oft in Randale aus. Meist bleibt es nämlich nicht bei einem Bier, da werden vielmehr verschiedene Spirituosen so zusammengeschüttet, dass die berauschende Wirkung möglichst schnell einsetzt. Und leider erhalten über 80 Prozent der Minderjährigen überall problemlos harte Getränke.

In Deutschland hat man zur Abschreckung die Preise der süßen Schnapsmischungen deutlich erhöht, die Spanier haben ihre eigene Methode entwickelt, um die trinkende Jugend zu disziplinieren: Die Jugendlichen werden zum angesagten »Feiern und Saufen um jeden Preis« in Ghettos gekarrt, wo sie die öffentliche Ruhe und Plätze nicht weiter stören und auch nicht schmutzen. In einigen Städten werden sie sogar an die Peripherie verbannt, in Sportstadien oder Gewerbegebiete.

Das nennt man dann *botellódromo*, frei übersetzt Besäufnisanstalt. Für mich sind das die neuen Pest- oder Cholerahäuser und mit ihren oft Tausenden Quadratmetern für ein paar hundert Jugendliche deutlich überdimensioniert.

Kultiviertes Feiern geht anders, und das zeigen die Spanier, indem sie nicht nur das Leben und sich selbst feiern, sondern auch die Kunst.

Die Kunstbesessenheit der Madrilenen ist sprichwörtlich, sie drückt sich aus durch rege Anteilnahme an den Kunst- und Antiquitätenmessen, Ausstellungen jeder Stilrichtung oder den von der Stadt organisierten Events wie etwa der »Woche der Architektur« oder der »Nacht der Museen«, die sich regen Zuspruchs erfreuen.

Kunst lockt die Madrilenen in Hundertschaften an, und für die Kunst sind sie auch bereit, stundenlang geduldig Schlange zu stehen. Ich muss zu meiner Schande gestehen, dass ich nicht so leidensfähig bin und schon mehrfach aus schier hoffnungslosen Reihen letztlich ausbrach, um an einem anderen, weniger belebten Tag wiederzukommen. Ich musste allerdings die Erfahrung machen, dass es einen solchen

Tag nicht gibt. Die Begeisterung kennt jedenfalls keine Grenzen, und die Schlangen vor den Museen bilden sich nicht nur an verregneten Wochenenden, wenn der Eintritt frei ist.

Im Grunde ist es bei fast jeder neuen Ausstellung in der Stadt voll, nicht nur bei absoluten Highlights, etwa der Eröffnung des neuen Prado-Anbaus, oder bei befristeten Ausstellungen. Als Joaquín Sorollas Spanien-Zyklus *Visiones de España* aus New York ankam, strömten die Besucher in riesigen Scharen ins Museum, zuerst in Valencia und dann in Madrid. Zur ungefähr viermonatigen Modigliani-Ausstellung im Museo Thyssen-Bornemisza musste man sich sogar voranmelden und sich einen Termin geben lassen. Selbst als Rodin–Skulpturen an der frischen Luft auf dem Paseo de Prado vor dem Caixa-Forum ausgestellt waren, gab es kaum ein Durchkommen vor lauter Menschentrauben. Und das zu verschiedenen Zeiten, ich war nämlich mehrmals da.

Es ist fast immer und überall voll, sei es ein Comic-Salon in einer kleinen Galerie, die Kunstmesse DEARTE mit zeitgenössischer spanischer Kunst oder die etwas ältere, internationale und leicht elitäre ARCO, die seit über dreißig Jahren jährlich stattfindet und großen Zulauf hat, wenn sie fürs gemeine Volk geöffnet wird.

Auch in die Oper und ins Theater gehen die fröhlichen Städter gerne, und die Stimmung, etwa auf der Gran Via mit ihren vielen Boulevard- oder Musical-Theatern, ist am Wochenende einzigartig. Dann schnattern all die fein zurechtgemachten, in jeder Nuance gefärbten und duftenden Herrschaften wild durcheinander, lachen und wedeln mit ihren bunten Fächern die Hitze weg, während sie schlangestehend auf den Einlass warten. Madrid-Besucher sollten sich nicht darauf verlassen, an der Abendkasse noch Karten für mehrere Personen zu bekommen.

Ebenfalls heiß begehrt sind die Plätze in der Oper, im herrlichen Teatro Real mit seiner hervorragenden Akustik – und schwierig zu bekommen. Man sollte sofort nach Verkaufsbeginn zuschlagen, der in der Regel viereinhalb Wochen vor der ersten Vorstellung beginnt, sonst gibt es nur noch wenige, sehr teure Tickets.

Ich habe gelernt. Nicht nur Premieren, zumindest alle, auf die ich scharf war, sind innerhalb weniger Tage ausverkauft, und von den insgesamt 1750 Sitzen bleiben vielleicht hundert Eselsplätze – entweder die erwähnten superteuren oder die mit eingeschränkter Sicht und ohne Beinfreiheit. Letzteres ist übrigens GANZ WICHTIG in Spanien, denn wie haben wir schon gelitten!

»Wenn das nächste Stück nix ist, gehe ich«, drohte einmal der eine Sohn, der kleine Sohn, der scharf auf die zwei Meter zugeht. Es war auf einem Nacho-Duato-Ballettabend. Während sich die Tänzer auf der Bühne prachtvoll verrenkten, kugelte er sich auf seinem Samtstühlchen das Knie aus. Das behauptete er zumindest stöhnend und zischend.

Die Sesselchen in den Theatern sind leider nicht für Großwüchsige gemacht, selbst in ganz neuen Theatern wird unsäglich eng bestuhlt, obwohl allgemein bekannt ist, dass die Spanier größer geworden sind.

Ana, alltäglich mit ihren Studenten und jungen Verwandten konfrontiert, behauptet allen Ernstes, sie selbst gehöre zur »letzten Generation der Zwerge«.

Was mich unweigerlich an den winzigen Schuhladen um die Ecke erinnert. Um diesen Laden, der im *bajo* liegt, im Souterrain, betreten zu können, muss man entweder höchstens eins vierzig hoch sein oder ein begnadeter Limbotänzer. Vom Bürgersteig aus steigt man ungefähr fünf winzig kleine Stufen hinab, die für winzig kleine Füßchen gemacht sind. Menschen mit Füßen wie Schiffe müssen quer hinabsteigen, um die Treppe gefahrlos passieren zu können. Gleichzeitig muss man den Oberkörper enorm zurückbiegen, um durch die Tür zu kommen, die mir kaum bis zur Schulter geht und zudem ebenfalls ganz schmal ist.

Doch was tut man nicht alles für einen neuen Absatz.

Wenn man den dann hat, kann man sich ins Teatro Real begeben. Mehr als zwei Karten pro Person und Oper – bei Konzerten hingegen schon – bekommt man übrigens nicht, was durchaus verständlich ist, weil das Opernhaus relativ klein geraten ist. Vor allem die opulente Königsloge räumt auf den besten Plätzen. Sie ist zwar prachtvoll, nimmt aber zwei ganze Ränge in Anspruch und somit viele schöne Plätze. Das ist schon schade.

Die billigsten befinden sich übrigens oben im »*Paraiso*« – für all jene geeignet, die nicht an *vertigo* leiden. Dort ist es nämlich atemberaubend hoch und atemberaubend steil.

Ähnliches gilt für Las Ventas, Madrids weltberühmte Stierkampfarena. Die größte und allerbeliebteste sämtlicher spanischen *fiestas* ist nämlich die *fiesta de los toros*, die Stierkampfsaison.

Für mich persönlich fällt der Stierkampf dagegen eher unter die Rubrik »Was man noch nie wissen wollte über Spanien«, doch mit dem Stierkampf, neben Flamenco, assoziiert fast jeder Ausländer sofort das Land: Wer erinnert sich nicht an jene berühmten Osborne-Stier-Silhouetten an der Autobahn, damals im Urlaub …

Der Stierkampf ist in Spanien Kult und Kultur, er zählt wie Literatur, Malerei oder Musik zu den schönen Künsten. Die angebliche Lieblingsbeschäftigung der Spanier – laut Umfragen geht die Mehrheit der Spanier angeblich niemals zu den Kämpfen – ist eine Mischung aus Sport, Kunst und (Medien-)Kultur. Zudem ist es eine milliardenschwere Branche, angefangen vom Kampfstierzüchter bis zum Souvenirladen.

Pro Jahr finden in Spanien ungefähr zweitausend Kämpfe statt, ein durchschnittlicher Kampf fordert drei Matadoren sowie sechs Stiere. Jetzt kann ein jeder ja rasch mal hochrechnen, wie viel Ochsenschwanzsuppe das ergibt. Ganze Fernsehkanäle widmen sich der Live-Übertragung und Kommentierung der Kämpfe, die Sportteile der großen Tageszeitungen haben ihre Stierkampf-Koryphäen, und viele Kneipen sind Live-Übertragungs-Orte.

Die Zuschauer genießen dann ihr Bier unter ausgestopften Stierköpfen – oder harmloser unter einer *muleta,* dem sprichwörtlichen roten Tuch – und bewundern die vielen Fotos an den Wänden. Es gibt unzählige Bars in Madrid, deren Wände mit Schwarzweißfotos aus vergangenen, doch glanzvollen Taurino-Zeiten gepflastert sind: viele, viele Fotos von den großen Kämpfern wie Paiquirrí oder Manolete oder El Cordobés (also der Alte, nicht der jetzige Manuel Díaz) und viele, viele Fotos von den berühmten Zuschauern. Abgesehen von den üblichen Verdächtigen wie Hemingway und Picasso finden sich dort auch Feingeister wie Cocteau und »Prinzessin« Grace Kelly oder »Prinzessin« Jackie O.

Über El Cordobés, der ja ein wahrer Mythos war, sagt Pilar übrigens, dass er ein ganz schlechter Torero gewesen sei, gar ein Betrüger, der sich des dramatischen Effekts wegen extra mit Blut beschmiert habe und statt einem oft acht bis zehn Anläufe brauchte, um den Stier zu töten.

In diesen Bars, zugegebenermaßen nicht meine Welt, laufen rund um die Uhr alle Kämpfe, und die Fans treffen sich und geben ihre Kommentare ab, während der Matador auf der Leinwand stolz seine abgeschnittenen Ohren herumzeigt, die des Stiers natürlich. Je mehr Ohren, desto besser. Schwänze darf man manchmal auch abschneiden, in Madrid aber seit einiger Zeit nicht mehr, so viel habe ich von den Regeln dieses »Sports« inzwischen verstanden, und das reicht auch schon.

Doch der Stierkampf ist nun mal Teil des spanischen Alltags und damit auch des Sports.

Falls jetzt jemand denkt, nur in Pamplona treiben entweder Alkoholisierte, Ausländer oder Wahnsinnige die Stiere durch die Stadt, so irrt er. Im gesamten Land werden *corridas* und *encierros* improvisiert. Oft schon sind wir auf unseren Wochenendausflügen in Dörfer geraten, wo die Einheimischen gerade dabei waren, die Zugangsstraße mit großen Holztoren und die Nebenstraßen mit Gattern (praktischerweise ochsenblutfarben gestrichen) abzuriegeln. Wir haben jedes Mal gemacht, dass wir davonkamen.

Mit grenzenlosem Einfallsreichtum reizen die Leute die Stiere: Zu Pferde oder mittels artistischer Einlagen treiben sie ihn ins Meer, in Swimmingpools oder wie in Valencia ins STRANDBAD, und manchmal zünden sie den Jungstieren auch die Hörner dabei an oder befestigen brennende Äste daran. Dieses Eintreiben der Stiere gibt es auch virtuell, *encierro virtual* heißt das dann und ist der letzte Schrei in der *mundo taurino*, der Stierwelt, eine Art »Trockentraining« für Pamplona und Co.

Um den richtigen Laufrhythmus für den großen Tag zu finden, rennt der Sportler sich zuvor auf dem Laufband unter fachkundiger Anleitung eines anspornenden Trainers warm. Auf einem großen Bildschirm werden mitlaufende Menschenmassen und Stiere simuliert, die der Sportler unter seiner Cyberspace-Brille dreidimensional wahrnimmt.

Der Stierkampf spaltet nicht nur die Nation, sondern auch die Königsfamilie: *Reina* Sofia ist im Gegensatz zu ihrem Gatten Juan Carlos und zu Tochter Elena eine erklärte Stierkampfgegnerin.

Auch der *tertulia indiscreta* findet die *toros* ein »ganz schwieriges Thema«, weil alle Beteiligten einerseits die *fiesta* an sich lieben und weil es Tradition ist. Man geht »zu den *toros*« wegen der ganzen Atmosphäre in der Arena, man bewundert die Kunst des Kämpfens, die komplizierten Schrittfolgen ... aber das mit dem armen Tier ist eben so eine Sache.

Maite verteidigt die *fiesta* und bittet mich, sie trotzdem nicht für »salvaje«, also eine Wilde, zu halten. »Ich habe ein *corazón partido*«, erklärt sie mir, sie sei hin- und hergerissen zwischen Leidenschaft und Abscheu.

So geht es vermutlich vielen Spaniern.

Dennoch gibt es sowohl überzeugte Anhänger wie auch überzeugte Stierkampfgegner, die der Meinung sind, dass der Stierkampf dem Image Spaniens nur schadet.

Diese *antitaurinos*, wie etwa die Aktivisten von PETA (*personas por la ética en el trato de los animales*), vertreten die Ansicht, dass man Tradition nicht mit Barbarei verwechseln dürfe. Hierzu soll nur kurz angemerkt werden, dass die Spanier mit aktiven Stierkampfgegnern nicht zimperlich umgehen. Gut, gut, Las Ventas ist nicht der Platz des Himmlischen Friedens, aber einer der Demonstranten/-innen haben sie den Arm gebrochen, als sie sie bei einem Protest in der letzten Saison aus der Arena zerrten. Einer Handvoll Leute, sehr junger Leute, war es gelungen, bis ins Heiligste vorzudringen. Das erste Mal in der Geschichte der Arena hat dort jemand protestiert, allerdings ohne nennenswerten Effekt.

Tierquälerei oder Kunst? Maite überreichte mir einmal ein Buch, ein Regelwerk über den Stierkampf. Dass Stierkampf kein wildes Gemetzel ist, war mir schon auf Seite eins klar, aber auf Seite drei habe ich aufgegeben: Tausende von Regeln, alles bis ins kleinste Detail festgelegt, jeder einzelne Schritt, selbst die Musik.

Bemerkenswerterweise erachtet ungefähr die Hälfte der Spanier den Stierkampf trotzdem nicht als Kunst.

Auch bei den Toreros trennt sich die Spreu vom Weizen, es gibt die Medienstars und die Puristen. Und deren Frauen. Denn wenn die Toreros in Spanien schon Superstars sind, so sind es ihre Gattinnen oder vielmehr Exgattinnen fast noch mehr. Die Medienstars sind alle gutaussehend und legen mehr Wert auf ihre Werbewirksamkeit als auf den Kampf, sprich: Sie sehen, dass sie mit dem Leben davonkommen, und befinden sich leistungstechnisch auf einem eher mediokren Level, wie Kenner behaupten. Für mich persönlich sieht das alles irgendwie gleich affig aus.

Typische Vertreter dieser Zunft sind zwei Brüder, die aus einer legendären Stierkämpfer-Dynastie stammen, beide Sprösslinge eines sagenhaften DIESTRO, der in den Achtzigern durch Stier starb. Nebenbei gesagt, hatte jener Diestro noch aus einer anderen Verbindung mit einer berühmten Tonkünstlerin, die später mit einem korrupten Bürgermeister liiert war – jaja, hier bleibt alles in der Familie, weil alle irgendwie mindestens dreimal kreuz und quer verheiratet sind –, noch einen anderen Sohn. Dessen Rufname ist, soweit ich gehört habe, eine reine Beleidigung, allerdings ist er zu dick zum Stierkampf und eröffnet deshalb nur Diskotheken.

An dieser Stelle ein kleiner Exkurs zu einem witzigen spanischen Phänomen: In den sogenannten »besseren Kreisen« ist es absolut verpönt, dass junge Pärchen unverheiratet zusammenleben. Sind sie jedoch erst mal verheiratet, sei es miteinander oder mit jeweils anderen Partnern, können sie die Sau raus- und damit keinen Skandal auslassen. Zig Geliebte, zig Scheidungen – wen schert's? Der Spanier heiratet oft und gerne, und dumm nur, wenn man es *lamentablamente*, bedauerlicherweise, aus Liebe tut. Zumindest hörte ich das mal.

Zurück zu den berühmten Halb-, Stief- oder Stierbrüdern: Die beiden sind echte Stars und einer hübscher als der andere.

»Wie gut er wieder aussieht«, entfährt es selbst Ana und mir als absoluten Stierkampf-Hasserinnen, wenn einer der Diestro-Sprösslinge über die Mattscheibe in unserer Lieblingsbar flimmert.

Die Medien-Toreros sind eher Models als Kämpfer, tatsächlich sind sie Werbeträger, einer wirbt unter anderem für einen italienischen Designer, seitdem nennen ihn die *aficionados* nur noch hämisch »Armani-Torero«.

Ausgerechnet als er in der *plaza de toros*, der Stierkampfarena, von Palencia das erste Mal einen vom Meister höchstpersönlich entworfenen Anzug trug – der pure Glamour, soweit ich mich erinnere ein Träumchen aus Rosa und Gold –, spießte ihn der Stier auf und verletzte ihn übel. Hat also nix geholfen, der ganze Designer-Fummel.

Im Übrigen gilt: so wie unten in der Arena, so auch oben auf den Rängen. Sehen und gesehen werden, lautet ganz sicher das Motto der Las-Ventas-Besucher, zumindest des nicht unbedeutenden Anteils der Reichen und Schönen. Die *fiesta de los toros* ist für einige Besucher ein »*cibeles* für Fortgeschrittene«, also ein Schaulaufen, eine Modenschau und damit ein unbedingtes Highlight der Frühsommer-Saison, an dem man neue Frisuren, Klamotten, Ringe und Liebhaber ausführen kann.

El País nannte das Ganze einmal eine »*corrida goyesca*«, wenngleich in erster Linie wegen der historischen Kostüme der Zuschauer, aber auch im übertragenen Sinne gilt: Besser kann man es nicht ausdrücken.

Auf Deutsch: Oktoberfest! Dort werden die Ochsen am Grill aufgespießt, das ist der einzige Unterschied.

Das Gegenteil der Medien-Matadoren, die smart und kosmopolitisch nicht nur Werbeträger für Kleidung oder Immobilienfirmen sind, sondern auch für die alte Tradition des Stierkampfs, die sie mittels ihres Images als Sport ins Ausland tragen, sind die Puristen.

Der derzeit berühmteste, ein *torero del arte*, also ein Vertreter der sogenannten echten Stierkampf-Kunst, ist ein schmaler, stiller junger Mann. Einer, der vor dem Stier nicht wankt und weicht und der eher sterben würde, als vorsichtig oder ängstlich zur Seite zu tänzeln, was ihm das Publikum hoch anrechnet. Er wird als Gott verehrt, und die Spanier nennen ihn nicht nur *maestro*, wie üblicherweise die Toreros (ich kannte diese Ehrbezeichnung bisher nur für Dirigenten), sondern er ist der einzig wahre, göttliche Kämpfer, eben auch ein Diestro.

Er ist derzeit einer der Besten, da sind sich alle Spanier einig – alle außer Maite, die findet ketzerisch einen anderen viel eleganter –, weil er dem Tod durch Stier extrem kaltblütig und nervenstark ins Auge blickt. Er bewegt sich wenig und wird als der Philosoph unter den Toreros erachtet, manche nennen ihn auch einen Suizid-Torero. Damit ist er das genaue Gegenteil der Medien-Toreros. Überaus ernst, scheu, fast eigenbrötlerisch meidet er jeden Rummel, gibt kaum Interviews, lebt zurückgezogen seit Jahren mit derselben Freundin und hört am liebsten Camarón (de la Isla), einen leider viel zu früh an Lungenkrebs verstorbenen Flamenco-Sänger, den ich ganz nebenbei hier nur sehr empfehlen kann.

Über die musikalischen Vorlieben der Medien-Gebrüder ist mir nichts weiter bekannt, sie treiben sich jedoch häufiger in wechselnder weiblicher Begleitung in Diskotheken herum, bevorzugt mit ehemaligen Miss Españas. Eifersüchtig wie Schönheitsködiginnen sind die Toreros übrigens auch, da gönnt der eine dem anderen nicht die Butter, sprich die Medaille, auf dem Brot. Die herausragendsten Vertreter der Stierkampf-Kunst werden vom Kultusministerium nämlich mit Medaillen bedacht.

Abschließend zu diesem vielleicht spanischsten aller spanischen Themen möchte ich noch berichten, wie ich einmal in einem der *taurino*-Lokale einen Kampf mit ansah oder vielmehr mit ansehen musste. Ich stand an der Bar und kam nicht umhin, das Geschehen auf der Riesenleinwand, die das gesamte Lokal dominierte, mitanzusehen, und mir blieb das Bier oder die Olive förmlich im Halse stecken. Da stand ein Stier, blutend und gespickt mit Spießen, in der Mitte der Arena, und ich habe ihn – ich schwöre es – ich habe das Tier weinen sehen. Eine Träne rann ihm langsam aus dem Auge, und er stand da in der gleißenden Sonne und wollte nur noch weg, weg aus dem grellen Licht, weg von dem albernen Torero und dem kreischenden Volk, weg, um zu sterben, allein, im Schatten. Ich werde das nie, niemals vergessen.

Denn bevor DER HELD, der Matador, der Torero, ihm den Rest gibt, ist der Stier schon schwer verletzt. Das hat mir Pilar später mal erzählt. Die *picadores* und *banderillos* haben ihn schon in den »Eröffnungsakten« mit gezielten Stichen in die zentralen Muskeln traktiert und ihm so schwere innere Verletzungen beigebracht. Sie hat das vor vielen Jahren mal aus nächster Nähe gesehen und war darüber ohnmächtig geworden. Es war ihr zweiter und letzter Besuch in der Arena.

Übrigens ist es in Spanien Usus, auch einen Helden des Alltags als »*torero*« zu bezeichnen. Sei es, dass er gerade Vater geworden ist (klar, schon anstrengend, so eine Geburt), ein Lotterielos gewonnen oder eine Krankheit überwunden hat: *To-re-ro* schreien die ihn Feiernden dann rhythmisch und heben den Superman gerne mal auf die Schultern.

Eben!

8

Überleben

Da wir auf unseren zahlreichen Exkursionen quer durchs Land und auch durch die Stadt gerne das Automobil benutzen und auf der Iberischen Halbinsel schon Tausende von Kilometern zurückgelegt haben, darf ich mich mit gutem Gewissen als Verkehrsexpertin für spanisches Fahrverhalten bezeichnen.

Was beim durchschnittlichen deutschen Autofahrer, geplagt mit der Normalpackung Dauerregen, -schnee und -hagel, große Heiterkeit erzeugen kann, ist die Übervorsicht, mit der die spanischen Motorsportler selbst dem geringsten widrigen Wetterchen begegnen.

Wenn die halbe Costa Brava absäuft, Galizien unter Hagelstürmen leidet und auf Mallorca die Wasserfontänen meterhoch aus den Straßengullys schießen – okay, da kann man als Autofahrer schon mal das Tempo drosseln. Auch bei den sich in letzter Zeit häufenden Schneeschauern, die eisglatte Straßen so mit sich bringen, ist das sicher richtig. Ohnehin gibt es GEFÜHLT in Spanien in letzter Zeit mehr Schnee als in Deutschland oder Österreich, so kommt es mir zumindest vor, wenn ich die Bilder aus dem Land betrachte, das sich von den Madrider Hausbergen der Sierra bis hoch nach Burgos, Vitoria und Boí Taüll zu einem einzigen herrlichen Skigebiet auszuweiten scheint von November bis Februar.

Das ist mit Sommerreifen natürlich problematisch. Dann werden die Schneeketten aufgezogen, was die Straßen natürlich auch nicht besser macht …

Doch auch bei nur geringen Schauern, einem gemütlichen deutschen Nieselregen vergleichbar, wird im ganzen Land der *alerta naranja* ausgelöst, Alarmstufe Rot oder eben Orange, und die Pendler kriechen mit gefühlten zwanzig Stundenkilometern, das Näschen angstvoll an die Windschutzscheibe gepresst, über die Stadtautobahnen ins Centro. Da kommen nur die Scheibenwischer mit ihrer atemberaubenden Geschwindigkeit so richtig in Fahrt.

Jener berühmte Himmel von Madrid, für gewöhnlich atemberaubend strahlend blau, hat seine Schleusen geöffnet – selten genug. Aber wenn es hier mal regnet, dann oft heftig bis sintflutartig, zumindest meiner Beobachtung der letzten paar Jahre nach. Früher war das wohl anders, wie überall.

Und jedes Mal, wenn es regnet, kollabiert die Stadt.

Es wird den Bürgern Madrids aber auch schwergemacht. Da wären zum einen die neuen Tunnels der M-30, einer Art Stadtring, erst 2007 mit viel Aufwand fertiggestellt und als »pharaonisches Unternehmen« bezeichnet, mit deren Ausführung sich die Stadtoberen vielleicht verhoben hatten – »hypothekiert«, wie es hier so schön heißt. Bereits kurz nach der Eröffnung standen mehrere Teile des Rings erstmals unter Wasser und waren dann mal gleich für vierundzwanzig Stunden gesperrt, weil die Feuerwehr so lange brauchte, um das »Schwimmbad« leer zu pumpen.

Dieses Meisterwerk der Ingenieurkunst kostete die Anwohner der betroffenen Viertel während seiner Bauzeit viel Nerven und Staub, die wegen der kilometerlangen Baustellen quer durch die Stadt umgeleiteten Bürger viel Zeit und den Staat viel, viel Geld. Nämlich viele Millionen von Euros, die die Stadt Madrid zu einer der hochverschuldetsten Europas gemacht haben.

Der Bürgermeister ist sich dieses mysteriösen Missstands in den funkelnagelneuen Tunnels durchaus bewusst und erklärt regelmäßig, dass man daran arbeite.

Mehrere Tage nach der Sintflut hatte sich herausgestellt, dass die ganze Schuld am Projekt »Madrid Rio« lag. Die Stadtverwaltung will nämlich über kurz oder lang das stille bis ausgetrocknete Stadtwässerchen Manzanares wieder in Fluss bringen. An den Ufern werden Palmen blühen, Sandstrände werden aufgehäuft werden wie in Berlin, und Eisverkäufer werden kommen und Strandbars, und Touristen werden für teuer Geld Liegestühle mieten, mitten in Madrid. Barcelona kann dann endgültig einpacken, wenn die Menschheit sich an und um die M-30 herum in den paradiesischen Gärten des Manzanares verlustiert. Das Projekt haben die Verantwortlichen übrigens schon so schön und plastisch vermarktet – selbst in deutschen Zeitungen gab es Artikel darüber –, dass manch ein Fremder glaubt, der Stadtstrand existiere bereits. Jedenfalls wurde ich schon mehrfach darauf angesprochen. Irgendwann einmal wird es sicher so weit sein, doch im Laufe der weltweiten *crisis* hat die Stadt das ehrgeizige Projekt erst einmal eingefroren.

Es gab also – nicht das erste Mal, wohlgemerkt – ein Problem mit der Wasserkanalisierung, irgendein Loch vom Projekt Flussbelebung zu einer Tunnelmauer der M-30, eine »Folge von unglücklichen Umständen«, wie es hieß. Wirklich sehr schön und typisch spanisch war in dem Zusammenhang die folgende Bemerkung der Bauverantwortlichen, die feststellten, dass »nichts passiert WÄRE, wenn es nur drei Tage später so enorm gehagelt HÄTTE«.

Das ist ungefähr genauso gut wie der Zeitungsartikel eines Sportreporters, der eigentlich nur aus lauter Konjunktiven bestand:

Also, WENN Hamilton nicht die Pole-Position gehabt und WENN der Reifenwechsel von Raikkonen und WENN der Bolide von Renault und WENN es geregnet HÄTTE (aus irgendeinem Grund fährt Alonso offenbar bei Regen besser) und WENN noch diese Zehntelsekunden-Strafe hinzugekommen WÄRE, dann WÄRE doch Alonso ... eigentlich IST er doch der Beste, und er hat ja auch bald – also in ein, zwei Jahren – das neue Auto, den Neunundzwanziger, und DANN haben die Loser von Ferrari und McLaren keine Chance mehr, und somit IST er ja auch theoretisch noch ganz weit vorne auf der Weltrangliste, eigentlich IST er der WELTMEISTER.

Tja, da wären allerdings noch die siebzehn oder wie vielen anderen vor ihm.

Oder an anderer Stelle, anlässlich des GP von Australien, hieß es dann: Alonso KÖNNTE Zweiter gewesen sein, ohne die Diffusoren, wenn die FIA die Dinger eventuell doch noch für illegal erklären WÜRDE ...

Da war wohl eine *tinto* zu viel im Spiel beim Schreiber, oder er ist einfach ein unheilbarer Alonso-*aficionado*, ein Getreuer, blind bis zum Anschlag.

Als ich jene Zeilen etwas verstört Diego zeigte, grinste der nur. »Typisch spanisch!«, sagte er.

Und Óscar, der immer so süß aussieht und lacht, wenn er ganz fiese, gemeine Sachen sagt, schaute leicht angewidert auf meine Zeitung mit dem im Konjunktiv gehaltenen Artikel und fragte: »Was liest du denn da überhaupt?«

Ich las *prensa gratuita*, kostenlose Presse, die täglich verteilt wird, aber nicht generell schlecht ist, wenn dort auch nicht die Edelfedern des Landes versammelt sind.

Óscar rührt diese Blätter natürlich nicht an, ließ sich aber an jenem Tag gnädig dazu herab, mal einen Blick auf den Artikel zu werfen. Dann knurrte er erbittert: »Das ist Spanien.«

Übrigens seine stereotype Aussage für ALLES, was dieses Land betrifft.

Ja, von wegen! Den unsympathischen Fernando A. lieben sie, aber Vertrauen in ihre Fußballmannschaft mit dem netten Iker C. hatten sie nicht. Wie hat der *tertulia indiscreta* und mit ihm ganz Rest-Spanien gehöhnt, keiner hatte anfangs einen Pfifferling auf seine überragende Mannschaft gesetzt (außer wir deutschen Immigranten), stets haben sie abgewinkt und geklagt: »Ach, im ersten Spiel sind wir immer gut, aber dann, das klappt doch sowieso wieder nicht ...«

Nachdem sie den Eurocopa oder Europacup geholt hatten, haben sie es natürlich ALLE vorher gewusst. Klar.

Selbst Ana, wahrlich keine Fußball-Fanatikerin, war völlig aus dem Häuschen. »WIR haben gewonnen«, jubelte sie, die natürlich das Endspiel der spanischen Mannschaft gegen Deutschland (und MICH) verfolgt hatte, als am folgenden Morgen der *tertulia indiscreta* mit solidem Dreiachtelwissen über den Eurocopa fachsimpelte.

Das Witzige dabei war, dass sie und ihr Mann diesen

Triumph nur leicht zeitverzögert erleben konnten, da ihr TV irgendwie über Internet läuft und ein paar Sekunden Realzeit hinterherhinkt. So haben die beiden schon immer das Siegesgebrüll von ihren Nachbarn respektive von ganz Madrid gehört, bevor sie das entsprechende Tor selbst sehen konnten.

So viel zu den Konjunktiven vom Sport, der Madrider Stadtverwaltung und den neuen Tunnelwänden der M-30.

Der absolut irrste Tunnel Madrids ist für mich übrigens – neben dem Geisterbahnhof Chamberí, *typo* Alexanderplatz einst – der Busbahnhof von der Avenida América.

Ich bin da mal zufällig mit den Kindern gelandet, nachdem uns der Kindsvater wegen eines plötzlichen dringenden Termins quasi an der Autobahn aussetzte. Echt spacy, voll abgefahren in jedem Sinn – da gurken mindestens zweihundert Busse auf dem täglichen Fahrplan rum.

Die Avenida América im Untergrund ist Science-Fiction pur, eine dunkle, feuchte Höhle im Bauch der Stadt, auf mehreren Ebenen, viel besser als die anderen Busbahnhöfe der Stadt, die schlicht nur schäbig-trutzig anmuten. Mit riesigen Ventilatoren, schmauchenden Turbinen, unzähligen Bussen, schwitzenden Passagieren und dem Halbdunkel der Auf- und Abgänge ist die Avenida América die unbestrittene Königin der Unterwelt. Da zischt und dampft und röhrt und tropft es, Höllenlärm und Höllenschlund, eine irrwitzige Kulisse.

Witzigerweise befinden sich mehr oder weniger direkt darüber die *torres blancos*, die (ehemals) weißen Türme. Ober- und Unterwelt in *perfect harmony* sozusagen. Die *torres blancos* waren so ungefähr 1969 der letzte Schrei, das hippste vor Ort, die schicksten und modernsten Apartments befanden sich in diesem Turm-Rondell. Heute sind die weißen Türme schmutzig grau, zumindest von außen. Innen hat man sie erst unlängst aufgeschickt, ein Agglomerat von Kurven, Treppen und labyrinthisch angelegten Wohnungen. Eine Überraschung wartet hinter jeder Ecke, es gibt Swimmingpools auf dem Dach und Luxuslofts mit ungewöhnlichem Grundriss und Ausblick. All das hätte ich echt nicht hinter den tristen Fassaden vermutet, die zu begucken ich jedes Mal reichlich Zeit habe, wenn ich einreite über die Stadtautobahn A2 und wie immer im Stau stehe.

Der wie immer atemberaubend ist.

Den Atem rauben kann einem auch die madrilenische Luft, an deren Qualität ebenfalls gearbeitet wird. Spätestens bis zu den Olympischen Spielen im Jahr 2016, deren Patronat Madrid unbedingt bekommen will, soll der allgemeine europäische Standard erreicht sein. Von den hiesigen Ozonwerten schweigen wir mal lieber, Madrid nimmt auf der Liste der europäischen Städte nämlich einen der allerletzten Plätze ein – kommt also weltrankingmäßig quasi direkt hinter Mexico City oder Dhaka.

Obwohl es angeblich in den letzten sieben Jahren deutlich besser geworden sein soll, werden die *ecologistas en acción* nicht müde, darauf hinzuweisen, dass Madrid die schmutzigste Kommune Spaniens sei, deren Kontaminierung zu achtzig Prozent vom Autoverkehr stammt.

Zusätzlich zu dem ganzen Dreck weht auch noch ab und zu das *polvo africano* herüber, der afrikanische Wüstenstaub, der einem außerdem die Augen und Lungen verklebt. An manchen Tagen, besonders oft im Spätsommer, wird Madrid von diesem *polvo* regelrecht heimgesucht. Der »Wüstensand« paart sich dann mit den Autoabgasen von Millionen von Kraftfahrzeugen. Sobald man sich auch nur ein paar Kilometer ins höher gelegene Umland begibt, kann man dort unter unverschämt strahlend blauem Himmel sehr schön die schwarze Kontaminierungsglocke über der Stadt sehen. Die berühmten Türme im Norden Madrids verschwinden fast völlig im giftig graugelben Smog und zeichnen sich kaum noch ab.

De Madrid al cielo, das erwähnte Stadtmotto, kann man in solchen Momenten durchaus sprichwörtlich begreifen: Jeder echte Madrilene ist von der unbedingten Nähe der Kapitale zum Allerhöchsten überzeugt, vom himmlischen Madrid ist es nur ein kleiner Schritt ins Paradies, denn da kann ja nicht mehr viel kommen!

In der Tat – das kann bei DER Luft schneller gehen, als man denkt.

An solchen Tagen, die einem die Augen brennen lassen, empfiehlt die Stadtverwaltung vorausblickend, keinen Sport an der frischen Luft zu betreiben.

»Klar haben wir heute Sport im Freien gemacht«, erklären meine Kinder treuherzig und ohne sichtbare Beschädigung, wenn ich mir die schmerzenden Augen reibe, nachdem ich den ganzen Morgen in der Stadt unterwegs war und sie ächzend frage, ob bei ihnen wenigstens Fuß-/Hand-/Volley- oder Basketball ausgefallen ist.

In Madrid wird gelegentlich auf Anregung des durchaus ambitionierten Bürgermeisters für eine Woche das Thema »Freie Luft für alle«, das heißt tatsächlich so, also *aire limpio para todos*, ausgerufen. Dann schwingt sich der Chef höchstselbst aufs Fahrrad und radelt todesmutig durch die Stadt – etwas, was ich um nichts in der Welt wagen würde. Radeln in Madrid, da kann man sich gleich mit ausgebreiteten Armen dem nächsten Autobus opfern.

Selbstverständlich gibt es Radler in Madrid, wenn auch wenige. Fahrradfahren ist nicht gerade die große Leidenschaft des Spaniers, gerade mal 0,14 Prozent der Madrilenen schwingen sich aufs Rad. Ja, es gibt auch Radwege, und das Netz soll ausgebaut werden. Spätestens bis zur Olympiade 2016. Bis zu deren Start – alle gehen hier merkwürdigerweise jetzt schon davon aus, dass die Olympiade natürlich in Madrid stattfinden wird – sollen achtunddreißig Kilometer quer durch die Stadt an Fahrradwegen konstruiert werden, doch ich bezweifle, dass sie auch genutzt werden. Erstens scheinen mir Spanier und Fahrräder nicht kompatibel, und zweitens macht ein Fahrrad einfach nicht genug Krach, wenn schon Zweirad, dann eher Moped oder Roller.

Das Fahrrad als Transportmittel ist hier noch nicht wirklich angekommen, doch man bemüht sich. In diesem Jahr etwa organisierte der Tourismusverband in Madrid Kurse für die professionellen Fremdenführer, damit sie in der Lage sind, umweltfreundliche Radtouren durch die Innenstadt anzubieten.

So kämpft man sich Stückchen für Stückchen in eine bessere Umwelt hinein – in Barcelona werden dagegen auf Friedhöfen Photovoltaikanlagen installiert –, und wenn am Ende auch nur ein paar Fahrradtouren und ein bisschen Fußgängerzone herauskommen, immerhin.

Außerdem werden Bäume gepflanzt, auf den circa fünfzig Metern der künftigen *zona* in der Calle Fuencarral sollen es einst hundertachtundzwanzig sein, das ist doch etwas.

Wie man hier überhaupt gerne mit Zahlen protzt. Eine bedeutende Kommunalpolitikerin soll irgendwann mal intern verlautbart haben, man könne ruhig großzügig sein mit Zahlen, das zähle sowieso keiner nach!

Die Bürger sollen sensibilisiert werden, damit sie umweltbewusster leben und somit Emissionsausstoß und Lärm in ihrer Stadt reduzieren.

Zum Thema »Leben und Sterben in Madrid« hier schnell ein kleiner Überlebensratgeber: Gehen Sie niemals bei Grün über eine Ampel, zumindest nicht sofort! Immer erst schön abwarten, andere tapfere Fußgänger zum Test vorgehen und überleben lassen!

Wie oft habe ich es schon erlebt, dass Autofahrer mit gefühlten hundert über eine rote Ampel gebraust sind, und die denken auch noch, sie wären im Recht! Die scheinen allen Ernstes zu glauben, dass es die Fußgänger nur irritiert, wenn sie anhalten, denn Letztere bewegen sich im Großstadtdschungel, also auf freier Wildbahn, und müssen hüpfen und springen und sehen, wie sie durchkommen. An Ampeln ist für Fußgänger daher nicht nur bei Rot, sondern auch bei Grün besondere Vorsicht geboten. Nicht zuletzt auch deswegen, weil einige von den Dingern extrem kurz geschaltet sind und vor allem ältere oder gehbehinderte Bürger um ihr Leben fürchten müssen, wenn sie die Straße nicht schnell genug überqueren.

Die Stadtverwaltung von Madrid hat zu diesem

Zweck an vielen besonders breiten, bedeutenden und mehrspurigen Übergängen extra schöne weiße Männchen auf die Straßenübergänge malen lassen, ein Memento Mori gewissermaßen, teilweise noch eine dreistellige Zahl dazu – zur Erinnerung an die überfahrenen Fußgänger pro Jahr.

Gleiches gibt es auch für Autofahrer. An diesen Stellleitwerken auf den Autobahnen, die normalerweise zu besonderer Vorsicht und reduziertem Tempo wegen Wind, Schnee, Regen oder Glatteis auffordern, blinkt es dann giftgrün oder blutrot sinngemäß: »Erinnere dich, achtundvierzig Tote letztes Jahr.« Oder am zweiten Tag eines verlängerten Wochenendes, einer *puente*, von den reiselustigen Spaniern übrigens gerne genutzt: »Schon zweiundzwanzig Tote.« Oder an Feiertagen der Spruch: »*Volver es lo importante*, das Wichtigste ist, heil zurückzukommen.«

Auch am Montagmorgen ist das Erste, was man um sieben Uhr morgens im Radio hört, die knappe Bestandsaufnahme, das Resümee vom Wochenende: vierzehn Tote (oder mehr, selten weniger) auf Spaniens Straßen.

Es ist leider Fakt, dass es in Spanien doppelt so viele Verkehrstote gibt wie Deutschland, obwohl hier nur halb so viele Menschen leben. Das mag zum einen an der vielgerühmten Lässigkeit der spanischen Autofahrer liegen, die sich bei näherem und längerem Kontakt oft als grobe Fahr-Lässigkeit darstellt, zum anderen vielleicht daran, dass man hier auch gerne mal ohne Führerschein Automobilsport betreibt. Allein in Madrid machen angeblich über tausend Personen ohne *carné*, also Führerschein, das Land unsicher. Das erklärt natürlich vieles, vor allem aber die teilweise absurd anmutenden, unerklärlichen Unfälle wie irrationale Wendemanöver auf der Autobahn oder schier unglaublich riskante Überholmanöver quer über Rasenflächen.

Zudem wird der Anschnallpflicht weitgehend nicht Genüge getan. Spanier sind nun mal lebhafte Menschen, die ihre vielen Worte gerne mit weit ausholenden, lebhaften Gesten begleiten – da würde so ein Gurt nur stören. Doch auch wenn die Spanier sich nur ungern einquetschen und beengen lassen, kann es durchaus zu verpackungstechnischen Höchstleistungen kommen: Vor nicht allzu langer Zeit hat die Verkehrspolizei eine madrilenische Familie gestellt, die den Stauraum ihres Wagens optimal und nahezu meisterschaftlich genutzt hatte. Sämtliche Schwiegereltern saßen auf dem Rücksitz, einer hatte den Hund auf dem Schoß – alle unangeschnallt, versteht sich –, und die halbwüchsigen Kinder hockten im Kofferraum, gleich beim mitgeführten Schnaps und dem Warndreieck. So fuhr die Familie nicht etwa mal eben um die Ecke, sondern über dreihundert Kilometer in den Sonntagsausflug.

Nun kann man im Gegenzug sagen, dass es im Deutschland der siebziger Jahre GENAUSO war, und wir haben das auch überlebt – nicht gerade im Kofferraum –, dass die Eltern vorne Rothändle ohne Filter qualmten und wir im Fond unangeschnallt herumturnten. Übrigens weit entfernt vom mitwachsenden Designer-Auto-Kindersitz heutiger Zeiten, der ungefähr so viel kostet wie ein Gebrauchtwagen damals.

Na ja, es ist voller geworden, auf allen Straßen, und auch schneller. Die Kontrollen haben sich ebenfalls verschärft in Madrid, zumindest phasenweise. Auch mittags wird kontrolliert, nach dem Essen, zu dem ein Großteil der Bevölkerung wie erwähnt gerne Alkohol konsumiert.

Wenn man manchmal nachts am Wochenende durchs Zentrum fährt, auf einer der großen Querachsen, die als Paseo de la Castellana im Norden beginnt, in der Mitte am Cibeles-Brunnen Paseo de la Recoleta heißt, im Süden dann zum Paseo del Prado wird und die gesamte Stadt auf einer Länge von elf Kilometern durchzieht, unterteilt durch parkartige Alleen, könnte man meinen, die ganze Stadt sei besoffen. So wie die Sportsfreunde den mehrspurigen Paseo zum Ausfahren ihrer Prachtwagen nutzen und ihn mit einer Autobahn zu verwechseln scheinen.

Da kann man echt nur froh sein, wenn man kein Fußgänger ist.

Umgekehrt ist es immer wieder lustig, mit anzusehen, dass die Autobahn keineswegs nur von Autofahrern genutzt wird. Da radeln unter blitzenden aerodynamischen Helmen mit der weltweit identischen Neon-Radsportkleidung versehene, muntere Sportler auf der Standspur. Dabei nehmen sie auch gerne mal wie ein Automobil die nächstbeste Ausfahrt, um wieder auf ihren offiziellen Fahrradweg zu gelangen, den sie aus unerklärlichen Gründen verlassen haben.

Rätselhafterweise gibt es auch Fahrradwege, die oft kilometerlang parallel zur Autobahn verlaufen, wie beispielsweise in Richtung Colmenar Viejo, und nichtsdestotrotz rege genutzt werden. Schließlich gibt es nichts Schöneres als einen tollen Sonntagsausflug in die Natur, in die frische Luft und die Stille direkt neben der Autobahn.

Sport und Durchatmen.

Manchmal spaziert da – also auf der Standspur – auch eine nicht minder farbenprächtig gekleidete, offensichtlich fremdländische Familie entlang, die sich entweder verlaufen hat oder das Prickeln der Großstadt richtig authentisch erleben möchte. Oder solche Straßen aus der Heimat einfach nicht kennt.

Da auch die »Überlandbusse« auf dem Weg in die Randbezirke Madrids direkt an der Autobahn halten, kommt es gelegentlich vor, dass ein Vater mit seinem kleinen Kind auf dem Standstreifen steht, offensichtlich dazu bereit, die Autobahn zu ÜBERQUEREN, statt einen der extra dafür vorgesehenen Fußgängerstege zu benutzen. Fast immer, wenn ich jemanden zum Flughafen bringe, begegnen mir Passanten, die eine Abkürzung über die Autobahn suchen.

Wildschweine finden offenbar ebenfalls Gefallen an der Autobahn, denn nur wenige Kilometer vom Stadtzentrum entfernt, auf der A6 in der Höhe von Las Rozas, hatten sich einmal zwei wilde Säue entschieden vergaloppiert und sorgten für erhebliche Staus. Obwohl auf einer Strecke von mehreren Kilometern von Polizeiwagen eskortiert, kam einer der Abenteurer leider zu Tode, das jüngere Schwein konnte hingegen gerettet werden. Ein beherzter Polizist warf dem erschöpften Tierchen schließlich eine Decke über, so dass es sich ergab und widerstandslos in den Park von El Pardo überführt werden konnte.

Auch habe ich schon von einer Schafherde auf der A6 gehört sowie von einem müden Geier auf der *carretera* nach Castilla, beim Club de Campo. All diese Tierchen, Radfahrer und Passanten auf der Autobahn entbehren einerseits nicht eines gewissen folkloristischen Charmes, auf der anderen Seite sind sie brandgefährlich.

Eine ganz andere Gefahr für mich persönlich ist nicht etwa der Straßenausbau in Spanien, den der *tertulia indiscreta* leicht übertrieben »drittwelthaft« nennt – also ich habe schon Schlimmeres gesehen und kann das nicht bestätigen –, sondern die Beschilderung. Und zwar nicht nur in und um Madrid, sondern landesweit.

Meiner Meinung nach wäre es durchaus von großem Vorteil, wenn man die Abfahrtsschilder VOR der Ausfahrt montieren könnte und nicht – wenn überhaupt – erst mitten in der Kurve, nachdem Orientierungsspezialisten wie ich irgendwo auf gut Glück abgefahren sind und dann am Ende das ausgesprochen dezente, winzigkleine, in Schwarzweiß gehaltene Hinweisschildchen kaum entziffern können.

Überaus erbaulich ist es auch, wenn zwei Schilder mit demselben Ziel in zwei verschiedene Richtungen zeigen – ungefähr so wie bei meinem einen Sohn, dessen Bildschirmschoner auf himmelblauem Hintergrund zwei Schilder in dieselbe Richtung präsentiert, auf denen »Hell« und »Heaven« steht. Oder wenn die Hinweistafeln bis zur Unleserlichkeit zerkratzt oder lustig beschriftet sind, wie zum Beispiel in *Patones arriba*, wo jemand aus dem »*Patones*« ein »*Ratones*«, also »Ratten«, gemacht hat. Das waren ganz sicher ein paar Sportsfreunde aus *Patones abajo*, vermute ich, und das stört ja auch nicht weiter.

Festzustellen bleibt, dass in der Regel die Schilder immer erst in letzter Minute auftauchen, dabei wäre es schön, wenn man sie vor dem Abfahren rechtzeitig sehen und deuten könnte. Auch Autobahnen sind oft nur einmal angeschrieben, und es ist fatal, wenn man eine falsche Abfahrt erwischt. Hierzulande ist es nämlich nicht so wie in Deutschland, dass man dann automatisch auf die andere Seite rüber-, wieder zurück- und danach vielleicht richtig abfahren kann. Wie oft bin ich schon unendlich weit von meinem eigentlichen Ziel herumgeirrt – wie übrigens auch in Deutschland oder sonst wo –, ohne Navi und Stadtplan.

Selbst mit Navi, das ich nicht verstehe – wie rechts ist denn bitte schön »halbrechts«, oder wie viel sind zweihundertfünfzig Meter; ehrlich gesagt sehe ich keinen großen Unterschied zwischen hundertfünfzig und zweihundertfünfzig Metern. Und überhaupt, wenn ich schon diese Stimme höre – WENN ich sie überhaupt höre bei der Begleitmusik: »Rechts einfääääädeln.«

Bin ich im Handarbeitsunterricht, oder was?

Kurzum, das Navi und ich sind nicht kompatibel, und ich lege mich ganz bestimmt nicht mit einer Maschine an!

Allerdings bin ich auch kein lebender Kompass, wie manch einer, der scharf Südwest quasi im Blut hat. Ich bin aufgeschmissen mit falscher Beschilderung und deshalb schon mehr als oft in gottverlassenen, infrastrukturarmen Niemandsländern oder furchterregenden Gewerbegebieten gelandet, wo mir dann die Prostituierten, die dort bedauerlicherweise IHREM Gewerbe nachgehen müssen, den Weg zumindest ungefähr erklären konnten. Sie sprachen meist leider nur gebrochen Spanisch, und ich verstand ebenso gebrochen.

Einerseits kommt man auf diese Weise ganz schön rum und sieht Dinge, die man sonst nicht gesehen hätte. Andererseits hat man nicht immer die Zeit, die einem den Weg zum Ziel werden lässt.

Wenn dann schon mal eine Abfahrt fein übersichtlich ausgeschildert ist, so dass es eine Freude ist – dann ist sie möglicherweise gesperrt. Ich erinnere mich an eine ominöse Baustelle an der M-40 bei Villaverde Bajo, die das Befahren einer ganz kurzen Abfahrtstraße unmöglich machte. Ich musste einen ganz langen Umweg fahren, und das Komische daran war, dass an dieser sogenannten »Baustelle« nie gebaut wurde, nie war auch nur ein Bauarbeiter zu sehen, und monate- und sogar jahrelang ging nichts voran. Nur gesperrt war.

Das bleiben Rätsel des spanischen Alltags.

Aber das sind ja nur Kleinigkeiten, in der Regel fährt man ganz gut mit den Spaniern. Außerdem ist Autofahren schon allein deswegen okay, weil es wie erwähnt im Prinzip sicherer ist, als zu Fuß zu gehen. Jeder macht, was ihm gefällt, es geht einfach alles!

Das ist doch eigentlich schön und nicht so verbissen wie in Deutschland, wo sogleich die Polizei auftaucht und einem ein Ticket verpasst, wenn man vor seinem eigenen Haus auf seinem eigenen nicht an die Gemeinde abgetretenen Grund und Boden parkt – auf dem die Gemeinde ein Parkverbot erlassen hat –, um schwere, zur Reinigung bestimmte Samtvorhänge oder Teppiche einzuladen.

In Spanien ist das kein Problem, da parkt ein jeder, wo's eben geht. Und immer schön in der zweiten Reihe. Auch wenn die Leute theoretisch bereit WÄREN, Geld im Automaten zu lassen – Parkplätze sind rar, selbst wenn sich seit der *crisis* die Parksituation in bestimmten Stadtvierteln wie Chamartin ganz deutlich verbessert hat.

Es ist gang und gäbe, für kleine Erledigungen wie etwa Obst- oder Schmuckkauf oder einen schnellen Kaffee in der Bar in zweiter Reihe zu parken (in zweiter Reihe wird übrigens auch geparkt, um rasch mal einen Laden auszurauben). Wenn es dann draußen lang und vernehmlich hupt, weil einer der zugeparkten Fahrer nicht rauskommt, springt der Betroffene schnell auf, geht raus, fährt ein Stückchen weiter vor und parkt jemand anders zu, bis der wiederum hupt oder der Blokierer irgendwann freiwillig geht.

Eigentlich ganz praktisch dieses Verfahren, mache ich inzwischen auch, ehrlich gesagt. Und keiner regt sich groß auf, das ist das Tolle daran und zudem typisch spanisch und liebenswert und außerdem viel netter als Deutschland.

Andererseits – WENN sie einen erwischen, zocken sie einen unter Umständen derbe ab. Telefonieren am Steuer kann bedauerlicherweise sehr teuer werden, dafür ist aber das Überfahren einer roten Ampel relativ günstig, das kommt auf das Tempo an. Falschparken kostet ab neunzig Euro, und selbst wenn man mit Anliegerparkausweis nur ein winziges bisschen zu weit auf dem Zebrastreifen steht und den Kontrolleuren etwas vorheult und ihnen wahlweise das eigene Kind, den Hund oder die Wohnung in Reichweite zeigt, bleiben sie hart. Meist argumentieren sie damit, dass sie Strafen verteilen MÜSSEN, um ihre Quote zu erfüllen, was ich ihnen aufs Wort glaube, wenn schon durch die Presse geht, dass selbst Polizisten Kopfgeldprämien erhalten.

Wirklich schlimm ist dagegen, abgeschleppt worden zu sein. Ich empfehle jedem, das in Spanien zu vermeiden. Zum einen ist es sehr teuer, denn zur Abschleppgebühr kommt dann noch die Gebühr auf dem Autohof, die pro Stunde oder Tag bis zur Abholung berechnet wird – und allein zu diesen Autohöfen zu gelangen, ist ein echter Leidensweg.

Es ist mir in Spanien zweimal passiert, einmal vor Jahren auf einer Insel, wo mein Auto kilometerweit im Nirgendwo auf einer verlassenen Polizeistation à la »Assault-Anschlag bei Nacht« stand. Die Polizisten schienen sich verbotener Substanzen aus der Derivatenkammer bedient zu haben, als sie recht willkürlich einen Auslösepreis für unseren armen Studenten-2CV festlegten.

Das zweite Mal war in Madrid. Wir hatten Glück, dass der Wagen auf ein Grundstück nahe am Bernabeu-Stadion abgeschleppt worden war und nicht in jenes berühmt-berüchtigte *déposito*, eine Stelle zur Autoabholung, die etwa zehn Kilometer auswärts Richtung Valleca liegt, wohin sich kein *taxista* traut – nicht nur aus Angst um seinen Rückspiegel.

Diese Ecke ist ein berüchtigter Drogenumschlagplatz mit Junkies und Stacheldrahtidyll. Kein Bus, keine Metro fahren dorthin, und manche *taxistas* erbitten sich Polizeischutz, eine Eskorte der *policía nacional*, wenn sie sich überhaupt dazu bereit erklären, einen für ein Mördergeld dorthin zu kutschieren – abends oder nachts schon einmal gar nicht. Sie nennen das den *camino de miedo*, Weg der Angst.

Die Stadtverwaltung plant aus diesem Grund ein weniger gefährliches *déposito* in Vicalvaro, wo die Taxifahrer keine Angst um Autolack und Leben haben müssen. Im Übrigen wäre das ja auch bürgerfreundlich.

Leben und leben lassen, fahren und fahren lassen, lautet die Devise auf der *peninsula*. Mit oder ohne Blinker, oft nur die lässige Raucherhand als Richtungszeichen ausgestreckt, während die andere das *móvil* ans Ohr hält und (wahrscheinlich) der Beifahrer schaltet oder lenkt.

Wir haben uns angepasst und inzwischen sogar daran gewöhnt, dass immer, aber auch immer und gerne von ganz, ganz rechts nach ganz, ganz links gezogen wird, ohne Blinker und gegen alle Regeln quer durch. Wer größer ist, hat recht, man denke an die erwähnten Landcruiser mit Vierradantrieb in der Stadt. Sicher ist sicher, immerhin ist das besagte EINFÄDELN, ein zweifelsohne sinnvolles Verfahren, in Spanien weitgehend unbekannt, weshalb sich auch immer alles staut bis ultimo. Da blockiert der eine oder andere schon mal unschlüssig zwei Spuren, während er aus Langeweile nebenbei ein bisschen telefoniert und sich dann so unvermutet wie auffahrunfallträchtig dazwischendrängt.

Dementsprechend geht es dann ans Eingemachte, wenn die Kranken- oder Feuerwehrwagen auf eine Fahrgasse warten – das kann dauern.

Allerdings ist es klasse in Spanien, dass man bei großen Staus auf der Autobahn einfach auf eine Spur der nur mäßig befahrenen Gegenfahrbahn ausweichen kann, die eigens dafür abgesperrt wird.

Da klappt dann plötzlich auch das Einfädeln prima, etwa bei der zweiten Phase der *operación salida*, wie das hier heißt, der Operation Abreise, wenn an Sonn- und Feiertagen die ganze Stadt auf den Autobahnen steht. Die erste Phase ist dann schon vorbei, das war der Stau am Vorabend. Die Rückkehr im Posturlaubsstress wird übrigens *operación retorno*, Operation Rückkehr, genannt.

In Spanien wird nahezu alles zur »*operación*«, nicht nur Aktionen, die diesen Namen verdienen wie die *operacíon Atalanta* zur Bekämpfung internationaler Piraterie oder die *operación Serrano* zum aufwendigen Umbau eines Straßenzugs. Selbst eine profane Teerausbesserung wird zur grandiosen *operación asfalto*, wie auch die Casting-Show im TV, die zur *Operación Triunfo* geadelt wird, die Fastenkur für die Traumfigur mutiert elegant zur *operación bikini*, wenn Sommer und Strand nahen und man abspecken muss, und die ganzen zu bekämpfenden Korruptionsaffären werden ebenfalls zu *operaciónes*, heißen sie denn »Malaya« oder kosmopolitisch »Gürtel« – lustig auch immer die extravaganten Tarnnamen.

Ausgefeilte Logistik und sorgfältige, nahezu kaltblütige Planung machen dieses sonnige Land zum Schauplatz unzähliger generalstabsmäßig organisierter »Operationen«. Deshalb gleich zur nächsten, der »Operation Überholen«:

Wie schon im Zusammenhang mit laufenden Automotoren erwähnt, gibt DER SPANIER grundsätzlich nicht gerne auf und liebt es zudem sportlich. Ich bilde mir ein, das Unwohlsein eines männlichen Verkehrsteilnehmers förmlich atmen zu können, wenn ich ihn überhole. Diese Schmach kann er unmöglich auf sich sitzen lassen, und so ruht der stolze Spanier nicht eher, bis er es der unverschämten Frau gezeigt und sie seinerseits geschnippelt hat und mächtig und schnell an ihr vorüberzieht, um glücklich am Horizont oder in der nächsten Kurve zu verschwinden.

Da ich nur sehr ungern an die Grenzen unseres auch auf Bergstrecken durchaus leistungsfähigen Gefährts gehe, vor allem auf so ätzenden Strecken wie von Zaragoza nach Madrid, wo eigentlich JEDER an mir vorbeizieht, läuft der Chauvi-Autofahrer-Nationalstolz keinerlei Gefahr, von mir verletzt zu werden.

Anders, wenn der Kindsvater am Steuer sitzt – der fährt in einem solchen Fall den Wagen gerne mal aus und liefert sich mit den Einheimischen nervenzerreibende Duelle. Man(n) kann wohl nicht anders.

Bei allem Chaos, mir persönlich taugt solcher Verkehr insgesamt. Da kommt jeder durch, wenn auch manchmal etwas unkontrolliert, also *despistao*.

Jedenfalls ist kaum jemand so garstig wie in Deutschland, wo sich der gelangweilte Rentner bei seinem Mittagseinkauf, dem gleichzeitigen Höhepunkt des Tages, schon auf zweihundert Meter boshaft hupend der letzten freien Parklücke am Supermarkt nähert, um kundzutun, dass das SEINE ist, weil ihn alles andere viel zu VIEL ZEIT kostet. Die hat er nämlich nicht, der weißhaarige Alte in seinem gepflegten Garagenwagen aus erster Hand mit Lenkradbezug und Rückentroddeln.

Wahrscheinlich zeigt er einen auch noch an, weil der rechte Blinker nicht geht, und wahrscheinlich wird er später an der Kasse – klar ist er noch schnell vorgewitscht, wie zuvor in die Parklücke – noch ewig in seinem Kleingeldfach rumkramen oder feststellen, dass er die Bananen nicht abgewogen hat. Dann muss die Verkäuferin losrennen, und alle müssen warten, und alles ist lange nicht so charmant wie in Spanien und …

Fazit: Ich fahre gern in Spanien Auto, man muss halt aufpassen.

Wie überall.

9

Verlebt!

Die spanische Sensations- oder Revolverpresse ist wirklich skrupellos, angeblich übertrifft sie in ihrer Schamlosigkeit sogar die englische Yellow Press, die bekanntlich überhaupt keine Schmerzgrenze kennt. Hierzulande ist die Regenbogenpresse allerdings nicht gelb, wie es der Ausdruck *amarillismo* verheißt, sondern pastellfarben: *prensa rosa*.

Das Herz kennt keine Farbe. Und keine Grenzen.

Die Promis und/oder diejenigen, die es gerne werden wollen, also Personen oder Persönchen, *personijas*, wie man hier gerne sagt, werden von den Reportern gestellt. Auf dem Weg INS Gericht zum Beispiel, IM Gericht selbst auf der Anklagebank und draußen VOR dem Gericht, auf dem Weg ins wartende verspiegelte Auto. Dort öffnen sie dann den Mund, nicht nur für die Presse, sondern auch fürs TV, wie ich in diversen heldenhaften Selbsterfahrungs-Feldversuchen erfahren habe.

Neben Óscar bin ich die Einzige aus meinem spanischen Freundeskreis, die regelmäßig Fernsehen guckt, den anderen ist das zu blöd. Auch meine Familie, selbst die Kinder, verweigert sich dem spanischen Fernsehen. Für mich jedoch hat die fremdländische Programmgestaltung definitiv einen Exotenbonus, und irgendwie bilde ich mir ein, mittels TV sehr viel über Land und Leute lernen zu können.

Die grenzenlose Absurdität einiger Formate beobachte ich dennoch mit ungläubigem Erstaunen und zwiespältiger Faszination, ähnlich jener schaurig-schönen Freude von Kindern an wohligem Grusel. Spanisches Fernsehen hat für mich in etwa den gleichen Stellenwert wie unbekannte Stammesriten auf Neukaledonien.

Die Protagonisten sprechen hier ausführlich ins Mikro, auch wenn ihnen kurz zuvor hohe Haftstrafen angedroht wurden – man sollte meinen, dass es einem in diesem Fall durchaus die Sprache verschlagen kann. Sie äußern sich selbst dann noch bereitwillig über den Grad ihrer Befindlichkeit, wenn sie bereits mit einem Bein im Knast stehen. Oder mit einem Bein vorm Altar: Wenn hierzulande die ehemalige Miss España von vor zig Jahren zweimal mit demselben Mann zum Essen geht, fragt die Presse bereits nach dem Hochzeitstermin und dem ersten Baby. Weicht das Opfer dann mehr oder weniger geschickt aus und gibt auf die dämlichen Fragen eine genauso dämliche, weil absolut nichtssagende Antwort, freuen sich die Reporter enorm, haben den- oder diejenige bedingungslos lieb und hypen den- oder diejenige dann genauso bedingungslos.

Deshalb antworten so viele.

Sie verpassen fast ihren Flug, weil sie noch beim Einchecken von den Kameras und Mikros bedrängt werden – aber immer reden sie.

Außer Atem bisweilen, doch sie geben bereitwillig Auskunft selbst über die peinlichste Intimität, nach der sie befragt werden. Es geschieht selten, dass ein Opfer renitent ist und den neben ihm herrennenden »Reporter« (rasend im wahrsten Sinne des Wortes) auflaufen lässt, dabei den Schal oder die überdimensionale Sonnenbrille tiefer ins Gesicht zieht und immer wieder nur ein knappes schwaches *gracias* murmelt. Oder dass der oder die Befragte bloß ein eingefrorenes Lächeln aufsetzt, während der schnaufende Reporter sich nicht entblödet, immer und immer wieder – allerdings auch immer und immer wieder vergebens – dieselben Fragen zu stellen. Die bewegen sich meist im Stile von:

Hat er dich geschlagen?

Hast du gesehen, wie er das Geld weggebracht hat?

Lebt ihr jetzt getrennt?

Darf deine Schwiegermutter wieder bei euch einziehen?

Liebst du deine Ex noch?

Zahlst du Unterhalt für dein Kind?

All das sind Fragen, die ein jeder gerne mal so im Vorübergehen beantwortet, oder?

Aber sie antworten.

Und wenn nicht, wie einige echte, teils Oscar-gekrönte einheimische Stars, die derlei Inquisition schlichtweg ignorieren, reagiert die Journaille ausgesprochen verschnupft. Sofort werfen sie den Stars Hochmut und Undankbarkeit vor und kommentieren verärgert, dass X und Y selbst in Hollywood, Paris und Tokio Interviews geben, nur nicht in ihrem Heimatland. Tja, da werden sie wohl nicht über Privatissime wie eventuelle Schwangerschaften oder Vaterschaftstests ausgefragt.

Die *prensa rosa* ist schon SEHR indiskret.

Da kann es einem als weltberühmtes Topmodel vor versammelter Presserunde tatsächlich passieren, dass man gefragt wird, warum der Busen diesmal größer sei als beim letzten Spanienbesuch!

Wenn man prominent ist/war oder einem Verbrechen zum Opfer fiel, lauern die Hyänen der Herz-Schmerz-Presse oft schon vor dem Krankenhaus, kaum dass man kalt ist.

In Spanien ist man übrigens auch erstaunlich flugs begraben.

»Das hängt mit der Wärme zusammen«, erklärt mir Ana grinsend, als ich diese Tatsache einmal erwähne, und ich unterbreche sie rasch, bevor sie sich in blumigen Details verliert.

Mieten und Sterben gehen schnell hier, der Rest eher nicht so.

Am Morgen gestorben, am Nachmittag schon in der Kirche aufgebahrt und am nächsten Tag unter der Erde.

(Außer in einem kleinen Dorf in Galizien, wo der Friedhof schon lange überfüllt ist und die Anwohner weder ein noch aus wissen und ewig auf die letzte Ruhestätte warten müssen. Eine verzweifelte ältere Señora bewahrt seit neun Jahren die Asche ihres toten Gatten in einem Fernsehschrank auf, der aufgeklappt einem Schrein ähnelt, mit Plastikblumen und einem kleinen Grabstein samt Inschrift und Foto des Don.)

Selbst wenn jemand hier halb tot auf der Bahre von einem Hospital ins nächste gekarrt wird, zeigen sie ihn in Großaufnahme, halten dem Elenden ihr Mikro unter die Nase und fragen schamlos nach seinem Befinden. So geschehen bei dem armen Torero im Armani-Anzug oder einem prominenten korrupten Exbürgermeister, der aus dem Knast an Schläuchen in eine Spezialklinik gebracht werden musste.

Also ehrlich, so was habe ich bisher noch nirgendwo erlebt!

Die Zudringlichkeiten der spanischen Presse sind erstaunlich, denn sie belästigt die trauernden Hinterbliebenen sogar auf dem Weg zur Totenmesse. Das Erstaunliche daran ist, dass die Ergriffenen den Reportern tatsächlich Rede und Antwort stehen – je nach Charakter und Konstitution einigermaßen gefasst oder laut klagend und von zwei Verwandten abgestützt.

Im Taxi, vor der Kirche, ja sogar auf dem Friedhof halten die Hyänen den Opfern die Mikros und Kameras vor die Nase. Selbst Prinzessin Letizia, als Exjournalistin durchaus vom Fach, sah sich nach dem Tod ihrer Schwester gezwungen, direkt nach der Trauerfeier ein paar Worte an die Presse zu richten.

Wenn die schluchzenden Anverwandten hinter dem Sarg entlangwanken, sind die Aasgeier nicht weit.

»Doña Soundso, wie fühlen Sie sich denn so, heute, an diesem traurigen Tag?«

Die Doña

a) schluchzt noch lauter,

b) ringt sichtlich um Fassung,

doch wirft in jedem Fall die Haarmähne zurück, rückt ihre enorme, das halbe Gesicht verdeckende schwarze, sündhaft teure Designer-Sonnenbrille zurecht – und antwortet. Die sogenannten Journalisten tätscheln ihr derweil heuchlerisch-mitfühlend die Schultern.

Genauso wie der arbeitslosen Mutter dreier heulender Kleinkinder, die der Hausbesitzer gerade vor die Tür gesetzt hat, weil sie die Miete nicht mehr zahlen kann. Oder der Oma, deren Enkel am Vorabend im Camino de la Rabice erstickt sind, weil sie alleine waren in dem Verhau aus Kartons, Kabeln und Butangasflaschen. Oder dem gebrochenen, mühsam gefassten Vater, dessen Kind soeben ermordet wurde.

Die Journalisten sind extrem zutraulich zu all den leidgeprüften Menschen, und wirklich erstaunlich ist es, dass Letztere überhaupt in der Lage sind, den ganzen Tag über schmerzerfüllte Statements vor sämtlichen Kameras des Landes abzugeben. Tränen- und wortreich exponiert ein jeder seine Trauer, unendlich lange, für den (vielleicht nur zu nordeuropäischen?) Zuschauer nahezu unerträglich, äußern die Trauernden sich dezidiert zum eigenen Befinden sowie dem der restlichen Familie, zu den Ratschlägen der Ärzte, während das Kind/die Schwester verschwunden bleibt und/oder die Leiche gesucht wird.

Nicht wenige Menschen quer durch alle sozialen Schichten arbeiten ihre Trauer mit vielen Worten und Wörtern auf oder ab und tingeln dabei von Mikro zu Mikro, von Sender zu Sender.

»Das ist das Spiel«, erklärt Óscar, der mein Befremden darüber gar nicht versteht, »das ist Spanien.«

Er ist der Einzige, mit dem ich mich über diese öffentlichen Niederungen austauschen kann, die anderen vom *tertulia indiscreta* sind nicht indiskret genug und haben sich das Fernsehen schon lange abgewöhnt. Wir zwei dagegen sind bekennende Spanish-TV-Junkies und teilen außer einem gewissen berufsbedingten Interesse auch durchaus Neugier und Klatschsucht, *lamentablamente*. So können wir uns stundenlang über sichtlich hausgemachte Low-Budget-Produktionen unterhalten und amüsieren, was die anderen einfach nicht interessiert.

Óscar weiß zu jedem und allem etwas zu berichten. Einmal waren wir in einer Ausstellung, und er deutete auf die Fotografie einer mondänen Schönheit.

»Kennst du sie?«, fragte er mich, und als ich verneinte, klärte er mich auf, dass es sich um eine sehr bekannte, mittlerweile verstorbene spanische Sängerin handele. Die Frau ließ einst ihre tote Geliebte Hunderte von Kilometern quer durch Spanien nach Madrid bringen, um sie in ihrer Nähe zu begraben.

»Und weißt du, wie die Tote hier ankam?«, fragte mich Óscar und lächelte verschmitzt.

Ich dachte kurz an Ana und ihre Bemerkung über die Hitze, und so, wie Óscar mich ansah, konnte ich einen echten Brüller erwarten.

Er enttäuschte mich nicht. »Sie saß im Taxi!«

So viel zum Thema *»final taxi«*. Diese Story erinnert mich doch gleich an jene unglückliche spanische Königin Juana La Loca, die arme, vermutlich aus machtpolitischen Gründen als »verrückt« erklärte Johanna, die einst monatelang mit dem Leichnam ihres geliebten Mannes im Handgepäck durch Kastilien reiste. Und das, nachdem sie ihren Gatten, »Philipp der Schöne« genannt, möglicherweise selbst vergiftet hatte.

Wenn es nicht wahr ist, so ist es zumindest gut erfunden, und der Surrealismus ist definitiv spanisch. Entgegen allen anders lautenden Beteuerungen.

Leicht surrealistisch mutet auch die Untertitelung im spanischen Fernsehen an. Nicht von Filmen, nein, sondern von Liedern! Sei es das weltbekannte »Knocking on Heaven's Door« in einem Konzertausschnitt von Bob Dylan oder das weitgehend unbekannte und vermutlich eigens für einen unbedeutenden C-Film mit weitgehend unbekannten C-Darstellern komponierte dreizeilige Schlaflied einer amerikanischen

Mummy. Alle Songs werden bedingungslos ins Spanische übersetzt, und singen die Jackson Five »One Two Three – ABC« ist das untertitelt mit: »1-2-3, A-B-C«.

Witzig auch die Übersetzung im Vorspann, ist da etwa eingeblendet »8.00 a.m., Houston, Texas«, werden die Spanier dank Untertitel oder einer sonoren Stimme aus dem Off darüber informiert, dass es »acht Uhr morgens« in »Houston, Texas« ist.

Sicher ist sicher.

Ebenso unerlässlich ist die Übersetzung von *Grey's Anatomy*: *»Anatomia de Grey«,* raunt es da.

Geraunt und gedräut wird viel im spanischen Fernsehen, das im Übrigen nicht unabhängig ist.

Bei Boulevardsendungen sowieso, egal zu welchem Thema, gilt: Die Musi spielt dazu. Je nach Beitrag lustig swingend, staatsgetragen oder dramatisch mit Trugschluss, und zwar auf allen Kanälen. Keine Info, keine Diskussionsrunde, kein Interview ohne Hintergrundmusik, selbstverständlich gefühlvoll auf das jeweilige Thema abgestimmt. In vielen spanischen Eigenproduktionen kann man vor lauter unheilschwangerer Musik die Dialoge kaum noch hören, zumindest ich nicht.

Gerne werden auch aktuelle Begebenheiten tagelang ausdiskutiert, etwa im Studio vor der eingespielten immergleichen Sendeschleife und gefährlich dräuender Hintergrundmusik – ebenfalls mit ewigem Ostinato. Selbst seriöse Nachrichtensendungen, die nach meinem Empfinden wesentlich drastischer bebildert sind als die deutschen, schrecken nicht vor musikalischer Untermalung zurück, und im Studio flirrt und blinkt es dermaßen, dass der Zuschauer ganz hibbelig wird und die bedeutsamen Weltnachrichten vor lauter Augenflimmern kaum mitbekommt.

Ein Schelm, der Böses dabei denkt.

Andererseits gibt es auch Formate, die man ohne weiteres für Standbilder halten kann, mit weitgehend regungslosen Moderatorinnen, die mit starrer Miene, quasi scheintot, in falbfarbenen Blusen und ebensolchem Make-up monoton die neuesten Nachrichten aus Film und Funk ablesen, mit dem Charme einer Dauerwerbesendung für pharmazeutische Produkte.

Da waren ja die Carrerabahn-Rennen meiner Söhne einst inspirierender.

Ich habe jahrelang im Vorüberzappen gedacht, es handele sich um eine Persiflage, und als ich dann endlich kapiert hatte, dass es sich um eine stundenlange Boulevardsendung handelte, die ich dann unbedingt mal interessiert verfolgen wollte, haben sie das Format eingestellt.

Dass von morgens bis mitternachts quer durch alle öffentlichen und privaten Fernsehkanäle in trauter Runde die fast immergleichen »Spezialisten« zusammensitzen und so weltbewegende Fragen diskutieren wie »Warum trägt X DIESE Brille zu DIESER Freundin?«, ist kein ausschließlich spanisches Phänomen. Gleiches gilt für die oft grenzwertigen Talk- und endlosen Casting-Shows: viel Sendezeit für wenig Geld.

Wer das für den absoluten Tiefpunkt der Journaille hält, der hat noch nie einem der öffentlichen Lügendetektortests beigewohnt, der lange Zeit Bestandteil einer spanischen Show war.

Ähnliches habe ich vorher noch nie gesehen,

Zu meiner Entschuldigung muss ich betonen, dass ich dieses Qualitätsfernsehen nur ab und zu verfolgt habe, weil ich eine unglaubliche physische Ähnlichkeit zwischen dem Quizmaster und einem lieben deutschen Freund festzustellen meinte und auch heute noch daran festhalte – so etwas ist natürlich fatal.

In der Sendung ließen sich die Leute, Personen und Persönchen, in einem Sessel anschnallen und verkabeln, um Fragen zu beantworten, von denen ihr Leben abzuhängen schien. Anders ist es nicht zu erklären, wieso sie sich diesem unwürdigen Spektakel aussetzten, in dem der Moderator sie nicht nur explizit nach ihren Vermögensverhältnissen fragte, sondern auch nach diversen sexuellen Befindlich- oder Käuflichkeiten.

»Haben Sie mit diesem Mann geschlafen?«, fragte er mit gefährlichem Gesicht den (männlichen) Jungstar. »Und haben Sie dafür im Hotel X die Summe Y erhalten?«

Der Festgeschnallte verlässt nicht etwa empört das Studio, sondern antwortet schwitzend auf ungefähr zwanzig unmögliche Fragen, die ihn zerreißen bis ins letzte Sex-Detail und am Ende noch als Lügner entlarven …

»Ooooooh«, kommt es enttäuscht aus dem Publikum, Daumen runter. Im gegenteiligen Fall begleiten entzückte »Aaaaahs« und ermunternde *»guapas«* und *»bravas«* eine Dame, die nach erfolgreichem Test unter reichlich fließenden Tränen sich endlich rehabilitiert sah, vor dem POLÍGRAFO, dem Lügendetektor, der Redaktion, dem Moderator, vor GANZ SPANIEN!

Abgesehen davon, dass die Ergebnisse eines Lügendetektortests durchaus in Frage gestellt werden können (nicht umsonst ist die Verwendung derselben in Gerichtsverfahren unzulässig), war mir noch etwas unerklärlich: Wie konnten sich sogar Zeugen aus laufenden Verfahren – in einem speziellen Fall die Tochter der Angeklagten, die erwiesenermaßen ihren Mann vergiftet hatte – an den Lügendetektor anschließen lassen und vor laufender Kamera beteuern, dass sie nicht gesehen hätten, wie ihre Mama dem Papa das Gift verabreicht hat?

Rätselhaft dies alles.

Wie auch die Tatsache, dass sich einige Teilnehmer dieser modernen Inquisitionsshow nicht unbedingt auf dem intellektuellen Niveau eines Einzellers bewegen und sich trotzdem für eine Handvoll Dollars bis aufs Hemd ausziehen (lassen). Etwa wenn sie in einer »Weiterentwicklung« des infamen *polígrafo*, wo die Kandidaten offenbar zuvor sehr perfide auf ihre Schwach- oder Sollbruchstellen geprüft wurden, gestehen müssen, in der letzten Firma Geld unterschlagen zu haben und Schlimmeres …

Da muss dann selbst ich abschalten.

»Warum lassen sich die Leute für tausend Euro so demütigen, dass man es kaum mit ansehen kann?«, frage ich Óscar bei einem unserer Spaziergänge durch den Hundepark.

Der zuckt die Achseln und sagt süffisant: »Das ist das Spiel, sie leben doch alle gut davon. Man muss sich solche *desinformativos* ja nicht ansehen.«

Er versteht meine Aufregung nicht und sieht das ganz professionell: Brot und Spiele, die auf dem Plateau vorgeführten vornehmlichen Opfer nutznießen sowohl den vermeintlichen Triumph als auch ihre peinliche Niederlage, indem sie zum nächsten Interview auf der nächsten Bühne hasten und weitere Titelbilder und weitere Storys bekommen. Einige dieser Leute schaffen es, die Medien jahrelang in Atem zu halten und zu nutzen, und machen mit unzähligen inhaltslosen »Exklusivinterviews« eine Menge Geld.

Im Übrigen tummeln sich – allerdings sicher nicht aus Geldgründen – auch einige Mitglieder des Franco-Clans auf diesen Bühnen. Nicht nur im *tertulia* ist man der Meinung, dass selbige sich tunlichst bedeckt halten sollten. Einige Enkel mussten sogar vor Gericht und evozierten sehr negative Schlagzeilen. Sie reagierten unterschiedlich darauf, doch gemein ist allen der Stolz auf den Opa. Für einen der Nachkommen wurde gar das Namensgesetz geändert, damit das Geschlecht derer von F. auf ewig dräue – derselbe ging damals konsequenterweise erst mal nach Pinochet-Chile, als Spanien demokratisch wurde.

Óscar und ich verfolgten seinerzeit interessiert die jüngste Diskussion um Francos angebliche Zeugungsfähigkeit – da wird um die Identität seiner Tochter spekuliert und behauptet, er habe nur ein Ei gehabt. Wie übrigens Hitler auch.

Egal ob bereuende Enkel oder heulende Promis – mit solchem Material können die Herren aller bunten Bilder zufrieden sein und dürfen sich freuen: Nichts ist besser als Tränen, die fließen und fließen, sei es aus Reue oder aus Erleichterung.

Grob gesprochen und arg verkürzt und natürlich wieder einmal sehr subjektiv fasse ich zusammen: Es herrscht ein großes Jammern und Wehklagen im spanischen Fernsehen.

Wie man tollwütigen Pressehorden souverän begegnet, weiß ein ausgesprochener Medienprofi wie die Duquesa de Alba – für mich eines der spanischsten Phänomene neben dem unerklärlichen Stierkampf. Die Duquesa ist nach den Königen zweifellos die reichste und berühmteste Frau Spaniens, die der Legende nach quer durchs Land reisen kann und sich immer irgendwie auf ihrem eigenen Grund und Boden befindet.

Die alte Dame ist eine Nachfahrin König Jacobs II. von England und hat so viele Titel – fünfmal Duquesa, achtzehnmal Marquesa, zwanzigmal Condesa und auch Condesa-Duquesa, außerdem ist sie vierzehn mal Grande von Spanien –, dass angeblich die Queen von England vor IHR knien müsste. Sollte es einmal zu einem zufälligen Treffen im Supermarkt oder Hundepark kommen.

Die Duquesa, äußerst unkonventionell und zweifellsfrei eine Instanz in diesem Land, ist keineswegs publikumsscheu, sondern sehr volksnah und wird in großen Kreisen verehrt bis geliebt. »Cayetana, *ánimo«* oder *»suerte«* rufen ihre Bewunderer aufmunternd mit dieser typisch spanischen aufrichtigen Anteilnahme und Herzlichkeit, wenn sie wieder einmal ins Krankenhaus muss. Trotz ihrer vielen beeindruckenden Titel wird sie schlicht »Cayetana« gerufen und geherzt und geküsst, und sie wehrt sich nie gegen das Händedrücken und zärtliche Knuffen ihres Fanclubs.

Etwas gewöhnungsbedürftig, exotisch nahezu, das kommt mir wirklich spanisch vor. Es fällt schwer, ein vergleichbares deutsches Phänomen zu finden – die adligen Mitglieder bundesdeutscher Großindustriellenfamilien pflegen eher selten ein Bad in der Menge zu nehmen. So es denn überhaupt eines gäbe.

Die Duquesa jedenfalls durchschaut die Katzenfreundlichkeit der Journaille und hat das Spiel perfektioniert.

»Ihr wollt mich doch sowieso nur tot sehen«, sagte

sie einmal sehr luzide, als sie mal wieder aus dem Krankenhaus gerollt wurde.

Empört und ganz im Einklang mit ihrer Rolle im Spiel riefen die Reporter: »Aber Cayetana, wir lieben dich doch!«

Das glaube ich ihnen sogar, trotzdem schrecken sie nicht davor zurück, die Duquesa auch indisponiert zu filmen, zu tätscheln und sich scheinheilig nach ihrem Befinden zu erkundigen.

Die Standardantwort der Duquesa pflegen Ana und ich gerne zu imitieren, indem wir mit extrem reduziertem mimischem Ausdrucksvermögen, soll heißen ohne dabei Ober- oder Unterkiefer oder gar die Lippen zu bewegen, krächzen: »Phä-no-me-nal!«

Óscar behauptet, die Duquesa und ihre Tochter seien beim selben Schönheitschirurgen gewesen, zwecks Familienähnlichkeit.

Schönheitsoperationen waren in den letzten Jahren im ganzen Land sehr in Mode. Bei all den runderneuerten Promis und GATTINNEN wogen die Busen perfekt oder vielmehr jedem Statikgesetz hohnsprechend ab fünfzig, und die Stupsnäschen und Wangenknochen und sinnlich aufgespritzten Lippen und blonden Strähnchen in der langen Mähne lassen sie alle jener einen, großen, weltweiten Barbie-Familie angehören.

Auch das gemeine Volk neigt zu kleinen ästhetischen Erneuerungen, besonders beliebt waren Brustvergrößerungen. Allein im Jahr 2007 ließen sich um die fünfzigtausend Frauen in Spanien operieren, worauf auch die Dessoushersteller reagieren mussten, die verlautbaren ließen, dass sie die gängigen Größen ändern mussten.

Die Spezies hat sich weiterentwickelt, wenn auch künstlich. Um die plastischen Eingriffe zu finanzieren, nahm die Durchschnittsspanierin übrigens Kredite auf, welche die Banken zu diesem Zweck gerne gewährten. Doch wegen der *crisis* haben die Geldhäuser den Hahn zugedreht und somit vielen die angebliche Verschönerung verweigert – zum Glück, sage ich mal. Laut Secpre, des spanischen Verbands der Schönheits- und plastischen Chirurgen, haben innerhalb eines Jahres die Schönheitsoperationen um fast die Hälfte abgenommen.

Da bleiben die Lippen schmal.

Die stiff upper lip kommt also nicht nur standesgemäß bei den Royals vor, der königlichen Familie, deren eines angeheiratetes Mitglied, Prinzessin Letizia, sich rätselhafterweise – sie war doch sehr apart – ebenfalls unters Schönheitschirurgenmesser begab, um ihr markantes Profil weichzuzeichnen. *Una princesa se nace, no se hace*, zur Prinzessin wird man geboren, nicht gemacht, sagte einst Königin Sofia, die leicht reden hat. Schlau nutzte Letizia für die *operación* die monatelange Sommerpause. Die offizielle Bekanntmachung vom Hof verlautete, wegen Atembeschwerden sei ein operativer Eingriff bei der Prinzessin nötig gewesen. Wie zu erwarten war, mangelte es nicht an Spott. »Nach fünfunddreißig Jahren merkt sie, dass sie mit ihrer Nase nicht atmen kann«, höhnte das Volk. Dabei war ihre Nase okay, geradezu aristokratisch. Willkommen im Club.

Obwohl keine geborene Bourbonin, war ihre Nase königlicher als einige der echten Nasen. Dennoch: Letizia wollte offenbar einfach kein Zwerg Nase mehr sein. Schade eigentlich. Wir vom *tertulia indiscreta* fanden sie jedenfalls vorher hübscher.

Der renitente Óscar natürlich nicht, der ist der Meinung, dass ein jeder rausholen muss, was geht. »Wozu sonst hat Gott uns die Schönheitschirurgie geschenkt?«, fragt er und rollt dramatisch die Augen. »Sie sieht jetzt viel besser aus!«

Was die königliche Familie von der Aktion hielt, erfährt das Volk natürlich nicht, der Hof hält sich bedeckt, wie eigentlich immer.

Dafür, dass die Monarchie hierzulande kaum in Frage gestellt wird und die meisten Mitglieder der königlichen Familie eigentlich recht beliebt sind in Spanien – abgesehen von einigen Provinzen wie dem Baskenland –, weiß man überhaupt sehr wenig über sie. Interviews pflegen die Hoheiten eher nicht zu geben, sie sprechen nur zu offiziellen Anlässen oder halten eine Rede.

Klar, es ist allgemein bekannt, dass Seine Majestät der König Ihre Majestät die Königin »Sofi« nennt, dass sie allesamt sportbegeistert sind und die Königin zudem eine große Tierfreundin und Vegetarierin ist, außerdem dass Don Juan Carlos eher im linken Lager zu vermuten ist und *Reina* Sofia im rechten, was dem Image des Königshauses sicher nicht schadet, weil es somit als ausgeglichen gelten darf.

Auch nachdem die Königin, wie schon erwähnt, in ihrer autorisierten Biographie zum ersten Mal »gesprochen« hat – der Hälfte der Spanier offenbar aus dem Herzen –, erfährt man nicht wirklich, was sie und der Rest der Familie so denken.

Die zwei Königstreuen, die ich kenne, lieben ihre Könige jedenfalls, weil sie die besten Botschafter Spaniens sind. Den König verehren sie, weil er die Demokratie gerettet hat – andere sehen das kritischer. Und die aufrechte Sofia schätzt fast ein jeder, weil sie es mit dem König nicht leicht hatte. Oft hört man auch den Satz: »Sie ist so tapfer, so diszipliniert – eben so deutsch.«

Nur zur Erinnerung, ihre Mutter war die Enkelin Wilhelms II., und die spanische Doña Sofi ist eine gebürtige Sophia von Schleswig-Holstein-Sonderburg-Glücksburg und zudem Prinzessin von Griechenland und Dänemark. Im Übrigen spricht sie neben diversen anderen Sprachen fließend Deutsch.

Trotz aller Achtung regen die Spanier sich jedoch auch darüber auf, dass Könige ihre pekuniären Verhältnisse nicht darlegen. Im Gegensatz zu anderen europäischen Königshäusern herrscht im spanischen Volk ziemliche Unklarheit über die genauen Vermögensverhältnisse ihres Regenten, ebenso über mögliche Geschäftsbeteiligungen oder auch nur über das Erbe ihres Bourbonen.

Er ist offenbar nicht der ärmste unter Europas Monarchen, diesen Titel hat vielmehr Albert II. inne, der König der Belgier, und man schätzt den spanischen König auf einem der vorderen Plätze, milliardenschwer und knapp nach der Queen, ein.

Was Genaues weiß man nicht.

Die sich im Millionenbereich bewegende jährliche Apanage ist dagegen bekannt, und sie gilt allgemein als »niedriger« als die der anderen Blaublütler, über die Verwendung gibt der Hof hingegen keine Auskunft, auch nicht der Kongress und das *Tribunal Constitucional*, das Verfassungsgericht.

Da vermutet wird, dass Könige auf das staatliche Taschengeld nicht wirklich angewiesen sind, will die ERC, die Esquerra Republicana, eine linke katalanische Regionalpartei, nach Straßburg ziehen, um Beschwerde einzulegen. Man will erfahren, wofür genau die Steuern der gebeutelten spanischen Bürger im Palast verwendet werden. Dabei recyceln Königin und Prinzessin bei Staatsanlässen demonstrativ einige ihrer Gewänder in diesen schwierigen Zeiten oder verkürzen die Ferien und benutzen die superteure Yacht (zwecks Tankfüllungen im fünfstelligen Bereich) weniger häufig als früher.

Wie auch immer die Sache ausgehen mag – König sein ist auch nicht einfach, zu diesem Schluss kann man selbst als nicht königstreuer Mensch kommen.

In diesem Zusammenhang muss ich meine erste Begegnung mit dem König erwähnen.

Als armer deutscher Tropf ohne jegliche royale Sozialisation – in London bin ich ein Jahr lang durch die Straßen getappt, ohne auch nur die kleinste Begegnung der königlichen Art zu haben – war ich einmal fürbass erstaunt bis ärgerlich, als mich auf einem Hundespaziergang zur Plaza España mehrere wie aus dem Nichts auftauchende, zum Teil schwer motorisierte Polizisten unfreundlich daran hinderten, über eine grüne Ampel zu gehen.

Barsch winkten sie mich ab, verteilten sich in Windeseile und zu Dutzenden auf der Kreuzung Gran Via/Princesa, entmachteten sämtliche Ampeln, pfiffen und winkten scheinbar willkürlich voran und zur Seite und leiteten um und machten allen Verkehrsteilnehmern, die gelassen reagierten, ziemlichen Druck. Das alles ging in Sekundenschnelle vor sich, das letzte Mal hatte ich so viel Hautnah-Uniform in Chile vor der Moneda gesehen oder in Frankfurt bei den Demos gegen die Startbahn-West.

Beunruhigt schaute ich eine andere Passantin an und fragte: »Was ist los?«

»Der König«, raunte sie bloß.

Ach so.

Jetzt sah ich auch, dass die Polizisten gestresst mit Kopfhörer und Sprechfunk operierten – *OPERACIÓN REY* –, und dann ging's los.

Kurz darauf kam ein beeindruckender Tross, bestehend aus Vor- und Nachhut in Form von schweren Motorrädern sowie dunklen, modernen Limousinen deutscher Herkunft, neben denen wiederum Motorräder herfuhren, und dann mehrere altmodische Super-Luxuslimousinen englischen Fabrikats mit Fähnchen und getönten Scheiben und dann wieder Motorräder und dunkle Limousinen und immer so weiter. Der ganze Auflauf war mindestens einen KILOMETER lang!

Wahrhaft königlich. Und beeindruckend. Und vor allem so schnell. Klar, der König steht auf der Todesliste der ETA ganz weit oben.

Der ganze Spuk löste sich jedenfalls so rasch auf, wie er begonnen hatte, das Leben ging weiter und der Hund Gassi.

Ich hatte den König gesehen!

Oder zumindest sein Auto.

Welches, weiß ich nicht, aber einer der Schlitten war royalen Inhalts. Oder saß er am Ende auf einem Motorrad? Würde ich machen an seiner Stelle, zur Sicherheit.

Als ich das später mit Diego ausdiskutierte, kamen wir zu dem Schluss, dass wir, wenn WIR König wären, am ehesten im *SAMUR*, dem Krankenwagen, reisen würden, super-unauffällig und gleichzeitig ungemein volksnah. In aller Ruhe könnte man die Untertanen beobachten, die gestresst ihren Geschäften nachgingen, während man selbst alarmhupend und blinkend im Stau steht und darauf wartet, dass sich eine Fahrgasse bildet …

Ich wollte immer mal Pilar fragen, ob sie Näheres weiß, ob Majestät immer dasselbe Modell fahren oder ob das am Ende alles nur ein riesengroßer Bluff war, und warum war sich die Frau auf der Straße eigentlich so sicher, dass einer dieser hundert Motorsportteilnehmer zwischen Moncloa und Gran Via der König und nicht der Ministerpräsident war?

Und wenn ja – hatte der *REY* Staatsbesuch, oder wollte er einfach nur ein paar Besorgungen machen, oder ist das gar alles eins?

Von diesen flockig-royalen Geschwindigkeiten nun zu zähen königlichen Pflichten. Man könnte schon auf den Gedanken kommen, dass die Apanage sauer verdient ist, wenn man die enorme Agenda von Doña Sofia und Don Juan Carlos und auch die der Prinzen von Asturien verfolgt.

Mal wird eine (langweilige) Ausstellung mit vielen langen (langweiligen) Reden eröffnet, mal ein Museum, mal ein anderes Gebäude wie ein Sozialzentrum, ein Kulturzentrum, ein Altenzentrum, ein Kinderzentrum, ein Jugendzentrum, ein Gemeindezentrum, ein Zentrum für Demenzkranke – kurzum, Zentren aller Art schießen hier wie Pilze aus dem Boden, und Könige sind immer dabei.

Es werden Preise verteilt, Sportpreise, Literaturpreise, Musikpreise, Kunst- und Architekturpreise – viele Preise und stets begleitet von vielen Reden sämtlicher Beteiligter. Es werden unzählige Statuen oder Gedenktafeln enthüllt, Deckengemälde bewundert und Boote getauft, von den Krankenhausbesuchen im In- und Ausland ganz zu schweigen. Dabei schafft es der König auch noch, interessiert zu gucken, wenn er stundenlang Traktor- oder Milchmaschinenmotoren betrachten muss.

Da gilt es, hier ein Abkommen zu unterzeichnen und dort ein neues Instituto Cervantes zu eröffnen, einen staatstragenden Plausch auf der einen Seite der Weltkugel zu halten und am nächsten Tag taufrisch und charmant aufzukreuzen zum Staatsbesuch auf der anderen Seite – trotz Jetlag.

Und dazwischen die Standardpflichten im eigenen Land: Jahresfeiern, Gedenktage, Paraden abnehmen, Ministervereidigungen. Und dann wird binnen kurzem das halbe Kabinett ausgetauscht und wieder stundenlang Ministervereidigung. Und dann erst die vielen Staatsbegräbnisse, bei denen sich die Majestäten die Beine in den Bauch stehen müssen, dieses lange Rumgestehe bei jedem Wetter auf zugigen Flughäfen – wenn man das mal so sagen darf. Außerdem Millionen von Begrüßungen, Umarmungen, Küsschen, pflichtbewusst und permanent auf Werbetour für Spanien – also ich möchte kein König sein. Ein reines Zuckerschlecken ist das sicher nicht.

Bei so viel Öffentlichkeit braucht man dringend ein wenig Intimsphäre, daher leben die Königskinder relativ diskret. Die Infantinnen haben nur wenige protokollarische Verpflichtungen, gehen beide offiziell einer Arbeit nach – bei einer Bank und einer Versicherungsgesellschaft, wie könnte es anders sein? – und verdienen ganz gut. Ihre Männer haben übrigens auch Karriere gemacht. Eine der beiden wohnt relativ unspektakulär mit ihrer Familie in Barcelona und wird jetzt nach Washington umsiedeln.

Und auch der Thronfolger steht nur berufsmäßig im Rampenlicht, womit er ungleich mehr zu tun hat als seine Schwestern. Privat vermeidet er dagegen jedes Aufsehen. Vor seiner Ehe mit der bürgerlichen Letizia war er als arrogant und distanziert verschrien, heute hingegen wird allgemein bedauert, dass man ihn mit seiner Familie nicht öfter sieht. Manchmal liegt gar ein halbes Jahr zwischen den »öffentlichen Auftritten« seiner königlichen Kleinkinder.

Könige halten sich eben bedeckt. Und vermeiden es vornehm, über Geld zu sprechen. Bloß einmal wurden Zahlen laut, und das auch nur, weil sich die andere Infantin von ihrem Mann getrennt hatte und eine neue Wohnung brauchte. Da der Grundriss des neuen Domizils in mehreren Printmedien abgedruckt war, war das Volk bestens informiert über Größe und Preis und Lage der Immobilie, nämlich vierhundertfünfzig Quadratmeter im ersten Stock, fünf Schlafzimmer und fünf Bäder plus Garage für knapp zwei Millionen Euro. Nach Ansicht sämtlicher »Hofspezialisten« der *prensa rosa* hält sich das übrigens noch in Grenzen, denn: Schaut euch doch nur an, wie größenwahnsinnige Fußballer oder Rapper residieren, es gibt Teureres!

Das ist zweifellos richtig, dennoch: Es gibt auch Billigeres. Etwas besorgt war das spanische Volk nur wegen der Kosten der Renovierung – die Umbauten dauerten nahezu ein ganzes Jahr, da durfte spekuliert werden. Doch letztlich dienten diese ungewöhnlich detaillierten Informationen auch nur dazu, ein volksnahes Image der Königstochter aufzubauen oder zu verstärken: Es ist allgemein bekannt, dass sie den blau-gelben Schweden mag, gerne No-Name-Produkte kauft und sich nicht besonders viel aus Klamotten macht. Wobei klar sein dürfte, dass sie sich ein solches Understatement als vermutlich millionenschwerer Königsspross leicht leisten kann und Understatement immer noch die todsicherste Sache in puncto Angeben ist.

Gut, die Wohnung ist sehr groß und nicht gerade billig, liegt aber im Grünen und hat quasi keine Infrastruktur, hieß es. Als ob man das bräuchte, ich wiederhole noch mal, als vermutlich millionenschwere Erbin. Keine schicken Geschäfte in der Nähe, die Ärmste, reines Wohnviertel, da braucht sie immer das Auto, lamentierten und diskutierten alle ausgiebig. Aber auch nur, um letztendlich volksberuhigend festzustellen, dass die Infantin jetzt ja gar nicht SO exklusiv wohne, wie man es vielleicht von einer Bourbonin erwarten könnte, da zahle ja mancher Wurstfabrikant mehr. Schon schick, aber es gebe bessere Viertel in Madrid, hieß es.

Zum Thema Bourbonen kann ich nur abschließend feststellen, dass nach meiner Beobachtung die meisten Spanier ihre Königsfamilie mögen und die Abschaffung der Monarchie nicht das dringlichste Bedürfnis der Bevölkerung zu sein scheint. Dieses Thema ist nun mal ein weites Feld, nur das, und der allgemeine Tenor lautet ungefähr: Sie stören nicht.

10

Lebensräume

Während unserer Zeit in Spanien sind wir schon mehrfach innerhalb Madrids umgezogen. Das mag daran liegen, dass Umziehen und Wohnungssuche ein Thema sind, das mich ein Leben lang begeistert hat. Meine Freunde wissen ein Lied davon zu singen. Sie mussten schon früher ständig ihre guten alten Adressbücher erneuern, weil unter meinem Buchstaben vor lauter Änderungen kein Platz mehr war für einen neuen Eintrag.

Wohnungsannoncen sind und bleiben mein großes Hobby, und ich kann mich erinnern, dass ich mich immer verlor in den Bibliotheken, in denen ich Millionen von Seiten durchwühlte zwecks Doktorarbeit – die ÜBERHAUPT nichts mit dem Thema Wohnen, Ökonomie oder Betriebswirtschaft zu tun hatten. Abgesehen davon vielleicht, dass der behandelte Gegenstand, die Dichterin Else Lasker-Schüler, oft und durchaus unfreiwillig umziehen musste. In den riesigen Folianten, noch nicht gemicrofisht oder gechippt oder gar als Datei im PC, wühlte ich nach allerlei Sachbezogenem und blieb stets hängen an den – sagen wir mal – Immobilienangeboten der Vierzimmerwohnungen in Wuppertal im Jahre 1963 oder den möblierten Zimmern zu Castrop-Rauxel im »Siebziger Jahr«. Auch in den einschlägigen Blättern Berlins der zwanziger Jahre studierte ich mit großem

Interesse die verschiedenen Angebote und kam ob der überaus günstigen Immobilien verärgert immer wieder zu dem einen Schluss: zur falschen Zeit am falschen Ort.

Der Mietwucher meiner Tage schien mir unbeschreiblich. Warum nur hat mich dieses Gefühl bloß bis heute nicht in verschiedenen Städten auf verschiedenen Kontinenten verlassen? Später erwies ich mich als Verräterin am Eigenheim, wo ich selbst während liebevoller Renovierungsphasen immer treulos mit einem Auge nach anderen schielte auf den Immo-Seiten der überregionalen Tageszeitung. Und auch heute noch gehört für mich zu einem vollendeten Frühstück unbedingt der allmorgendliche Blick ins größte spanische Online-Immobilien-Portal.

Irgendwo da draußen könnte sie ja sein, die ultimative Traumwohnung für ein lächerliches Geld, man kann ja nie wissen, und in Bewegung bleiben schadet sicher nicht. Manchmal, wenn ich ganz viel Langeweile habe, besichtige ich auch Wohnungen, die mich gar nicht interessieren, weil ich vielleicht das Viertel noch nicht KENNE und Lust auf Abenteuerurlaub habe. Empfehlenswert ist in diesem Zusammenhang auch, sich in einen ganz normalen Linienbus zu setzen und sich bis in die ultimativen Außenbezirke schunkeln zu lassen. Ich mache dabei jedes Mal ganz unglaubliche Entdeckungen, muss allerdings auch ein bisschen auf der Hut sein, denn so ein kleiner Ausflug kann durchaus aufregend werden:

Als alle Welt von der *crisis* sprach und dem daraus zu erwartenden Zusammenbruch des Immobilien-Hypes, frohlockte ich: Jetzt würden wir endlich eine NOCH tollere, NOCH größere, NOCH sonnigere und NOCH billigere Wohnung finden. Die Preise purzelten wie verrückt, hieß es, und das Angebot steige, weil die Leute sich allmählich mal gezwungen sähen, ihre Drittwohnsitze zu vermieten.

Leider erwies sich, dass ich doch keine Finanz- und Wirtschaftsexpertin bin. Die freien Wohnungen in Madrid – zumindest die in den von mir bevorzugten Vierteln – wurden zwar mehr, aber nicht billiger. Lediglich die Kauf- und Verkaufspreise fielen, und auch das hatte einen Haken, was irgendwie mit dem Euribor oder den Hypotheken zusammenhing und mein bescheidenes ökonomisches Allgemeinverständnis bei weitem überstieg.

So kriegte ich gerade noch mal die Kurve, um aus der *crisis* nicht mein schmutziges Geschäft zu machen.

Wie manch andere Leute.

Einer meiner erklärten spanischen Lieblingsvornamen ist Soledad. Ich kannte auch einmal eine Soledad, doch: so ein schöner Name, und so eine hässliche Frau.

Hässlich nicht im wörtlichen Sinne, ganz im Gegenteil, sie war sogar ausgesprochen hübsch. Schlank und braungebrannt, mit einer langen, blond wallenden Mähne, wie sie alle Spanierinnen haben, wenn sie nicht eine lange, dunkel wallende Mähne haben. Sie rauchte – natürlich – Kette, und alles an ihr klirrte, weil sie unzählige Armreifen, Ohrringe und Halsketten trug.

Soledad war Maklerin.

Ich lernte sie bei der Besichtigung meiner absoluten, definitiven Traumwohnung kennen, einem Total-Exterior mit zwei Salons und zehn Balkons, seidenbespannten Tapeten und Flügeltüren, wie ich sie zuletzt in Versailles gesehen hatte. Diese meine Traumwohnung befand sich auch noch in meinem absoluten Traumviertel Conde Duque.

Am Telefon, als ich einen Besichtigungstermin erbat, klang Soledad noch relativ gelangweilt: Ja klar, morgen, es komme jemand um vier, ob ich davor oder danach wolle. Wir einigten uns auf halb fünf.

Als ich an die vereinbarte Adresse kam, stand ich vor einem alten Palazzo, neben dem sich tatsächlich, wie von Soledad versprochen, eine Garage befand, in der die Mieter ihr Auto bequem parken konnten. Das Ganze – also das Parken – sollte zudem weit unter den in dieser Gegend üblichen paar hundert Euro monatlich kosten, war also sensationell günstig. Mein Herz schlug schneller, ich fühlte, dass ein Traum wahr werden würde, und spürte genau: Ich war angekommen.

In der Eingangshalle befand sich eine große Pförtnerloge, leer und offen, mit zwei Feldbetten. Komisch.

Ich stieg die gepflegten, knarzenden Treppen hinauf, und an dem enormen hölzernen Eingangsportal, dessen Türknauf sich etwa in Brusthöhe befand, erwartete mich schon Soledad, die gerade drei fröhliche junge Menschen verabschiedete, und führte mich durch die enormen Hallen. Zuvor hatte hier ein Staatsanwalt gewohnt, und in der vermeintlichen Pförtnerloge hatten seine Leibwächter gelagert, schwerbewaffnet, wie sie mir erklärte, wegen der ETA. Das alles sei für die Besitzerin, eine adlige Opernsängerin, die im oberen Stock residierte, auf Dauer etwas belastend gewesen.

Die Wohnung war ein Traum, ich verbarg meine offenkundige Begeisterung nicht und wollte auch gar nicht weiter feilschen und handeln.

Ich kann nur wiederholen, dass ich schon viele Wohnungen in Madrid besichtigt habe, und mehr als einmal lag es mir unhöflich auf der Zunge, einfach herauszuschreien: Ob sie denn noch ganz gescheit seien alle miteinander, diese Makler und Wohnungsbesitzer mit ihren geschmacklosen, völlig überteuerten Teilen, einem so etwas für so einen Preis anzubieten, so viele Kilos für vergleichsweise hundert Gramm Wohnqualität!

Einige unserer Bekannten hier rechnen ja tatsächlich in KILOS, also »ein Kilo« entspricht einer Million, Peseten oder Euros, je nachdem. Denn auch die Spanier rechnen bei hohen Beträgen noch immer in den alten Peseten. Genau wie ich noch in Mark denke, was besonders meine Kinder hassen und sehr altmodisch bis peinlich finden.

Hier heißt es dann jedenfalls: »Für das *ático* habe ich damals nur soundso viel Kilo gezahlt«, oder etwa: »Muss noch vier Kilo abzahlen.«

Diese Wohnung war jedenfalls jedes einzelne Kilo wert. Ich zückte das Handy und rief den Kindsvater an, der geschäftlich irgendwo im Ausland weilte – ob in München, Lima oder Buenos Aires, ist mir entfallen –, um ihn davon zu benachrichtigen, dass ich DAS Glück schlechthin hatte. Ich bat ihn, am nächsten Tag, an dem seine Rückkehr erwartet wurde, umgehend vom Flughafen direkt zur Wohnung zu kommen, wir müssten rasch zuschlagen, und ich wollte gleich mit Soledad einen Termin machen.

Ich hakte auch sogleich bei ihr nach.

Die Maklerin bekam ganz schmale Augen und fragte gedehnt mit ihrer rauchigen Stimme: »Morgen?«

Ich merkte, dass die Sache aus dem Ruder lief, verabschiedete mich hastig am Telefon und erklärte

Soledad, dass mein Gatte am nächsten Tag und so weiter blablabla.

Soledad schüttelte ihre Mähne verständnislos: »Also, gefällt dir die Wohnung?«

Eine weitere, sehr angenehme spanische Angewohnheit ist es, jeden einfach mit Vornamen anzureden. Sehr demokratisch. So bin auch ich schlicht eine Andrea, nur einen Mediziner spricht man mit seinem Titel an oder einen Politiker mit seinem Nachnamen und natürlich die Majestäten.

Ich nickte heftig mit meiner kurzen Mähne und sagte: »Ich will die Wohnung haben, aber mein Mann muss sie natürlich auch sehen, er kommt ja schon morgen, also nur ein paar Stunden …«

Die Maklerin lachte höhnisch und teilte mir mit, dass sie letzte Woche eine Kundin gehabt habe, die gleich ein ganzes CHALET GEKAUFT habe – und zwar ohne davor mit ihrem Mann zu telefonieren, geschweige denn, ihn dazuzubitten. Wenn IHR das Chalet gefalle, dann würde es ihrem Mann auch gefallen, also vielmehr: dann HATTE es ihm zu gefallen, ganz klar.

So geht spanisches Matriarchat.

Ich erwiderte leicht beschämt, dass wir eben Deutsche seien, das sei ein bisschen anders, bei uns in Deutschland würde man halt nicht so einfach ein CHALET kaufen wie ein Pfund Birnen oder Butter, oder zumindest nicht wir … Ich verhedderte mich ein wenig und fingerte verlegen an meinem Handy herum.

Soledad blickte nur verständnislos drein und zündete sich die nächste Zigarette an. Ich hätte am liebsten auch geraucht, so peinlich war es mir, dass ich zum Anmieten einer gemeinsamen Wohnung meinen Ehemann hinzuziehen musste, ich Null. Seit dem Flop mit der Miniwohnung besichtigten wir die Topobjekte nur noch unter »vier Augen«. Traurig blickte ich mich in meiner Traumwohnung um, an der ich auf Anhieb keinen einzigen Makel entdecken konnte. Die Maklerin schlenkerte mit ihren Armbändern und der Zigarette und der Handtasche und dem Terminkalender und erklärte mir, wie das so abging, bei ihr in Spanien.

»Also, Schätzchen, dir gefällt die Wohnung, und du willst sie unbedingt haben?«

Ich bejahte glühenden Herzens.

Soledad inhalierte tief und teilte mir mit, dass auch die Vorbesichtiger, ein Pärchen mit einem gemeinsamen Freund, die Wohnung unbedingt haben wollten.

Ich erinnerte mich an die drei fröhlichen Gesichter und sackte unmerklich zusammen.

Die Maklerin erklärte mir weiter, dass die drei ihr tausend Euro auf die Hand als Anzahlung gegeben hätten, einen *señal*, die waren noch während der halben Stunde Besichtigung schnell zum Geldautomaten gerast. Dabei fixierte sie mich ungeniert.

Ich schaute etwas verständnislos, Schmiergeld? Sollte ich jetzt etwa den *señal* überbieten mit zweitausend Euro Anzahlung?

Ich erinnerte mich daran, dass es kurz vor Weihnachten war, also auch kurz vor Jahresende, und rasant alles aufgearbeitet werden musste, was sich so angestaut hatte: Da zog der Steuerberater Bilanz im Eiltempo, da kontrollierte die Polizei verschärft im Hundepark die frei laufenden Tiere, um Strafen zu kassieren – irgendwie müssten die Beamten ja an ihr Weihnachtsgeld kommen, wie mir Beatrice grimmig erklärte –, da schleppten sie verschärft Autos ab aus demselben Grund, und da wollten auch die Wohnungsmakler noch schnell ihren Schnitt machen.

O du Fröhliche.

Soledad sagte noch, dass sie ziemlich genervt sei. Seit fast einem Jahr versuche sie, diese Prachtwohnung unters Volk zu bringen, vergebens. Sie habe das alles nur einem Freund zu Gefallen getan, dem Bruder der Opernsängerin, doch wenn sie geahnt hätte, was sie sich damit aufhalst, hätte sie sich nie darauf eingelassen, sie wolle den Deal unbedingt vor ihren Ferien in der Sierra Nevada abwickeln. Aha.

Monatelang keine Interessenten, und jetzt an einem einzigen Besichtigungstermin gleich zwei Parteien, die die Wohnung unbedingt haben wollten.

Nun, Soledad war ein Profi, die wusste, dass potentielle Mieter oft zusagten, um sich dann nie wieder zu melden, doch die drei von vorhin hatten immerhin sofort tausend Mäuse lockergemacht, und diese Deutsche sah sie nun mit so waidwunden Augen an …

Sie seufzte tief und zündetet sich die nächste Kippe an, während die Deutsche mit den waidwunden Augen fieberhaft überschlug, wie viel Geld sich noch auf ihrem Konto befand, oder war das etwa Minus?

Und wo zum Teufel war überhaupt die eine Bankkarte? Lag die nicht zusammen mit dem Impfausweis und dem sperrigen Reisepass, den man ohnehin nie brauchte, seit ziemlich genau einem Jahr auf dem deutschen Kamin hinter dem Foto von Winnie und Susie, den Zwerghasen selig, direkt neben einem Schnappschuss der glücklichen Familie auf dem Wiener Prater? Es war ein November gewesen in den Neunzigern, ungewöhnlich mild, sie hatten draußen gesessen, und die Schnitzel waren köstlich gewesen und hauchdünn und hatten über den Tellerrand gelappt. Und die Kinder waren noch so klein und so süß und so willig gewesen, schade eigentlich …

Und wie war noch mal genau der Code von der einen spanischen Bankkarte, die im spanischen Schreibtisch rechts hinten in der oberen Schublade lag und nie benutzt wurde? Immerhin wusste man ganz exakt, WO man seine Sachen hatte!

Doch ich war nicht die Einzige, die fieberhaft nachdachte, Soledad überlegte auch. Ich spürte, dass Rom noch nicht verloren war, außerdem regte sich leiser Unmut in mir über ihre geldgierige Penetranz, die mir so noch nie vorgekommen war – und ich hatte schon viele ihrer Sorte besichtigt. Leicht bockig wiederholte ich daher, die Angelegenheit gerne auf morgen vertagen zu wollen.

Die Maklerin verhehlte ihre Geringschätzung kaum, ich war geoutet als arme Immigrantin ohne einen Tausender im Handtäschchen, doch sie war – ich erwähnte es bereits – auch ein Profi. Und da war noch etwas: Die Opernsängerin hätte generell lieber eine Familie als Mieter gehabt, sichere Sache dies, und die anderen konnten sich die Wohnung auch nur zu dritt leisten …

Sie würde uns noch eine Chance geben. »Wann kommt dein Mann?«

Ich sagte cool, wenn schon, denn schon: »Um zwölf Uhr mittags.«

Soledad drückte die letzte Kippe in der Spüle der Designerküche aus. Sie wolle ja fair bleiben.

Von wegen, hätte ich jetzt das ganze Geld gezückt, sie hätte eiskalt die anderen drei mit ihrem *señal* über die Klinge springen lassen.

Den anderen müsse sie zugestehen, dass sie eben zuerst da gewesen waren.

Wie ich mich dafür verfluchte, nicht VOR vier gekommen zu sein, ich Transuse.

Doch bei aller Fairness war sie auch Geschäftsfrau und wollte ab in die Weihnachtsferien: Sie würde den anderen drei Bescheid sagen, die jetzt wahrscheinlich schon durch ganz Madrid rannten, um das restliche Geld zusammenzukratzen. Wenn sie nicht bis morgen zwölf Uhr mittags den Rest der beträchtlichen Gesamtsumme – das Übliche, *fianza*, Provision, *aval*, *nómina* – vorlegten, dann hätten sie eben Pech gehabt, dann sei der Tausender futsch und wir würden die Wohnung bekommen. Sie war ja kein Unmensch.

Abschließend blickte sie mir tief in die Augen: »Aber ihr müsst natürlich alles dabeihaben.«

Noch im Treppenhaus telefonierte ich mit München, Lima oder Buenos Aires, um alles klarzumachen. Vielleicht sollten wir Soledad doch schon mal eine Anzahlung überweisen? Mein Gesprächs- und Lebenspartner, übrigens kein Freund übereilter Entschlüsse, der sich generell nicht gerne unter Druck setzen lässt, zeigte sich erwartungsgemäß unaufgeregt.

»Ja, ja, *mañana*. Was soll die Eile? Morgen ist auch noch ein Tag!«

Ich wünschte den drei jungen Leuten wirklich nicht, dass ihre tausend Euro verlorengingen (und die Wohnung noch dazu), das schien mir echt gemein von Soledad, Weihnachtsprovision hin oder her. Aber ich wünschte mir sehr, so sehr, so wahnsinnig, dass sie keinesfalls das ganze Geld bis morgen lockermachen konnten, dass sie arbeitslos würden, sofort, dass der Freund abspringen, das Pärchen sich streiten, nein trennen und ein Mietverhältnis somit unmöglich werden würde. Kurzum, ich wünschte ihnen alles erdenklich Schlechte.

Wie auch immer, wir kamen am nächsten Tag pünktlich zum Palazzo mit den zehn Balkonen und hatten »alles« dabei. Soledad erwartete uns rauchend, wedelte bedauernd mit dem Armband-Handtaschen-Arm und sagte, sie habe schon versucht, uns zu erreichen: Die anderen waren bereits am späten Vormittag in ihrem Büro und hatten alles bezahlt, sämtliche Eltern und Anverwandte hatten gebürgt – es tue ihr leid.

Ihre Augen hingegen sagten: Tja, dumme Kuh, hättest du mir gestern Geld gegeben, dann sähe die Sache heute anders aus.

Großmütig ließ sie die Loser des Tages noch einmal durch die prachtvollen Hallen schreiten.

»Schau«, flüsterte ich, und meine Stimme brach vor Trauer und Gram, »ist das nicht toll?«

Der Kindsvater sah sich in der Wohnung um, doch ich konnte nicht erkennen, ob er genauso beeindruckt war wie ich, denn meine Augen waren tränenumflort. »Das ist schon nicht schlecht«, gab er zu, »aber – hast du das nicht gesehen? Hier kommt überhaupt keine Sonne rein! Niemals, das sieht man am Parkett.« Er deutete auf das makellose Fischgrätparkett.

In der Tat, das war mir jetzt nicht so aufgefallen, im Winter, aber acht der zehn Balkons gingen nach Norden raus.

Jaaaaa, das sei eine andere Sache, sagte Soledad und warf die Mähne zurück, die Wohnung sei zwar *luminoso*, hell, doch nicht *soleado*, sonnig. Das sei eine andere Sache, wiederholte sie, sonnig sei es nur oben bei der Opernsängerin.

Die Wohnung war also doch keine Traumwohnung.

Trotzdem hätte ich am liebsten geweint. Zehn Balkons!

»Mal ehrlich«, sagte der Kindsvater zum Trost und deutete auf die gegenüberliegenden, zugegeben hässlichen Fassaden, »wer will denn schon so einen Ausblick?«

Mit dem Gegenüber ist das meist so eine Sache. Wo die Aussicht garantiert stimmt, ist auf der Luxusmeile an der Pintor Rosales gegenüber vom Parque del Oeste mit dem original aus Ägypten importierten Tempel, den die Spanier Stein für Stein in hübscher Umgebung wieder aufgebaut haben.

Doch dort wohnen nur sehr, sehr alte und sehr, sehr reiche Menschen in sehr, sehr großen Wohnungen. Ein Bierchen in einem der Straßencafés am Park ist ungefähr genauso teuer wie auf der Plaza Mayor, wo die Preise wirklich unverschämt hoch sind. Trotzdem ein unentbehrliches touristisches Muss, und es lohnt sich, dort in einem der überteuerten Cafés die Atmosphäre dieses geschlossenen Raums auf sich wirken zu lassen.

Eine andere unbedingt sehenswerte *plaza* ist die von Chinchón, der Wiege des gleichnamigen Getränks, einer Art Pernod.

Chinchón liegt südlich von Madrid und ist in circa vierzig Minuten leicht mit dem Auto erreichbar. Die staubige *plaza* ist eine der ältesten Spaniens und dient als beliebte Filmkulisse für mittelalterliche Historienschinken, mit der Kette uralter abenteuerlich konstruierter Häuser samt hölzerner Terrassen, Treppen und Balkons. Ein sehr empfehlenswerter kleiner Ausflug.

Auch die alten Wohnungen in Madrid sind oft ziemlich verschachtelt gebaut – nicht die Häuser, das kompliziert Innere sieht man ihnen nicht an –, irgendwie geht es immer um mehrere Ecken und gibt es viele Innenräume und Balkons und Patios, vielleicht vergleichbar mit den alten, riesigen Berliner Wohnungen oder den letzten Münchner Großraumwohnungen im Lehel und am Isartor.

Bei größeren Wohnungen kann man oft eine Art Rundgang machen, vom Dienstboteneingang in der Küche durch den Flur oder eine weitere Küche, der Anrichte, von der es dann wieder in einen der Flure geht, von dem mehrere Zimmer abzweigen oder der in einen anderen Trakt führt, oft durch Bäder verbunden. Man passiert mehrere Innenhöfe, bis man am Haupteingang vorne neben der Küche wieder herauskommt. Oder man dreht die Runde von der Eingangshalle aus, wo sich rechts und links die Flure teilen, Balkons auf Innenhöfe gehen und *miradores*, verglaste Erker, die Salons nach draußen verlängern. Die Raumaufteilung ist ein Thema mit unendlichen Variationen.

Auf den ersten Blick wirkt das stets sehr labyrinthisch, da kann man schon mal den Überblick verlieren. Doch komisch, selbst wenn ich keine Autokarten lesen kann: Der Grundriss selbst der kompliziertest verschachtelten und um mehrere Patios gewundenen Zweihundertsiebzig-Quadratmeter-Wohnung in Chueca erschließt sich mir sofort. Ich sehe quasi das Parkett und den Stuck, kann den Kamin riechen und trinke in der Küche mit den weit geöffneten West-Fenstern den ersten Wein.

Sehr oft sind die Häuser auch unglaublich schmal, dafür aber unglaublich tief. In unserer jetzigen Straße befindet sich ein Haus, das höchstens zwei Meter fünfzig breit ist, im Ernst, eine Bettlänge plus einige Geodreiecke, meiner fachmännischen Schätzung nach, bestimmt schmaler als das berühmte Skinny House in NY. Dafür geht's dann dreißig Meter in den Schacht, also in die Tiefe, so dass man am Ende doch noch auf siebzig Quadratmeter Wohnfläche pro Stockwerk kommt, irgendwie.

In spanischen Wohnungen herrscht übrigens vorzugsweise ewige Dunkelheit. Unter der strahlenden, gleißenden Sonne der Iberischen Halbinsel brennen in vielen Haushalten daher gerne mal die güldenen Kronleuchter bei geschlossenen Rollläden und Türen.

Auch die Mieter direkt über uns – es war in der dritten Wohnung –, die *mal visto* waren, also unerwünscht, lebten stets, wie ich seit unserem Einzug beobachten konnte, in völliger Dunkelheit. Da ihre Wohnung direkt über unserer lag und bis auf kleine Details genauso geschnitten war, also mit fünf Balkons außen, konnte ich das sehr gut feststellen, da ich für gewöhnlich mehrmals täglich das Haus zu verlassen pflege. Es waren viel Monde, in denen es oben dunkel blieb. Die schweren hölzernen, klappbaren Rollladentüren, die *contraventanas*, waren stets verschlossen.

Im Hochsommer mag das Sinn machen, um grelles Außenlicht und drückende Schwüle abzuhalten – dann sitzt man tatsächlich bei strahlender Sonne und heruntergelassenen Rollos unter entzündeter Stehlampe, weil der heiße Schwall von draußen auf Dauer unerträglich ist, doch das ganze Jahr über?

Nun muss ich erwähnen, dass besagte Familie als *conflictivo* galt, als schwierig, der Rest der *communidad* wollte sie schon seit Jahren loswerden.

Eine Bekannte aus dem obersten Stock, die ich einmal fragte, wie viele Menschen denn nun genau über uns wohnen, antwortete mit einem für eine Spanierin äußerst ungewöhnlichen Anfall von Schwermut bedeutungsvoll: »Viele. Sehr viele.« Dann erzählte sie mir, dass jene Familie in dem Verdacht stehe, seit Jahren die Feuerlöscher im Haus zu klauen und zu verscherbeln. Unter anderem.

Ich hielt mich bedeckt, anfangs. Bis der allwissende Óscar seinen Senf dazugab.

Óscar wusste nämlich lustige Geschichten zu berichten von den Leuten über uns, unter anderem korrespondierte einer seiner Storys aufs Vorteilhafteste mit der von meiner Freundin aus dem Haus. Er behauptete, dass einer aus dieser Familie jahrelang betrügerisches Geld damit verdient hatte, indem er in Bars als angeblicher Angestellter der Stadt die Feuerlöscher inspizierte und sie erst als leer, unbrauchbar und gefährlich disqualifizierte und dann einpackte. Von den verängstigten Restaurantbesitzern, denen er Gerichtsverfahren und Geschäftsverlust androhte, kassierte er anschließend Schmiergeld und verkaufte die natürlich völlig intakten Feuerlöscher anderweitig.

Und Schlimmeres.

Immer wenn ich fortan mit Diego und Óscar an unserem Haus vorbeikam, senkten sie die Stimmen, spähten total auffällig auf die dicht verschlossenen Balkons über unserer Wohnung und stritten zunehmend lauter darüber, ob es technisch überhaupt möglich sei, dass es sich um dieselbe Familie handele wie damals mit diesem Dieb oder jenem Mörder oder wer von der Sippe alles jemals im Knast war oder …

Lauter solche Erbaulichkeiten.

»Entschuldige, dass ich lache«, sagte Óscar und

grinste sich einen ab, während ich zusehends beunruhigter war.

»Müssten die nicht längst tot sein? Ist der eine nicht damals vom Balkon …«, sagte Diego.

Óscar dachte kurz nach und informierte uns darüber, dass das der Krankenschwester-Serienvergewaltiger von soundso sei, der vom Balkon um die Ecke gesprungen war. Das sei doch damals gewesen, als er für das Soundso-und-soundso-Mittagsmagazin gearbeitet habe.

Ich war dann einigermaßen besorgt.

Wir hörten DIE UNBEKANNTE GEFAHR da oben jedenfalls ewig herumstapfen – mit schweren Schritten. Unter den Bewohnern war auch eine Dame mit Krücken, die eigentlich ganz nett schien. Einmal war ich oben, und mir machte tatsächlich jemand auf. Damals ging es um die neue Farbe des Treppenhauses, die Anwälte von nebenan hatten mir den Musterkatalog vorbeigebracht, mit den favorisierten Wünschen der *communidad*, man pendelte zwischen *trigo*, also weizenfarben, und hellgrün. Ich hatte nicht übel Lust, eine ganz verwegene und unpassende Farbe wie beispielsweise Koralle vorzuschlagen, außer Konkurrenz, nur um ein bisschen Leben in die Bude zu bringen, schloss mich dann aber doch friedlich-opportun der *trigo*-Fraktion an und stapfte nach oben, um den Katalog weiterzureichen.

Da kam sie mir entgegengehumpelt auf zwei Krücken und fragte freundlich, was ich denn eingetragen hätte. *Trigo*, oh, ja, dann nehme sie das auch.

Trigo setzte sich übrigens letztendlich durch.

Die Frau kannte ich nun, und dann gab es noch den »weinenden Mann«, wie ihn meine Söhne tauften, der in den ersten Monaten immer mal wieder traurig vor der Haustür vergebens darauf wartete, dass ihn oben jemand einließ. Der ging dann irgendwann für immer, und es kamen neue Männer.

Männer mit gegelten Haaren, klein wie Spielzeuge und stolz wie Spanier, perfekt für den Limbo-Schuhmacher, mit schwindelerregend hohen Absätzen, auf denen sie dann klackerten und stapften. Permanent schienen sie Flamenco zu tanzen da oben.

Leider weinten sie nicht leise, sondern feierten und lachten laut und ließen die leeren Flaschen vernehmlich übers Parkett kullern, so ab Mitternacht, wenn Langweiler wie wir zu Bett zu gehen pflegen. Sie hämmerten, bis wir einen Wasserschaden hatten – natürlich begannen die Reparaturarbeiten abends, denn sie waren meist erst mittags munter –, doch das Allerschlimmste war die vergessene hässliche Bettwäsche, die von oben MONATELANG im Interior baumelte. Vergessen hing mir das grünbeige Grauen vor der Nase, direkt auf Augenhöhe vor dem Schreibtisch. Es überstand den Taubendreck und die Regengüsse, es trocknete und wurde wieder nass, trocknete, wurde wieder nass, wurde immer beiger und grauenvoller.

Im anderen Schacht, dem an der Küche, der zum Nebenhaus ging, in dem ausschließlich Südamerikaner lebten, Immigranten wie wir, duftete es hingegen sehr gut nach Weichspüler. Da wurde stets vorbildlich gewaschen und getrocknet – es offenbarte sich der ganze Charme bolivianischer Oberbekleidung, sorgfältig nach Größen geordnet.

»Wie ordentlich, Mama«, sagte mein großer Sohn einmal, als er die formidablen Reihen – Gardinen, Herrenhemden, BHs und am Ende Kindersöckchen – nachdenklich betrachtete.

Er für seinen Teil pflegt mittlerweile seine Sachen selbst zu waschen und hängt leicht übertrieben sämtliche Kleidungsstücke auf Bügel. Ähnlich wie im bolivianischen Wäscheschacht, der das Ganze allerdings noch mit Wäscheklammern an den Bügeln und Weichspüler toppte!

So etwas kannte das bedauernswerte deutsche Geschöpf bis dahin nicht, seine Mutter pflegt die Wäsche zum Trocknen eher über allerlei Querverstrebungen zu WERFEN, und die umweltschonend ungeweichspülten Teile sind stets hart wie Brettchen. Dabei hatten auch wir wie die Nachbarn im Nebenhaus vor mehreren Fenstern und Schächten in allen Stockwerken jene zugegebenermaßen charmanten folkloristischen Ziehwäscheleinen, die ein jeder sich mit seinem Nachbarn teilt – und die wir selbstredend nie benutzt haben.

Unsere Schnüre führten nur zu den Anwälten hinüber, und zwar direkt in deren Bibliothek. Die einzigen Stücke, die je auf unserer Leine hingen, waren diverse Bodenputztücher. Niemals, nie würden bei uns private Wäschestücke im öffentlichen Raum hängen. Das hatte ich mir geschworen, als ich voller Grauen auf den filigranen Balkonen in mehrere spanische Gegenüber blickte. Schreckliche und warnende Beispiele.

Da gab es einmal diesen Junggesellen, der mit Vorliebe gestreifte Boxershorts und weiße T-Shirts trug. Nie werde ich auch den Anblick der schlichtweg ENORMEN *bragas,* also Schlüpfer, der ehemaligen Nachbarin von gegenüber vergessen. Die alte Dame mit lila Haaren und dazu passendem mauvefarbenem Samtbademantel hatte auf ihrem bezaubernden kleinen Balkon das ganze Jahr über einen Wäscheständer stehen, auf dem ihre Unterwäsche prangte. Da hingen sie, oder vielmehr da DRÄUTEN sie: groß, RIESIG, einer pro Wäscheleine oder Spanneinheit auf dem Ständer, mit angesetzten Beinen und obendrein fleischfarben, oder HAUTFARBEN, wie mein einer Sohn, mein kleiner, früher zu sagen pflegte, wenn wir Buntstifte kauften.

Diese Indiskretionen sind jedoch nicht typisch südländisch, ich kann mich an einige deutsche Nachbarn erinnern, die außerstande waren, ihr voll verglastes Bad zu verschleiern, weswegen ich mehrfach unfreiwillig Zeugin sämtlicher Toilettenverrichtungen werden musste.

Miteinander leben, miteinander wohnen – in dem ersten Haus, in dem wir uns in Madrid einmieteten, jener bezaubernden, aber winzigen Stube, fand ungefähr einmal pro Woche ein Umzug statt, so dass wir gar keine Chance hatten, jemanden kennenzulernen. Nur die nette alte Dame mit dem Sicherheitstick, die seit Jahrzehnten dort wohnte, war noch da, als wir auszogen.

Sie war es auch, die mich sofort nach meinem Antrittsbesuch über unseren betrügerischen Vermieter aufklärte, von dem nur zu sagen bleibt, dass sie nicht übertrieben hatte und wir mit ihm zweifellos an den fiesesten Vermieter von ganz Madrid geraten waren.

Als wenige Tage nach Einzug der Strom ausfiel, ich vor dem erloschenen Computer saß und Stunden später vergammelten Fisch aus dem tropfenden Kühlschrank zog – es war Spätsommer, also glühend heiß in Madrid –, kam ich ins Grübeln. Denn es stellte sich heraus, dass unser Vermieter schon seit längerem keine Rechnung mehr bezahlt hatte, wie unser Anwalt herausfand. Allein Letzterem war es zu verdanken, dass schon am Abend der Strom wieder floss.

So ging es weiter. Dieser betrügerische Mensch, ein Italiener übrigens, ließ uns trotz aller Entschädigungsangebote und der Präsentation liquider Nachmieter nicht gleich wieder ausziehen.

Einigermaßen erbittert beobachtete ich, wie alle anderen um uns herum dauernd umzogen und offensichtlich keine Probleme damit hatten, aus ihrem Mietvertrag herauszukommen. Die schwitzenden, schleppenden jungen Menschen, Studenten und *mileuristas*, wirkten alle ganz nett, soweit meine flüchtigen Impressionen im Vorübergehen, zwischen ewigen Paxens und immergleichen Billies und identischen Bücherbergen, die regelmäßig die Treppen versperrten, diesen Schluss zuließen.

Wenn ich gutgelaunt war, nahm ich manchmal sogar etwas mit runter. Im Großen und Ganzen reiße ich mich nicht sonderlich ums Möbelschleppen, wir persönlich waren ja mit nicht viel mehr als dem Handgepäck angekommen und hatten allen bildungsbürgerlichen, bourgeoisen Ballast zurückgelassen. Wozu dann fremden schleppen?

Auch in einer anderen Wohnung hörte der Strom mitten in der Glut des Sommers auf zu fließen.

Als wir erwartungsvoll aus der Sommerfrische in die neue Wohnung kamen, wie vereinbart zum sofortigen Einzug, die üblichen Beträge hatten wir bereits drei Monate zuvor überwiesen, stellte sich heraus, dass es in der Wohnung weder Strom noch Wasser noch Gas gab. Es war September, Ende Mai hatten wir den Mietvertrag unterschrieben und den reizenden Vermietern dabei auch mitgeteilt, wann genau wir einzuziehen gedachten. Wir hatten mit allem gerechnet – etwa dass die neuen Matratzen nicht rechtzeitig geliefert würden –, doch nicht damit. Schließlich war das nicht die erste Wohnung, die wir in Spanien angemietet hatten. Die Matratzen kamen übrigens pünktlich auf die Minute, wie mehrere Monate zuvor vereinbart.

Als ich direkt vom Flughafen eintraf, saß der Kindsvater grimmig im Salon. Neben ihm stand die fröhliche Vermieterin, eine überschlanke, braungebrannte Sechzigerin mit tiefem Dekolleté, und sagte, das mit dem Wasser sei ja zu dumm, wirklich, sie wisse jetzt aber auch nicht, und blöd auch, dass Freitag sei, da arbeiteten die ja schon nicht mehr bei Canal Isabel II, den Madrider Wasserwerken … So lachte und zwitscherte sie und erzählte von den Ferien auf den Inseln und dass sie schon bei Nachbarn im Haus auf der Toilette gewesen war – wir könnten ja auch mal fragen. Gas und Strom müssten natürlich wir beantragen, der Boiler sei vielleicht etwas alt, aber …

Munter plappernd rauschte sie durch die Wohnung, die ihr gehörte, in der auch sie einmal gewohnt hatte und von der sie dennoch nicht wusste, wo sich der Wasseranschluss befand. Dabei war seit Monaten klar, dass heute ihre Mieter aus dem Ausland einziehen wollten, warum hatte sie denn nicht für Strom oder wenigstens fließend Wasser gesorgt?

Ganz einfach: Sie war zu lange in Urlaub gewesen, da vergisst man schon mal die lästigen Madrider Geschäfte.

Dass unsere Vermieterin eine leicht flatterhafte und redselige Person war, hatten wir schon bei der Unterzeichnung des Mietvertrags bemerkt, bei der sie ebenfalls allerlei Schwänke aus ihrem und ihrer Kinder Leben erzählt hatte. So erfuhren wir, seit wann sie verwitwet war und warum, dass sie sich um die Enkelkinder kümmerte, aber in der Schule alle immer dachten, sie sei die Mutter, und wo denn unsere Kinder zur Schule, ah, war da nicht auch deine Freundin, diese, du weißt schon, die dann mit dem Motorrad verunglückt ist, so jung, traurig ist das, so ein nettes Mädchen, wandte sie sich zwischendurch an ihren Sohn, der ebenfalls dabei war, weil er sich künftig um die Mietwohnungen seiner Mutter kümmern sollte.

Der verdrehte nur gequält die Augen. Er wirkte wie einer jener Spanier, die gerade mit einer eleganten Seitenflanke von ihrer Yacht in Andratx gesprungen zu sein scheinen: drahtig, mittelgroß, verblichene Jeans, teure Slipper, das Hemd halb offen, eine Sonnenbrille über die nackenlangen grauen Haare geschoben und immer, IMMER das Handy und ein Päckchen Zigaretten in der Hand.

Wir hatten noch ein paarmal mit ihm zu tun, und er verabredete sich nie vor MORGENS zwölf Uhr, also mittags. Anfangs hielten wir ihn für den typisch madrilenischen Nachtschwärmer, einen Müßiggänger, der rauchend und trinkend, zwei schöne Mädchen in jedem Arm, bis zum Morgengrauen in den angesagten Clubs herumstand und sich deshalb nie vor zwölf verabreden konnte.

Wie haben wir ihm Unrecht getan!

Irgendwann einmal vertraute er mir an, dass er verheiratet sei und zwei Kinder habe. Zwei KLEINE Kinder, eines davon sehr klein, damals gerade geboren, und der große Sohn sei hyperaktiv, stehe jeden Morgen um fünf auf der Matte, und dass er deswegen immer erst ab Mittag könne.

Jedenfalls erzählte seine Mutter am Tag unseres

Einzugs von den grauenhaften Waldbränden auf den Inseln, während sie uns so ziemlich auf dem Trockenen sitzen ließ und sich keiner Schuld bewusst war, und hatte zudem keine Ahnung, wer von der Hausgemeinschaft uns weiterhelfen könnte. Sie müsse jetzt leider gehen, das Wochenende. Lachend warf sie das Haar zurück, und weg war sie.

Das männliche Familienoberhaupt der teutonischen Familie saß derweil zähneknirschend am Computer und versuchte am Freitagnachmittag in Spanien noch irgendetwas zu retten, bevor der Akku des Notebooks komplett leer war, während das weibliche Familienoberhaupt erst einmal Kerzen kaufte, solange es noch hell war.

»Was für eine Panne«, sagten die Kinder.

»Warum klappt bei uns eigentlich immer gar nichts? Die andern kommen in ihre Wohnung und haben alles. Strom, Wasser, Hausangestellte«, tönte dumpf und anklagend der Kindermund.

Wir kauften Wasser, viel Wasser, sehr viel Wasser, in Fünf-Liter-Einheiten, die in zwei Stunden geliefert werden sollten.

Davor gingen wir essen. Weniger aus Hunger als vielmehr, um die Restauranttoilette benutzen zu können und uns die Hände zu waschen.

Das wurde zum geflügelten Wort in den nächsten Tagen: Hände waschen gehen.

Am Ende mieteten wir uns ein Hotelzimmer, nur zum Duschen und Handy-Aufladen und dergleichen.

Als ich dem Portier die Lage erklärte, guckte er streng den Hund an und sagte nur: »Der Hund kann aber nicht mit.«

Ich konnte ihn beruhigen. »Nein, unser Hund will ganz sicher nicht zum Duschen kommen!«

Insgesamt dauerte es tatsächlich eine ganze Woche, bis wir fließend Wasser hatten, der Strom floss dagegen gleich am ersten Werktag, und das auch nur, weil wir selbst rührig waren. Die Vermieterin oder vielmehr ihr Sohn hielt sich weiter vornehm zurück, andererseits erstattete er unsere Unkosten, ohne irgendeine Rechnung sehen zu wollen – très cool.

Irgendwann erbarmte sich der Ehemann der Präsidentin der *communidad* meiner, ein gegelter, elegant gekleideter Börsenmakler. Gemeinsam durchsuchten wir die Wohnung nach dem Wasserhahn, bis er ihn schließlich fand, klitzeklein, doch blau. Er schüttelte nur den Kopf über unseren Vermieter. Diese Szene bleibt mir unvergesslich, weil er sich dabei seine Luxushose mit Putz oder Wandfarbe beschmutzte und ich nicht sicher war, ob ich ihn darauf hinweisen sollte. Vielleicht hatte er ja noch einen lebenswichtigen Termin, bei dem es sehr auf saubere Hosen ankam!

Jedenfalls schien es mir keineswegs angebracht, ihm eine feuchte Serviette oder ein Handtuch zu reichen – oder am Ende gar selbst Hand anzulegen, was man bei einigen Menschen und weniger sensiblen Stellen ja durchaus tun kann. Während ich also noch so rumüberlegte, war er schon gegangen und wirkte auch Monate später fidel und elegant, obwohl es mir so vorkam, als ob er mich nicht mehr GANZ so freundlich grüßte.

Weitere Wochen vergingen dann, bis wir auch warmes Wasser hatten, sprich: bis der neue Boiler installiert war, denn der alte war lebensgefährlich, wie mir der Inspektor von Gas Natural mitteilte. Unserem Vermieter fiel nichts anderes ein als der Kommentar: »Zum Glück ist Sommer, stellt euch mal vor, ihr müsstet im Winter kalt duschen!«

Ich wies ihn darauf hin, dass wir, auch wenn wir Deutsche waren, nicht in Eiswasser zu baden pflegten und eine Warmwasserdusche und erst recht -haarwäsche durchaus zu schätzen wüssten!

Immerhin schleppte er uns für die Übergangszeit eine Gasflasche an und bestellte aus lauter Schuldbewusstsein einen ganz besonders tollen Boiler, der dann auch ganz besonders hoch angebracht wurde – aus bestimmten technischen Gründen, die mir entfallen sind. Der Gasmensch war angesichts dessen leicht verzweifelt, als er auf der Leiter stand, um das Ding zu installieren (und ich musste schon sehr auf die Zehenspitzen, um ihn zu programmieren), doch unser Vermieter kommentierte dies wieder nur launig mit: »Ein Glück, dass ihr alle so groß seid.«

Bei allem Ärger finde ich persönlich so etwas doch eher lustig.

Spaßig auch ein anderes Haus, in dem wir ganz klar die *gringos* waren, die Ausländer, die in der einzigen zu vermietenden »Ausländerwohnung« lebten – ganz oben unterm Dach und mit mehreren Terrassen. Den Rest des hochherrschaftlichen Anwesens bewohnten die Eigentümer – ausschließlich Herrschaften so um die achtzig.

Die beeindruckende Eingangshalle hatte die Größe einer Kleinstadtdisko: mehrere Ebenen, die Wände geschmückt mit kunstvoll gearbeiteten Kacheln, mannshohen Palmen, die Pförtnerloge aus spiegelblank poliertem Ebenholz mit feingeschliffenem, altem Glas, der jammernde Drahtkäfig des sich nur mühsam aufrappelnden Lifts mit quietschenden Klapptürchen …

Der *portero*, der Hausmeister, war wahnsinnig nett,

ein schmaler Mittvierziger mit wachen Augen, und mich wehte stets derVerdacht an, dass er das schwarze Schaf der Familie war und irgendwelche Schuld(en) hier in seiner Pförtnerloge abzutragen hatte. Viel zu respektlos ging er mit dem Hausbesitzer-Clan um, viel zu selbstsicher war er, und viel zu elegant waren sowohl er selbst als auch seine Wohnung, ganz oben, bei uns im *ático*. Sie hatten ihn nicht wie üblich in die kleinen engen *portero*-Kabuffs im Souterrain verbannt. Außerdem trug er eine teure Armbanduhr, las immer *El País*, und unter dem obligatorischen blauen *portero*-Kittel blitzte stets ein weißes Hemd (im Sommer) oder ein weißes Hemd mit weinrotem V-Ausschnitt-Pullover (im Winter) hervor.

Die einzigen Male, die wir ihn körperlich arbeiten sahen, war im Winter, wenn er Kohlen schaufelte. Mit dem Wischmopp, schlichtweg DAS unerlässliche Attribut eines jeden *porteros*, sah ich ihn dagegen nie, das erledigte eine Putzfrau.

Jedenfalls wurde ich nie das Gefühl los, dass ein dunkles Geheimnis auf diesem Haus lastete.

Einmal führte der *portero* mich zu einer Besprechung in die Wohnung einer Cousine des Oberbesitzer-Dons und verschwand dann ganz selbstverständlich in dem weitläufigen Flur des rechten privaten Wohntrakts, was mir nicht entging.

Diese Wohnung, die ich so oder ähnlich schon öfter in Madrid gesehen habe, war ein Wunderwerk an spiegelndem Parkett, sündhaft teuren Teppichen, blitzend polierten, schweren Kommoden, gediegenen Vitrinen, dick aufgepolsterten Lehnstühlen, goldenen Spiegeln, goldenen Bilderrahmen, goldverzierten Kerzenständern, Tischlampen und vergoldeten Kronleuchtern. Viel Möbel, viel Teppich. Auf einem Teller mit Goldrand bot der Hausherr mir zuckersüßer Schokozauber an.

Und das bei der Hitze.

Zunächst einmal schwitzte ich enorm. Es war zwar erst Anfang Oktober, dafür lief aber die Heizung auf Hochtouren, das ist mir außer dem vielen Gold in unauslöschlicher Erinnerung geblieben.

Die Familie hatte schon mächtig eingeheizt.

Jenes alte Gebäude gehörte zu den ungefähr sechshundert in Madrid, die noch mit überaus umweltfeindlichen Kohleheizungen betrieben wurden und deren Besitzer die Stadt mit großzügigen staatlichen Bezuschussungen köderte, damit sie ihre Heizungsanlage umstellten.

Nicht so der Don. Der ließ seinen unliebsamen Verwandten (das behaupte allerdings nur ich) lieber Kohle schippen für die Heizung, in den enormen unheimlichen Kellergewölben mit Tonnendecken.

Die Heizung zahlten im Übrigen wir, und zwar KOMPLETT, also für das ganze Haus der verfrorenen Greise. So schien es zumindest! Allein zu diesem Zweck hielt die Familie sich offensichtlich die Ausländer im Dachgeschoss, damit man ihnen enorme Abschlagszahlungen abknöpfen konnte und selbst sparte.

Meine wortreichen Erklärungen bezüglich unseres gemäßigten teutonischen Heizverhaltens nutzten gar nichts: Der dicke Don blieb hart.

Auch beim Thema »zu renovierende Bäder« – blindes Spiegelglas ist durchaus charmant, aber irgendwann möchte man vielleicht auch mal die Augen sehen, die man da zu schminken versucht – wusste er Rat: Natürlich baue er Hydromassage-Duschen ein, wenn wir uns zur Hälfte beteiligten …

Meine Einwände, das sei für uns, die wir nur eine gewisse Zeit bleiben wollten, extrem unökonomisch, wischte er beiseite: Wir könnten über alles reden, ja, das sei doch das Schöne, dass wir über alles reden könnten.

Er war übrigens bisher der einzige Spanier, der mich mit »Doña Andrea« ansprach. Ich bin mir allerdings nicht ganz sicher, wie das einzuschätzen ist, hat mir doch eine Endzwanzigerin einmal gesagt, dass sie grottenschlechte Laune bekomme, wenn jemand sie »Señora« nenne, denn eine Señora stünde ja schon mit einem Bein im Grab. Daher nehme ich jetzt mal an, bei der Anrede einer würdevollen »Doña« kann man sich gleich die Kugel geben.

Jedenfalls sind wir nicht nur wegen der Heizkosten oder Badbeteiligung ausgezogen. Ehrlich gesagt lösten das Haus und seine Bewohner in mir eine wachsende Phobie aus. Das überladene Entree, die schwindelnde Höhe, das viele Glas und der knirschende Aufzugkäfig riefen nahezu Polanski'sche Gefühle hervor – *der Mieter*, sag ich nur!

Der gruselige Kohlenkeller ließ mich um meine Kinder bangen – absurd, dass der feingliedrige *portero* diese riesigen Germanen verfeuern könnte –, und die greise Hausbesitzerfamilie um den Don wurde mir zusehends unheimlich, kam mir irgendwann sogar nahezu vampirisch vor. Ich fühlte mich wie in *Delikatessen*, und witziger- oder vielmehr absurderweise befand sich unter unserer nächsten Wohnung ein Laden, dessen Eingangsschild in verschnörkelter Fünfziger-Jahre-Schrifttype genau diese Inschrift zierte: *Delicatessen*.

Natürlich bewohnte unser Familiengourmet, der eine Sohn, der kleine, das Zimmer genau darüber …

11

Lebensgefährlich

Keiner meiner spanischen Freunde kann mir erklären, warum es in Madrid, dieser liebenswerten, hektischen, gastfreundlichen, chaotischen, dörflichen und gleichzeitig kosmopoliten, lebendigen, neugierigen, eklektizistischen, kommunikativen, integrativen Stadt, zu ganz merkwürdigen restriktiven bürokratischen Aussetzern kommen kann.

»Ich liebe Spanien, aber dieses Land will mich nicht und behandelt mich wie einen Schwerverbrecher«, klage ich gelegentlich nach einem besonders demütigenden und absurden Behördengang. »Die Spanier sind rassistisch und hassen alle Immigranten.«

»Haha«, lacht Óscar dann, »ihr seid doch *immigrantes de lujo,* außerdem …«

»… das ist Spanien«, vollende ich dann jedes Mal missmutig seinen Standardsatz.

»Mach dir nichts draus, uns behandeln sie genauso schlecht«, trösten mich Maite und Ana, die meinen Kummer nur zu gut versteht. Letztere betreut oft ausländische Gastprofessoren, die kurz davor sind, wegen überflüssiger und undurchsichtiger behördlicher Vorgänge durchzudrehen. Sie schämt sich still für die spanische Bürokratie und schreibt mir später eine lange Mail, in der sie ihre Ohnmacht gegenüber der oft recht willkürlich anmutenden Behördenschikanen ihres Landes bekennt.

Muss wohl noch ein Rest Franco-Drill sein, der die madrilenischen Verwaltungsangestellten hin und wieder überfällt, so als ob sie beweisen wollten, dass es auch im vermeintlich ewigen Urlaubsland Spanien ganz korrekt bis über-ordnungsliebend zugehen kann.

Die erwähnte spanische Vorliebe für die *operación* ist ein weiterer Beleg dafür. Hier wird alles, selbst die kleinste Nebensächlichkeit, zu einer angeblich großen Sache aufgebauscht, die logistisch und technisch natürlich nur mit größtem Fingerspitzengefühl realisiert werden kann. Dank des phänomenalen spanischen Organisationstalents ist man ja jederzeit in der Lage, diese souverän anzugehen – vor allem natürlich die zitierte *operación bikini*! Solche Lageplanmäßigkeit erfordert denn auch eine gewisse Portion Intoleranz und gelegentliche Willkür, die den Liebhaber südländisch-lässiger Lebensart in großes Erstaunen versetzt.

Ist man auf öffentliche Verkehrsmittel wie etwa Busse angewiesen, sieht man sich unweigerlich auf Gedeih und Verderb der Laune des jeweiligen Fahrers ausgesetzt. Manchmal erlauben sie einer Mutter, mit ihrem Kinderwagen einzusteigen, manchmal nicht und manchmal nur dann, wenn sie quasi der einzige Fahrgast ist.

Einmal erlebte ich mit, wie ein Fahrer schlichtweg abstritt, in die laut Fahrplan vorgesehene Richtung zu fahren, vermutlich nur, um den geräumigen Kinderwagen der ortsfremden Mutter nicht transportieren zu müssen.

Zwillingswagen haben grundsätzlich keine Chance. Obwohl es seit Februar 2007 eine hübsche Broschüre über die neuen Verkehrsmittelregeln mit dem schönen Titel »*Muévete mejor en el autobús*« – »Beweg dich besser im Bus« – gibt, ist die Sachlage keineswegs klar. Immerhin ist darin ausdrücklich vermerkt, dass die Kinderwagen oder das Kind nicht zusammenzuklappen sind, im Gegensatz zu Fahrrädern, die im solchermaßen gebündelten Zustand die Größe eines normalen Handgepäcksstücks nicht übertreffen dürfen.

Offiziell darf man also mit handgepäcksgroßen Koffern, Fahrrädern und Einkaufswagen an Bord gehen, doch nicht mit Rucksäcken auf der Schulter! Pro Bus ist außerdem nur ein zusammengeklapptes Fahrrad erlaubt, und das auch nur an bestimmten Wochentagen zu bestimmten Zeiten in bestimmten Linien. Es ist mir entfallen, wann genau das sein soll, habe ich doch auch keineswegs die Absicht, jemals in Madrid ein Fahrrad zu transportieren, geschweige denn damit zu fahren. Ich bin schließlich nicht lebensmüde.

Auch die schon erwähnten rollenden Einkaufshilfen geplagter Hausfrauen, die es sicher schicker und bequemer fänden, im Taxi vom Einkaufszentrum nach Hause kutschiert zu werden, wenn sie es sich leisten könnten, sind den Busfahrern ein Dorn im Auge. Selbst wenn die Busse nicht SO überfüllt sind, kommt es manchmal vor, dass der Fahrer einer Señora samt *rolser* den Transport verweigert. Immer wieder hört man auch empörte Bürger fragen, wie sie bitte schön ohne den teuren Einsatz eines Taxis zum Flughafen kommen sollen, wenn Koffer, Rucksäcke oder Reisetaschen nicht im Bus befördert werden, die Metro geschlossen ist und sie aus irgendwelchen Gründen die Flughafenbusse nicht erwischen.

Wenn schon Mütter mit Kleinkindern Probleme mit den Öffis haben, erstaunt es kaum, dass auch

Tiere nicht transportiert werden – außer natürlich es handelt sich um handtaschengroße *mascotas*. In der Metro darf man nicht einmal zum puren Fahrkartenkauf einen Hund mitnehmen, sofort kommt die Security angewetzt, und manchmal wird man selbst dann schief angeschaut, wenn man mit seinen Koffern deutlich erkennbar vom Flughafen kommt. Fahrgäste mit Reisegepäck verbrauchten doppelt so viel Platz, wozu gebe es schließlich Taxis?, ließ sich einmal mir gegenüber eine Señora vernehmen, ihre Missbilligung nicht verhehlend.

Viele Mütter mit Kleinkindern und Buggys verzichten daher lieber auf eine aufregende Metrofahrt, zumal sie dazu in Ermangelung von Aufzügen die Kinderwagen andauernd alleine über Dutzende enger, steiler Treppen schleppen müssen, da nur ganz wenige Madrilenen Erbarmen zeigen und mit Hand anlegen.

Ich benutze die Öffis regelmäßig, kann das nachvollziehen und verstehe auch allmählich, warum in Madrid so viele winzige Frauen in riesigen, extrahohen Landcruisern mit Allradantrieb und einem Verbrauch von dreißig Litern auf hundert Kilometern unterwegs sind und ebenso rücksichtslos wie angstfrei – wer das größte, dickste Auto hat, der hat immer recht – durch die Stadt brettern und die Luft verpesten. Schließlich müssen sie ihre Kinder transportieren, in den Kindergarten, in die Schule, irgendwohin … Sie sind förmlich dazu gezwungen.

Selbst Taxifahrer weigern sich nämlich manchmal, Kleinkinder oder Hunde mitzunehmen, nicht einmal nasse Kinder und trockene Hunde. Eine Mutter schrieb mal empörte Leserbriefe an alle großen Zeitungen, dass sie stundenlang mit ihrem Baby im

Regen stehen musste, weil keiner der *taxistas* sie mitnehmen wollte.

Uns wurde einmal allen Ernstes empfohlen, zwei Taxis zum Flughafen zu nehmen, die Fahrgäste (meine Kinder und mich) plus drei normalgroße Koffer plus Handgepäcks-Rucksäcke respektive Handtäschchen könne man unmöglich in einem Wagen transportieren.

Auch die ansonsten ganz netten Parkkontrolleurinnen zeigen manchmal unangebrachte Härte. Eine hat auf meine verzweifelten Reklamations- und Erklärungsversuche mal erwidert, sie müsse eine bestimmte Anzahl von Tickets ausstellen, sonst würde sie selbst bestraft.

Ich habe das nicht unbedingt geglaubt, bis eines Tages durch die Presse ging, dass angeblich auch Polizisten erheblich unter Druck standen. Auf der Jagd nach illegalen Immigranten versprach man ihnen für zwei verhaftete Illegale einen freien Tag. Umgekehrt wurden zu wenige Verhaftungen mit Relegationen auf untere Posten oder unbeliebte Schichten bestraft. Als die Fakten bekanntwurden und der Innenminister diese Vorgehensweise geißelte, stritt die Leitung der *policía nacional* alles ab, doch die Polizeigewerkschaften SUP und CEP behaupteten, dass dieses Verfahren seit langem üblich sei und sowohl Chefs wie Untergebene unter Druck setze.

So kam es regelmäßig zu Höchstleistungen in sensiblen Zonen wie Usera oder Ciudad Lineal, wo die Beamten pro Woche bis zu hundertzwanzig Einwanderer ohne Papiere aufgriffen.

Der Polizeichef von Madrid hatte die entsprechende Anweisung im Herbst erteilt, und kaum drei Monate später war die Zahl der Verhaftungen um hunderteinundvierzig Prozent gestiegen.

Manchmal fahren auch ganz normale Bürger eine militante Schiene, was mitunter bedrohliche bis komische Züge annehmen kann. In der Nähe Madrids fanden in einem Fünfhundert-Seelen-Dorf vor einiger Zeit ungewöhnlich viele Einbrüche statt, ungefähr jeden zweiten Tag, ohne dass die Polizei der Lage Herr werden konnte oder wollte. So organisierten sich irgendwann die Bürger, bereit zur Selbstjustiz.

Mit frisch erstandenen Walkie-Talkies ausgerüstet, patrouillierten sie in wechselnder Besetzung durch die Straßen, und zwei Posten lagen rund um die Uhr am Ortsein- und -ausgang mit Feldstechern strategisch günstig auf einer leichten Anhöhe auf der Lauer, um jeden Fremden, der sich dem Dorf näherte, beobachten zu können. Das hätte Alexander der Große nicht besser machen können. Abgesehen davon, dass der Täter wahrscheinlich sowieso jemand aus dem Dorf selbst war.

Doch nicht selten gebricht es an Organisation und Generalstabswillen, gerade wenn gleich Hundertschaften auftauchen, noch dazu mit der unbedingten Absicht, zu funktionieren.

Wir haben einmal eine Hausrenovierung in Madrid durchlitten, die jeder Beschreibung spottete, weil alle ohne erkennbaren Plan vor sich hin werkelten. Mal ganz abgesehen davon, dass unser Haus VOR der Renovierung erheblich schöner war. Da wurde in einem fünfstöckigen Gebäude der gesamte uralte weiße Schachbrett-Marmorfußboden VON HAND abgeklopft. Erstens mal von Arbeitern ohne Atemschutzmaske und zweitens ziemlich chaotisch mal ein bisschen im vierten Stock und dann ein bisschen im ersten. Parallel dazu strichen sie Wände und Türen, die zwischendurch wieder einstaubten und daraufhin erneut überstrichen werden mussten, bis sie ganz dick waren. Ebenso willkürlich verlegten sie ein wenig hier und ein wenig da irgendwelche Leitungen und bauten die Fenster aus, obwohl die neuen noch gar nicht da waren. Zu allem Überfluss funktionierte das tolle Energiesparlicht nicht, so dass wir ständig im Dunkeln die Treppen hinabstürzten, und das Eingangsportal, eine dieser hohen, alten, enorm schweren Holztüren, schloss auch nicht mehr. Nach der Reparatur fiel es jedoch mit solcher Wucht ins Schloss und ließ die Mauern des uralten Hauses beben, dass wir noch im dritten Stock einen Herzinfarkt bekamen. Erstaunlicherweise wurden die Arbeiten noch vor Ablauf dieses Jahrhunderts beendet.

Künftig werde ich jeden deutschen Durchschnittshandwerker bedingungslos lieben.

Niemals wieder wird die Autorin dieser Zeilen außerdem über willkürliche Amtsgewalt in deutschen Behördenstuben schimpfen. Die vielzitierte, angeblich typisch deutsche bürokratische Sturheit wird im Land der Sangria leicht getoppt. Ich sage nur: Bareinzahlung bei Banken.

Wenn man (noch) keine spanische Bankverbindung hat und mal flugs die Strom- oder Telefonrechnung überweisen will, kann sich das durchaus schwierig gestalten.

In den hiesigen Anfangszeiten überwies ich die Kosten für unser Telefon, das auf meinen Namen lief. Anfangs war das problemlos möglich, aber dann gestaltete es sich immer schwieriger. Das Ganze fing damit an, dass meine favorisierte, weil supernahe Bank plötzlich Bareinzahlungen nur noch in der zweiten Hälfte des Monats annahm. Das war blöd, weil ich mal wieder auf den letzten Drücker andampfte, also ungefähr eine Stunde vor Zahlfristende. Doch auch mein flehentlicher Hinweis auf das Verfallsdatum der Rechnung und die daraus entstehenden Konsequenzen – Leitungsstilllegung – konnten die Bankangestellte nicht überzeugen. Angeblich ließ ihr Computer die Transaktion außerhalb der Frist nicht zu. Ich sauste dann ewig rum, bis ich eine kleine Außenseiterbank auftat, die mein Geld dankbar annahm. Ich kehrte dann immer wieder dorthin zurück, weil ich die sich zusehends verkomplizierenden Einzahlungszeiten der anderen Banken beim besten Willen nicht verinnerlichen konnte:

Bei der einen ging es nur am zweiten Mittwoch des Monats zwischen 9.30 und 11.00 Uhr, bei der anderen nur in der ersten Woche des Monats zwischen 9.00 und 10.00 Uhr und bei der dritten ausschließlich am Donnerstagvormittag. Das kann sich doch keiner merken! Außerdem kommt die Rechnung sowieso außerhalb dieser Zeiten, oder man ist verreist oder was weiß ich.

Bareinzahlungen sind zwar problemlos bei jeder Postfiliale möglich, aber manchmal können sie dort den Code nicht lesen, außerdem befinden sich die für mich nächsten Postämter aus irgendeinem Grund immer am Ende der Welt, während in Sichtweite meines Schreibtischs mindestens zehn verschiedene Banken residieren.

Kompliziert ist es manchmal auch bei der SER, der Stelle, bei der jeder Madrilene seine Anlieger-Parklizenz beantragt oder verlängert. Jedes Jahr dasselbe Procedere, immer wieder dieselben Papiere.

In unserem ersten Jahr in Spanien war der zuständige Beamte damit überfordert, die auf Pass, Personalausweis und deutscher Meldebestätigung identischen Namen und Adresse zu identifizieren. Da half es auch nicht, dass ich ihn aufklären wollte und feststellte, so schwierig und anders könne das hier in Spanien, wo die Städte wie in Deutschland Postleitzahlen haben, die Straßen »*calle*« heißen und alle Menschen Vor- und Nachnamen besitzen, gar nicht sein. Trotzdem: Er blieb stur. Ich solle schnell zur Botschaft gehen, das übersetzen lassen, dann könne ich auch ohne Wartezeit von mindestens einer Stunde gleich wieder zu ihm.

Ich ließ das Papier also für eine Handvoll Euro übersetzen – was da halt auf einer Meldebestätigung so zu übersetzen ist – und abstempeln und ging am nächsten Tag zurück zum Herrn Beamten.

Der studierte die Papiere nun sorgfältig und stellte mit bekümmertem Gesichtsausdruck fest: »Ja, aber da fehlt noch das Original des Fahrzeugscheins!«

Ich wies ihn leicht verzweifelt darauf hin, dass er doch gestern, als ich da war, das Original gesehen habe. »Heute ist es nur die Fotokopie, weil jemand mit dem Wagen unterwegs in den Norden ist«, fügte ich erklärend hinzu.

Er machte immer noch ein bedenkliches Gesicht, war aber nett. »Nächstes Jahr bringen Sie mir dann aber das Original!«, drohte er freundlich und wischte sich gespielt den Schweiß von der Stirn – so eine schwierige Kundin. Dann lachte er und freute sich, dass wir das komplizierte Geschäft so toll hinbekommen hatten.

In einem anderen Jahr wiederum klappte es gut und schnell, weil mittlerweile Termine vergeben wurden und wir inzwischen »empadroniert« waren, also behördlich gemeldet.

Dafür tanzte ich dann im Jahr darauf wieder mit all den beglaubigten, abgestempelten, teuer bezahlten Papieren an, diesmal lieber zu viele als zu wenige, hatte sämtliche Originale plus Fotokopien dabei, die diesmal übrigens überflüssig waren, und konnte auch das unerlässliche Anschreiben an die hiesige Adresse vorlegen. In Spanien muss man nämlich oft eine aktuelle Strom-, Gas- oder sonstige Rechnung vorlegen, um seine Adresse zu verifizieren.

Ich legte also das aktuelle Anschreiben von der SER auf die anstehende Erneuerung der Parklizenz vor. Die Dame machte nicht viel Federlesens und sagte, das gelte nicht, weil es von ihrer eigenen Behörde sei.

Ich war verwirrt: Wenn ich nicht an dieser Adresse wohnen würde, hätte ich das Schreiben doch gar nicht bekommen.

Sie blieb hart: Das Schreiben komme aus ihrem Hause, deswegen sei es inakzeptabel.

Die Logik entzog sich mir, dennoch trottelte ich am nächsten Tag willig wieder an, diesmal mit der letzten Gasrechnung.

Jedes Jahr, wenn ich das kleine grüne Papperl von der SER erstanden habe, lasse ich mich von der Familie gehörig feiern!

Ähnlich schwierig gestaltete sich die Beschaffung des offiziellen Papiers, das uns als Bürger der Europäischen Gemeinschaft ausweist. Zunächst warteten wir monatelang auf einen Termin bei der Ausländerbehörde, den wir nach ungefähr hundert Anrufen bekamen, wenngleich auch erst fürs nächste Jahr. Monate später war ich dann eifrig bemüht, die gesamte Familie zusammenzutreiben und alle Beteiligten daran zu erinnern, dass am soundsovielten um soundsoviel Uhr UNBEDINGT gemeinsamer Abmarsch zum *Cuerpo Nacional de Policia Comisaria General de Extranjería y Fronteras* sei, also zur Einwanderungsbehörde des Innenministeriums. Die Vorab-Papiere samt Terminbestätigung bewahrte ich wie einen Goldschatz auf, ließ mehrere Passfotos machen, Ausweise ausstellen und anderes Zeug kopieren.

Die einzige kleine Unstimmigkeit bei der Aktion war die genaue Adresse des Amtes, die eine ganz nah, die andere ganz fern, und auf dem offiziellen Schreiben anders als die am bewussten Tag X noch morgens vom Amt per Mail bestätigte. Nach einem Anruf waren wir schlauer: Die eine Adresse, natürlich die nahe, war nur für rumänische und bulgarische Einwanderer, wir mussten woandershin.

Das mit dem gemeinsamen Abmarsch klappte wie geplant, und wir kamen dann auch deutschpünktlich an, bei der ganz weiten Adresse. Mein großer Sohn wies uns schon am Eingang besorgt auf zwei Engländerinnen hin, die mehrere Formulare in den Händen hielten und irgendwie nicht besonders glücklich aussahen. Wir kamen nur bis zum ersten Treppenabsatz, dann hielt uns ein Polizeibeamter auf. Artig pulten wir aus unserem Ordner DAS Papier, auf dem unser Termin an dieser Adresse um diese Stunde dokumentiert war. Der Polizist jedoch war besser informiert: Wir mussten in das andere Amt, das für die Rumänen und Bulgaren.

Das für uns KEINESFALLS zuständig sei, wie wir ja am Morgen auf unserer telefonischen Nachfrage erfahren hatten.

Und unser Termin? Den würden wir doch jetzt verlieren!

Wir würden ihn schon nicht verlieren, erwiderte der Polizist mit erstaunlicher Sicherheit.

Also schwangen wir uns ins Taxi und erschienen kaum eine Stunde später an der Adresse für die Rumänen und Bulgaren, in einer kleinen, engen, schmutzigen Gasse. Wir konnten den Eingang des Amtes kaum verfehlen, weil oben am Gebäude Fahnen wehten und sich unten eine kilometerlange Warteschlange wand.

Jetzt war auch klar, warum der Beamte zuvor so sicher gewesen war, dass wir unseren »Termin« auf keinen Fall verlieren würden.

Jeder in der Schlange hatte einen Termin.

Als wir Stunden später endlich durchgeschleust waren und in einer kleinen Gruppe in einem ersten Wartesaal saßen, stellte sich auf die Nachfrage eines weiteren Beamten heraus, der die Immigranten vorab briefte, dass sich kein einziger Rumäne oder Bulgare unter uns befand.

Unser einer Sohn, der kleine Sohn, bekam das Papier dann übrigens nicht, weil das Formular, das man uns zugesandt hatte, einen Code vom Vorjahr trug und es unmöglich war, eine Regelung zu treffen. Der Behördengang steigerte sich ins Super-Absurde und die Passfotos waren auch überflüssig.

Es sei kein Problem für unseren Sohn, versicherte uns der Beamte glaubhaft, das Wichtigste sei die Meldebestätigung.

Falsch.

Mein Leidensweg, um für meinen Sohn eine *tarjeta sanitaria*, so eine Art Gesundheitspass, zu besorgen – der Rest der Familie hatte das gute Stück problemlos bekommen –, war unbeschreiblich.

Um es kurz zu machen: Es gab gute Tage, also Tage mit freundlichen Beamten und unbeschreiblich liebenswürdigen, überaus kreativen Ärzten und Verwaltungsangestellten des Gesundheitszentrums, die hilfsbereit und genauso ratlos wie ich waren, für mich telefonierten, um Fassung rangen und wirklich alles versuchten. Und es gab Tage, an denen ich am Rande eines Nervenzusammenbruchs stand, wenn mich eine dicke blonde, heisere Beamtin nach durchaus beachtlicher Wartezeit wieder zurückschickte, weil ich den Zettel nicht ausgefüllt hatte. Dabei hätte ich nur den Namen und die Anschrift eintragen müssen, was in drei Sekunden erledigt gewesen wäre.

Egal, sie ließ mich eine neue Wartenummer ziehen, sah mich, als ich unglücklicherweise erneut bei IHR landete, nur genervt an und sagte, das sei sowieso alles nicht möglich. Wozu mein Sohn die *tarjeta* überhaupt brauche, fragte sie, packte nebenbei ihre Handtasche zusammen und machte sich fertig zum Betriebsausflug. Tatsächlich bemerkte ich beim Hinausgehen, dass die halbe Belegschaft des Amts bereits draußen vor der Tür stand und schnatterte und rauchte. Sie war einfach sauer, dass sie noch arbeiten musste.

Meinen verzweifelten Einwand, man habe mich hergeschickt vom Gesundheitsamt und nur mit diesem Zettel könne mein Problem gelöst werden, ließ sie nicht gelten. Meine Frage, warum sie mir die Unmöglichkeit des Unterfangens nicht schon bei unserem ersten Zusammentreffen vor fast einer Stunde erklärt hätte, beantwortete sie gar nicht mehr.

Sie hatte einfach keine Lust.

Ich auch nicht mehr, und als ich kurz darauf schweißüberströmt vom Rennen und Busfahren in der nächsten Behörde ankam, hoffte ich auf einen

NETTEN Vertreter ihrer Zunft, was es durchaus auch gibt.

Diesmal verschlugen Wartenummer und Schicksal mich zu einem Señor, dessen ganzer Schreibtisch plus Ordner und Aktenschrank bis zu Blumentopf und Kaffeetasse mit Heiligenbildchen gepflastert war. Das machte mir Hoffnung. Ich konzentrierte mich auf die gütigst dreinblickende aller Jungfrauen und flehte sie inbrünstig um Hilfe an. Vergebens, der Christenmensch fluchte aufs Übelste über die Deppen von der Einwanderungsbehörde und riet mir zu einem neuen Termin für meinen minderjährigen Sohn.

Bis zum nächsten Jahr.

Ich war außer mir und ließ die Sache erst mal ruhen, bevor ich einen von denen umgebracht hätte. Nichts schlimmer, als diese verlorenen Vormittage, an denen man bei vierunddreißig Grad im Schatten quer durch die Stadt von einem Amt zum nächsten hetzt, einem jeder etwas anderes sagt und am Ende alles umsonst war.

Lola behauptet, es sei ganz normal, dass man nach Wochen sinnlosen Herumantichambrierens vor inkompetenten Beamten genau wieder an dem Punkt sei, wo man angefangen habe, und Ana sagt, ich müsse künftig mit den Händen auf den Tisch klopfen, schreien und sagen, ich ginge hier nicht eher weg, bis ich die Unterlagen erhalten hätte.

Der Einzige, der das alles mit Fassung trug, war unser kleiner Sohn, weil er sich ohnehin als Weltenbürger sieht.

Das ist übrigens ein interessanter Kontrast zu der in Spanien existierenden Kleinstaaterei oder Vielstaaterei. Der Separatismus hat sich vom Baskenland über Katalonien bis hin nach Galizien ausgeweitet, und auch in Valencia bestehen die Einheimischen immer mehr darauf, nicht länger katalanisches Kulturerbe samt Sprache vertreten zu müssen … Was das Baskenland mit seinem Radikal-Regional-Nationalismus vorgemacht hat, übernehmen die Katalanen und Galizier zusehends, und leider auch zusehends aggressiv.

Die gezwungene Eigenständigkeit und die zunehmend strengere Sprachregelung haben nichts mehr mit amüsanten kleinen regionalen Eigenheiten gemein, wie etwa in Deutschland nordfriesische oder bayerische Capricen belächelt werden.

Die Leute identifizieren sich weder mit dem »Mutterland« Spanien noch mit seiner Flagge, seiner Sprache – dem Castellan, also Kastilisch – oder der Nationalhymne. Letztere hat übrigens keinen Text. Es gab zwar einmal einen Wettbewerb und sogar einen Sieger, dessen Text jedoch nicht allgemein anerkannt war. Zu irgendeinem offiziellen Anlass wurde die Hymne sogar mit jenen Siegerzeilen gesungen, doch dann wurde die Lyrik getilgt, weil sich Gesamtspanien nicht damit identifizieren konnte, und jetzt summt oder brummt ein jeder wieder nur die Melodie mit.

Auf baskischem, katalanischem wie auch galizischem Territorium kommt es immer wieder zu erbitterten, teils sogar handgreiflichen Auseinandersetzungen, weil fanatische Nationalisten mit der Zweisprachigkeit und einem als Zweitsprache gleichberechtigten Castellan nicht einverstanden sind.

In Galizien fordern die Einheimischen vehement das Gallego, und in Santiago de Compostela waren deswegen erstmals Tausende von Menschen am *día de las Letras Gallegas* auf der Straße. In Barcelona dagegen ist Katalan Amtssprache. Es gibt dort kein offizielles Papier auf Spanisch, und selbst im Krankenhaus in der Notaufnahme sieht man sich mit Katalan und Arabisch konfrontiert. Klar versteht ein jeder dort »normal« Spanisch sprechende Ausländer, aber nervig ist diese Vielspracherei trotzdem. Ins Absurde mutet es an, wenn diverse kulturelle oder sportliche Veranstaltungen in alle möglichen exotischen Sprachen übersetzt werden, nur nicht ins Spanische.

Weil die offizielle Staatssprache nicht anerkannt wird, wandern nicht wenige ausländische Unternehmen aus Barcelona ab und suchen sich andere Geschäftsstandorte, vor allem in und um Madrid.

Auch die Kinder müssen in der Schule Katalan zwangsweise als offizielle Hauptsprache lernen, was recht ärgerlich ist für Eltern, die selbst nicht Katalan können, und erst recht für Ausländer. Nichts gegen Katalan, aber auf Druck ... Wenn man sogar Eigennamen noch ins Katalanische übersetzen soll, nimmt das schon leicht groteske Züge an. So wird Paul zum Beispiel zu Pau. Diese nationalistische Folklore ist überhaupt nicht lustig.

Eine Bekannte erzählte mir mal, dass sie bei einem Besuch in Bilbao entsetzt war, als sie bei der Europacup-Übertragung erlebte, wie Kinder im Fernsehen aggressiv die spanische Fußballnationalmannschaft beschimpften. Letztens lehnten die Galizier sogar ab, dass die spanische Nationalmannschaft auf ihrem Boden ein Länderspiel absolvierte, und in Barcelona buhten die Menschen in Camp Naou Hymne und König gehörig aus.

Kein Heimspiel war auch unsere Entscheidung, den Internet- und Telefonanbieter zu wechseln, zweifellos die zweitärgerlichste Erfahrung der bürokratischen Art, die wir in Madrid gemacht haben.

Im ersten Jahr klappte alles noch wie am Schnürchen bei der großen Telefongesellschaft, und das einzige Hindernis bestand darin, dass man die Servicenummer der Telefongesellschaft mit dem Handy nicht von einem anderen Betreiber aus anwählen kann. Das war durchaus lästig, da wir noch auf unseren Festnetzanschluss warteten.

Jedenfalls war die Kombi von Festnetz und ADSL sofort betriebsbereit, funktionierte immer und ließ sich auch wieder problemlos abmelden. Deshalb blieben wir in den folgenden Wohnungen auch dabei, zumindest fürs Telefon. Das Internet betrieben wir mit den Modems eines anderen Anbieters, was den Kindern zwar zu langsam war, wir Eltern aber gut fanden, weil wir damit zugleich den Computerkonsum reglementieren konnten. Die Modems wurden gerecht geteilt und ließen somit nur stundenweise den Missbrauch des sagenhaften Seelenfängers www zu.

Irgendwann weichgekocht von den Sprösslingen, kamen wir auf die unselige Idee, die Dienste eines Anbieters beanspruchen zu wollen, der ALLES ermöglicht und FAST NICHTS kostet, Festnetz und Internet für tatsächlich knapp die Hälfte des Angebots aus Anfangszeiten.

Was folgte, war ein monatelanger Wahnwitz.

Die Anmeldung ging noch relativ flugs, jemand brachte den Router vorbei, wir installierten ihn – und nichts passierte. Ein Zugriff aufs Internet war nicht möglich. Ich telefonierte also ein paarmal unter einer extrem kostenpflichtigen Nummer mit dem Anbieter, einer jener großen, anonymen Firmen, die keine richtige Adresse haben und in denen auch niemand wirklich zuständig ist. Die Person am anderen Ende versprach mir sofortige Hilfe.

Das Ergebnis: Immer noch kein Zugriff aufs Internet. Dafür ging das Telefon jetzt auch nicht mehr.

Ich telefonierte sehr oft und sehr teuer vom Handy aus, und dann irgendwann nicht mehr, weil ich nicht mehr KONNTE.

»Heute schon telefoniert?«, war bald ein geflügeltes Wort in unserer Familie.

Ich hatte alle Register gezogen, höflich, genervt, unfreundlich, arrogant, verzweifelt pathetisch und verlogen bis wütend und außer mir. »Ich brauche das Internet zum Arbeiten, ich verliere meinen Job und meine Wohnung, und die Kinder haben nichts mehr zu essen.«

»Sie brauchen nicht die Stimme zu erheben«, beschied mich kühl eine der Damen aus dem Callcenter.

»Doch«, schrie ich, »weil ich nämlich allmählich wahnsinnig werde. Seit fünf Wochen rufe ich jeden Tag an, verliere viel Zeit, und nichts passiert. Das gibt's doch nicht, wer ist Ihr Vorgesetzter?«

Es GIBT keinen Vorgesetzten in diesen Firmen, und die armen Schlucker im Callcenter haben sowieso keine Ahnung. Irgendwo habe ich mal gelesen, wie die Leute da im Schnelldurchlauf gebrieft werden. Eine junge Frau, die bei einer großen Telefonfirma arbeitete, gestand reumütig, sie wisse bis heute nicht, worum es bei ihrer Arbeit eigentlich gehe.

Das kann ich ihr sagen: Es geht darum, die Kunden ruhigzustellen. Erst werden Versprechungen gemacht, die technisch zu leisten man gar nicht in der Lage ist, dann wird kassiert. Und dann wird noch mal kassiert.

Wir versuchten, den Vertrag nach sechs Wochen zu kündigen. Im Gegenzug erhielten wir eine Mail, die zu beantworten nicht möglich war und in der man uns einen Sondertarif wegen der erlittenen Schäden anbot. Wir wollten jedoch keinen Sondertarif, wir wollten digitale Freiheit, und das bei einer anderen Firma.

Also telefonierten wir weiter im Halbstundenrhythmus. Ich sprach mit Roboterstimmen, die zu meinem größten Erstaunen tatsächlich lebenden Menschen gehörten, ich sprach mit totalen Deppen, die mich mit dem Vornamen meines Mannes anredeten, ich sprach mit reizenden, ratlosen Damen – »Das müsste aber funktionieren, mein Bildschirm zeigt doch an, dass es funktioniert« – und einmal mit einem echten Spezialisten, einem Informatikstudenten, der dort jobbte, wie er auf meine Nachfrage erklärte. Er nahm sich wirklich Zeit für mich, gab mir immerhin eine Adresse, bei der ich schriftlich kündigen könne, angeblich, versuchte mir ernsthaft zu helfen und wollte mit mir sogar den gesamten Computer neu konfigurieren. Auf Spanisch wohlgemerkt, dabei kann ich so was nicht mal auf Deutsch. Wir waren schon ganz weit, und ich war schweißgebadet, doch dann wurden wir nach ungefähr einer halben Stunde getrennt. Entweder war ES oder ICH ihm zu doof, oder die Gespräche werden automatisch nach einer gewissen Zeit abgebrochen.

Die monatlichen Beiträge buchte der Anbieter trotz Kündigung erneut ab, natürlich zusätzlich zu den Kosten für die Modems, die der Kindsvater in weiser Voraussicht nicht gekündigt hatte, und zudem ging das Festnetz zwischendrin immer mal wieder nicht.

Ich schrieb also erneut einen Beschwerdebrief und berief mich erbost auf meine Rechte als Verbraucher. Das hatte man mir geraten, denn ich war beileibe nicht die Einzige in Madrid, die Probleme mit Internet- oder Telefonfirmen hatte, auch im Hundepark wusste jeder eine unerfreuliche Anekdote zu dem Thema beizusteuern.

Diesmal las ich mein Anschreiben Ana vor.

Höflich und mit ihrer Ich-hab-auch-für-den-blödsten-Studenten-Geduld-Stimme sagte sie: »Jaja, ich verstehe, was du meinst. Schick mir das, ich gehe mal drüber.«

Ana schrieb dann einen komplett neuen Brief (so viel zu meinem Schrift-Geschäfts-Spanisch) und drohte der Firma mit dem Anwalt.

Die Abbuchungen wurden sofort eingestellt.

Zwar bekamen wir keine Erstattung und sie kassierten noch einmal zig Euros oder so – zur Strafe, weil wir den Vertrag vorzeitig gekündigt hatten –, aber egal.

Man kann in Spanien nur schwer solche Abbuchungen verhindern, denn man landet sofort auf einer schwarzen Liste bei der Bank, so eine Art verschärfte Schufa, wenn ich das richtig verstanden habe. Deshalb können sich derartige Skandalfirmen auch ungestraft schadlos halten.

Es war ungefähr in dieser Zeit, als ich allmählich dazu überging, der spanischen Alltagsbürokratie subversiv den Kampf anzusagen.

Hierzulande muss ein jeder bei jeder Gelegenheit seinen Ausweis zücken, den sogenannten D.N.I., das »Dokument der Nationalen Identität«, dessen Nummer jeder auswendig kennt. Der D.N.I. Ist DIE spanische Nummer, ein persönlicher Barcode, sozusagen ein lebenslanges Tattoo. Ein jeder lebt und stirbt damit.

Anfangs suchte ich immer brav meinen Pass und übertrug die enorme Nummer überall dahin, wo sie erwünscht war, etwa auf die Klempnerrechnung, den Zettel der Gasinspektion, das eingeschriebene Päckchen, die Bücherquittung, was übrigens nie gegengeprüft wurde. Doch dann war der Pass irgendwann weg – zuvor war er monatelang abgelaufen, was übrigens nicht nur mir entgangen ist, denn ich bin mit dem Ding noch ein paarmal problemlos innereuropäisch hin und her geflogen –, weil ich ihn auf dem deutschen Kamin zur Verlängerung liegengelassen und total vergessen hatte. Obwohl im Besitz eines gültigen Personalausweises, den rauszukramen ich einfach keine Lust hatte, begann ich fröhlich zu improvisieren, wenn jemand meine Identifikationsnummer für irgendeine Belanglosigkeit zu benötigen vermeinte. Eine Zahl ist doch wie die andere, außerdem hatte ich die Nase voll.

Wovon ich jedoch niemals die Nase vollkriegen werde, ist die wunderschöne Biblioteca Nacional, die Staatsbibliothek, wo ich mein schönstes Erlebnis mit der spanischen Bürokratie hatte. Ana, die Professorin, wollte unbedingt, dass mir dort die höheren Weihen erteilt wurden und ich als Mitglied aufgenommen ward.

»Wundere dich nicht, wenn sie dich wie einen Serienkiller behandeln«, warnte sie mich vor.

Sie hatte ja so recht.

Es war schlimmer als am Flughafen, nur die Schuhe musste ich nicht ausziehen. Erst erfolgte eine Ganzkörper-, dann eine Handtaschenextrakontrolle, zweimal, und danach ging's zur Garderobe. Nun ist die Sensibilität in Spanien wegen der ETA verständlicherweise erhöht.

Ana, die seit ungefähr mehreren Jahrhunderten eine erfahrene Staatsbibliothekgängerin ist, sagte zu mir, mein Jackett dürfe ich anbehalten.

Falsch.

Das Jackett, von Ana als lesesaalsicher eingestuft, beanstandete der Oberkontrolleur als staatsbibliotheksgefährdenden Gehrock.

Ana verdrehte nur die Augen und raunte: »Weil du Ausländer bist.«

Sie erinnerte sich an einen amerikanischen Kollegen, der vor lauter Verzweiflung ob der undurchschaubaren Riten in diesem Haus seinen Pass irgendwann zwischen die Zähne genommen und die Hände erhoben hatte, und meinte, ich solle mir nichts draus machen und mein Jäckchen einfach abgeben.

Ich machte mir tatsächlich nichts daraus, denn die Nationalbibliothek gefiel mir ausnehmend gut, und selbst ausufernd anmutende Sicherheitsvorkehrungen sind heutzutage leider trauriger Alltag geworden und durchaus keine jener erwähnten willkürlichen Maßnahmen, auf die ich ausgesprochen allergisch reagiere.

Im Eingangsbereich strebte Ana gleich nach rechts, zur Anmeldung, wo es die Ausweise gab, doch daraufhin war die Information links beleidigt. Sie beharrte auf ihrem Recht und meinte, ich müsse mir erst die Instruktionen anhören und für würdig befunden werden. Da googeln sie einen dann erst mal nach Publikationen, wenn man so ein armer Wicht ist wie ich, dessen Romane und Artikel noch nicht ins Spanische übersetzt sind.

Die Information fand mich, bewog mich, schaute mich streng an und vermeldete, ich dürfe jetzt nach rechts, zur Anmeldung und damit zum Ausweis gehen. Ob ich auch alles dabeihätte?

Mit zitternden Händen kramte ich die Gasrechnungen und diverse andere Unterlagen hervor. Die Information war zufrieden und entließ uns endgültig.

Die Anmeldung gab mir einen Stapel Papiere, ich gab ihr ebenfalls einen Stapel Papiere, und dann knipste sie mich mit einer dieser Digicams, auf deren Bilder man aussieht wie ein seltenes Insekt, wenn Sie wissen, was ich meine. Schließlich bekam ich meinen Ausweis von der übrigens sehr freundlichen Anmeldung, die mir viel Spaß und frohes Schaffen in diesen heiligen Hallen wünschte.

Die Benutzerkarte war zur Belohnung dann auch mehrere Jahre gültig, und ich gehe gerne immer mal wieder in die Bibliothek zum Forschen. Dann schreite ich durch die alte Schwingtür zu den hölzernen Lesepulten unter der bunten gläsernen Kuppel, zu den Menschen, die so merkwürdig sind wie all die Menschen, die all die Lesesäle dieser Welt bevölkern.

12
Lebkuchen

Wenn der Winter kommt in Spanien, moppeln sich alle dick ein, und zwar spanische Menschen wie spanische Hunde. So ungefähr ab Oktober, wenn die Temperaturen knapp unter zwanzig Grad sinken – also auf die normale durchschnittliche deutsche Sommertemperatur –, holen alle ihre Mäntel heraus.

»Abrigete bien« – »Zieh dich warm an«, empfiehlt mir auch Ana besorgt, wenn sie hört, dass wir übers Wochenende in die Sierra fahren, wo wir ja eventuell in einen Blizzard geraten könnten.

Auch im Hundepark bemerke ich, dass der Herbst Einzug hält. Schon lange vor dem ersten Schneefall ist eine große Anzahl nicht nur kleiner Hundchen in farbenfrohe Ganzkörperschutzanzüge oder -deckchen gepresst und kann sich nicht wehren. Die Hundebesitzer, denen solche Accessoires zu kostspielig sind, stecken ihre kleinen Lieblinge auch gerne mal in die ausgewaschenen Sweat- oder T-Shirts ihrer längst erwachsenen Kinder – den verblichenen »Chicago«- oder »Rolling Stones«-Logos nach zu urteilen –, die liebevoll auf Hundemaße zurechtgestutzt sind. Besonders schön finde ich persönlich die selbstgestrickten Teile in bunten Farben mit abenteuerlichem Schnitt, teils glatt rechts, manchmal zwei rechts, zwei links oder gar patent gearbeitet.

Ein weißer, mittelgroßer Hund hat es mir besonders

angetan, er trägt ein leuchtend blaues Teil, das sich am Körperende bereits leicht aufgeribbelt hat, es zieht jeden Tag mehr Fäden. Sein Frauchen, eine alte Dame, scheint dies jedoch nicht zu bemerken, sie wirkt erklärtermaßen genauso aufgelöst wie ihr Hund.

Auch Diego hat seine beiden »Schlüsselanhänger« angesichts der ersten Wolke am Himmel in schicken Strick gehüllt. Wir sind überaus erheitert.

Ob das nicht ein bisschen übertrieben sei, frage ich ihn, der sich selbst seines Blousons entledigt hat und im kurzärmeligen Hemd in der plötzlich auftauchenden gleißenden Sonne steht. Er verteidigt sich schwach, am Morgen, gegen sieben, als er kurz auf der Dachterrasse war, sei es noch ganz schön kühl gewesen, und die Kleinen seien ja so empfindlich. Deshalb tragen sie auch kaum zwei Wochen später schicke, pelzgefütterte Anoraks.

»Nagelneu«, versichert uns Diego strahlend, »und so toll, weil auch die Beine bedeckt sind!«

»Ja, sogar mit Kapuze, wie praktisch, falls es heute noch schneien sollte«, kann sich Maite nicht verkneifen.

Wir reden hier von derselben Maite, die mich im Sommer bei fünfunddreißig Grad im Schatten entsetzt bis ungläubig fragte: »Du gehst ins Wasser?«, wenn ich ihr von einem meiner Schwimmbadbesuche erzählte. Natürlich, wie sonst sollte ich schwimmen?

Ich lernte dann, dass in der allgemeinen madrilenischen Sprachregelung »Schwimmengehen« eher »Sonnenbaden« oder »Füße-ins-Becken-oder-Mittelmeer-Tunken« bedeutet.

Wir sitzen also auf den Bänken, beobachten ein paar alte Männer, die die letzten Oliven von den Bäumen rechen, sonnen uns und grinsen. Wir würden unsere Hunde niemals in solch unwürdige Teile stecken. Wenn es dann richtig kalt ist, tragen Diegos Hunde übrigens Doppelpack, also Strick PLUS Kapuzenmäntel.

Auch der Hund von Beatrice musste einst dran glauben. Er hatte zu Weihnachten von einem Verwandten einen Anzug geschenkt bekommen, und Beatrice sah sich aus reiner Höflichkeit dazu gezwungen, das Teil zumindest einmal zu benutzen, solange die Verwandtschaft noch bei ihr zu Besuch war. Doch ihr Hund wehrte sich heftig, als es ans Gassigehen ging und er verpackt werden sollte. Er fuhr zwar noch mit im Aufzug hinunter, doch an der Haustür stemmte er alle vier Beine in die Erde und wollte das Haus einfach nicht verlassen, so sehr schämte er sich.

Beatrice zäumte das gute Stück also wieder ab und übergab es dem *portero*. Sofort stürzte sich der nackte Hund freudig hinaus in die Kälte. Später, nach der Rückkehr, streifte sie ihm das Teil einfach wieder über, und die Verwandten waren glücklich.

Beatrice ist nun mal ausgesprochen gut erzogen.

In der beschaulichen Vorweihnachtszeit geht es in Madrid so richtig rund. Das erste winterliche Großereignis ist im November an Allerheiligen, *Todos los santos*. Da verdreifacht die Stadt schon mal die Busflotte, um dem Ansturm auf die dreizehn madrilenischen Friedhöfe gerecht zu werden. Außerdem sind alle Nelken und Chrysanthemengestecke ausverkauft und stecken oder liegen – in der Regel noch in Plastikfolie verpackt – an oder auf den Gräbern.

Selbige werden auf Hochglanz gebracht, und im Übrigen ist es wirklich wie in der Anfangssequenz von Almodóvars *Volver*: Überall wird geschrubbt, gewedelt und gestaubt, sogar mit der Zahnbürste säubern die überwiegend weiblichen Hinterbliebenen die auf den Grabmalen eingravierten Schriften oder Motive. Es heißt, die *crisis* mache sich selbst im Tod bemerkbar, und es werde an allem gespart. Zusehends mehr Menschen ließen sich einäschern, was sehr viel billiger komme als eine Beisetzung.

Schon zuvor, im Oktober, wenn auf den Prachtstraßen wie der Gran Via oder der Alcalá noch die üppigen Blumenarrangements blühen, hängen die Geschäftsleute bereits die ersten Weihnachtslichtlein auf.

Für die aufwendigen Lichtinstallationen beauftragt die Stadt jedes Jahr nicht nur spezielle Lichtdesigner, auch Architekten oder Modedesigner wie David Delfin oder Agata Ruiz de la Prada zeichnen für die bunten Wunder verantwortlich und verzaubern die ganze Metropole mit ihren teilweise wirklich gelungenen Kreationen. Jede der ausgewiesenen Straßen hat übrigens ein individuelles Arrangement.

Da gibt es wunderbare jugendstilartige Girlanden, minimalistische, einfarbige Ketten, bunte Katzen und Monde auf der Plaza de la Luna und große Augen auf der Plaza Tirso de Molina. In Chueca herrscht natürlich knallbunte, regenbogenfarbige Zirkusstimmung, Frühlingsblumen wie Feuerwerke oder psychedelische Olympiaringe sind auf dem Paseo de Recolatas zu bestaunen, elegante Ellipsen oder weiß-goldene Lichtervorhänge gibt es im noblen Salamanca und fliegende Untertassen auf der Plaza Mayor. Auf der Gran Via, der rastlosen, turbulenten, wunderbaren Prachtstraße Madrids, haben sie letztes Jahr sehr pur nur weiße Lichterstäbe angebracht, die eine »Reflexion des Schweigens, eine Phase der Ruhe« im Gegensatz zum hektischen Treiben darstellen sollten.

Farbexplosionen und elegant-dezent lineare Installationen wechseln sich ab, und manchmal drehe ich eine Extrarunde mit dem Auto oder Bus, allein um die Lichtwunder in aller Ruhe zu betrachten.

Im ersten Winter in Madrid liefen nicht nur unsere Kinder schwer beeindruckt durch die kunstvoll illuminierten Gassen. Kein Wunder, denn in unserem lieblichen bayerischen Heimatdorf erhellen ungefähr gefühlte fünf Leuchtsterne die einzige Hauptstraße, während in Madrid mehrere Millionen Lämpchen blinken, seit neuestem auch energiesparende Modelle. Trotzdem sei das alles viel zu teuer, hieß es, und angeblich kostete diese Weihnachtsfreude die Stadtverwaltung letztes Jahr sechshunderttausend Euro mehr. Was für eine Geld- und Energieverschwendung, bemängeln die pragmatischen Kritiker der romantischen Weihnachtsbeleuchtung, deren Sparlichter immerhin kostendämpfend nur stundenweise eingeschaltet sind.

Kitsch hin oder her, dieser ganze Weihnachtszauber gefällt mir ausnehmend gut im Gegensatz zu einigen anderen eher schrillen madrilenischen Weihnachtswundern. Denn wenn auch die Weihnachtsbeleuchtung in Madrid wirklich beeindruckend ist, so sind die Weihnachtsmärkte eher eine Enttäuschung, zumindest empfand ich das so.

Für »eine Deutsche« sei es »am besten« in der evangelischen Kirche, so sagte man mir. Doch leider habe ich es auf den dortigen Weihnachtsmarkt nie geschafft, obwohl ich da vermutlich Original Nürnberger Lebkuchen wie Dresdener Christstollen bekommen hätte, wie in den üblichen verdächtigen deutschen Verkaufsläden übrigens auch. Im dritten Madrider Winter waren wir auf einmal nämlich extrem weihnachtssentimental und bekamen plötzlich eine unerklärliche Lust auf derartige Spezialitäten, die wir dann fieberhaft in der ganzen Stadt suchten.

In all den Jahren zuvor, in der oberbayerischen Provinz, pflegten wir so etwas eher nicht zu uns zu nehmen, da wurden Plätzchen gebacken, fertig. Doch hier entwickelten wir recht absonderliche Gefühle, deutsche Gefühle, eben WEIHNACHTLICHE Gefühle. Dabei sind wir gewiss nicht seit Jahrzehnten isoliert im fremden Land, im Gegensatz zu den alten Auswanderern, die ich in Südamerika getroffen habe und die allein bei dem Wort »Schwarzbrot« leuchtende Augen bekamen.

Als wir im ersten Winter die Weihnachtsmärkte in Madrid besuchten oder besser: abklapperten, erinnerte das eher an den Kölner Karneval denn an die stille Zeit. Die Weihnachtszeit in Madrid ist nicht ganz so besinnlich, wie man das vielleicht von einem stockkatholischen Land erwartet.

Wehmütig dachte ich an romantische, verträumte, tiefverschneite kleine Weihnachtsmärkte im Fünfseenland zurück, vor der Kulisse zugefrorener Seen (Erinnerung verklärt), wo wir Bratäpfel geknabbert und ökologisch einwandfreies Holzspielzeug erworben hatten sowie politisch korrekten Christbaumschmuck aus der sogenannten Dritten Welt oder Selbstgebasteltes aus der vierten – von den Sprösslingen und deren Kindergartenkollegen verfertigt. Der ganze Zauber nur illuminiert von Laternen oder Lagerfeuern ...

Schlicht im Schnee … karger Mensch in karger Landschaft.

In Madrid ist das ganz anders.

Weihnachten ist einfach eine *fiesta* mehr.

Wer über Kitsch und Kommerz auf deutschen Weihnachtsmärkten schimpft, der hat noch nicht das jahrmarktschreierische Treiben auf dem Weihnachtsmarkt der Plaza Mayor erlebt. Zwischen Plastiktannenbäumen in allen Größen und Farben finden sich bisweilen sogar echte Tannenexemplare, wenn sie auch nicht so aussehen, und es gibt überall traditionsgemäß knallbunte Perücken und viel Plastikkram zu kaufen.

Auf dem zentralen Weihnachtsmarkt der Pracht*plaza* Madrids blitzen und blinken Millionen von Lichtchen an Bäumchen und Hütchen und Plastikweihnachtsmännern, alles made in China, die zu allem Überfluss noch Töne von sich geben. Allerlei Tröten und Glocken lärmen, und es gibt viel merkwürdiges, doch stets farbenprächtiges Spielzeug unbekannter Provenienz. Wie gesagt, der spanische Weihnachtsmarkt mutet eher wie eine Faschingsveranstaltung an, aber wenn man sich darauf einlässt, ist es durchaus spaßig.

Aus mir und meinen spanischen Freunden unbekannten Gründen ist es außerdem an Weihnachten Usus, riesige bunte, etwa kreisch-pinkfarbene, schrillrote, curaçaoblaue oder absinthgrüne Afro- und andere Riesenperücken zu kaufen – und auch noch zu tragen!

Welch ein kollektiver Aufschrei ging durch die Stadt, als der Bürgermeister zur großen Empörung der Bevölkerung die Plastikfraktion der Plaza Mayor auf die Plaza Santa Ana verbannte, immerhin circa fünfzig Meter entfernt. Denn auf der Vorzeige-*plaza* sollte es ausnahmsweise mal so richtig weihnachten, mit Krippen und Schafen und allem Drum und Dran. Die Devise lautete: Unsere Stadt soll nicht nur schöner, sauberer, grüner, radfahrerfreundlicher und olympiatauglicher – nein, auch heiliger werden!

Kunst und Kommerz sind also in Sichtweite verbannt.

Traditionellen Weihnachtsschmuck gibt es hier aber durchaus, sehr populär sind jene merkwürdigen katalanischen Krippenfiguren, die *caganes*, Scheißerchen genannt, die in Katalonien jahrhundelange Tradition haben. Diese Figuren stehen in der Krippe in einer Ecke, neben oder hinter Maria und Joseph und dem Jesulein, mit heruntergezogener Hose und verrichten ihr Geschäft. Letztes soll den Boden fruchtbarer machen und die Besitzer der Krippen glücklich, reich und zufrieden. Das Verstörende an diesen geschmacklich ambivalenten Figuren ist, dass sie zunehmend kommerzialisiert werden. So tragen sie oft die Züge von Politikern (auch die deutsche Kanzlerin habe ich schon mal gesehen) oder Sportlern, und nicht einmal der Papst oder die Königsfamilie werden verschont und müssen ihr Häuflein abgeben.

Weihnachten in Madrid ist einfach ANDERS, hier hat mir mal jemand seinen Wandschrank gezeigt mit extra Platz für den aufklappbaren Plastiktannenbaum, der gleich neben dem Hochzeitskleid verstaut war.

Und auch solche Events wie jenes von den Märkten in Latina, auf der Plaza San Andrés, das unter dem etwas zwielichtigen Motto »Rosa« steht, haben ihren Reiz. Für mich zumindest. Nicht wenige wenden sich da jedoch mit Grausen ab: rosa Büdchen, rosa Möbel, rosa Bonbons, rosa Weihnachtsartikel, rosa Perücken, rosa Schals – ALLES rosa. Von gleißenden rosa Lichterteppichen über toxisch anmutende rosa Plastikbäume bis hin zum künstlichen rosa Schnee.

Denn wenn es nicht schneit in Madrid – wie so oft, im Gegensatz zum Norden des Landes –, dann lässt man es einfach schneien. Auf der Plaza de los Carros im Zentrum der Stadt haben sie im letzten Jahr Maschinen aufgestellt, die alle Viertelstunde künstlichen Schnee in die Luft bliesen, bedient von Menschen, die sonst beim Film arbeiten.

War das eine Freude.

Als es dann mal echte Flöckchen gab, so einen Tag lang, da war ganz Madrid außer Rand und Band. Nicht nur die Schüler verhielten sich äußerst albern, sondern auch erwachsene Menschen in teuren Anzügen bewarfen sich kichernd gegenseitig mit schlechtgeformten Schneebällen, die sie zuvor mühsam von den Autoscheiben abgekratzt hatten. Die kleinen Kinder, die noch nie im Leben Schnee gesehen hatten und deren Eltern kein Geld für teure Wintersportorte haben, rannten erst juchzend durch die Straßen und trugen die glitzernden Schneeflocken in den Händen und weinten dann, als ihnen das kostbare Gut zu ihrem Schrecken zwischen den Fingern zerrann.

Dann wurde gerodelt, wo es nur ging, und im Übrigen sind die Spanier begeisterte Skifahrer, die ihre vielen einheimischen Wintersportorte ausgiebig nutzen. Meist geht es los nach Heiligabend, der *nochebuena*, die ein jeder üblicherweise im Kreis seiner Familie verbringt.

Am Weihnachtsfest wird nicht gespart, weder am

Essen noch an den Geschenken. Unerlässlich auch das traditionelle Weihnachtslos mit der Hoffnung auf den *gordo*, den »Dicken«, wie der Hauptgewinn heißt. Die Lose kaufen meist mehrere Leute gemeinsam, da sie bis zu zwanzigtausend Euro kosten können. Manchmal gewinnt ein ganzes Dorf, manchmal eine Bürogemeinschaft oder die Belegschaft eines Restaurants. Gewonnen wird jedes Jahr – sogar unsere Familie kennt mittlerweile zwei Gewinner persönlich –, und dann wird gefeiert und ganz Spanien freut sich mit.

Ferner muss an Weihnachten der *amigo invisible*, der unsichtbare Freund, beschenkt werden. Das ist ökonomisch und demokratisch zugleich: Jeder aus der Familie oder dem Freundeskreis schenkt einer vorher festgelegten Person – die *community* von soundsovielen Leuten hat zuvor Lose gezogen oder auch nicht – ein Geschenk in einem vorher abgesprochenen finanziellen Rahmen. So erhält jeder etwas, und alle sparen sich eine Menge Ausgaben. In Schulen und Kindergärten nennt man das charmanterweise »wichteln«.

Der eigentliche Hauptfeiertag ist in Spanien nicht der Heiligabend, sondern die *Reyes Magos*, die Heiligen Drei Könige, zu denen traditionsgemäß auch beschert wird. Doch mittlerweile setzt sich immer mehr die Bescherung am Weihnachtsabend durch, und zwar aus rein pragmatischen Gründen: Dann haben die Kinder ihre Geschenke schon früher, nörgeln nicht die ganzen Ferien über und sind zudem beschäftigt. Auch die doppelte Bescherung ist allseits beliebt. Unsere Kinder, nicht faul, hatten sich das rasch bei ihren spanischen Freunden abgeguckt und hofften ebenfalls auf dieses Doppelglück.

Vergeblich, denn ihre Eltern erwiesen sich plötzlich als aber auch so was von deutsch-traditionsbewusst und beharrten darauf: Weihnachtsgeschenke gibt's nur einmal …

Nach Weihnachten und dem Winter kommt der Frühling, der hier nahtlos in den Sommer übergeht, und dann schwitzen wieder alle und dampfen und kleben, und der Hund hebt die Pfötchen und tänzelt auf dem kochenden Asphalt und legt sich direkt vor den Ventilator oder gleich in den schattigen *vestidor*, und alle meiden die öffentlichen Verkehrsmittel – der Schweiß der Mitbürger so nah oder die Klimaanlage in Bus und Metro so eisig.

Die halbe Stadt verlässt Madrid in den großen Ferien, und wer es sich leisten kann, »übersommert« ab Juni bis September. Die Spanier reisen überwiegend im Inland umher, meist auf die Inseln oder in eines der Stammhäuser der Familie in Meeresnähe.

Auch wir verabschiedeten uns wieder einmal nach Deutschland, in unser Stammhaus, wenngleich nicht in Meeresnähe, wo die einzelnen Familienmitglieder irgendwann im Lauf des Sommers eintrudeln pflegen. Denn es gibt, abgesehen vom unabhängigen Urlaubsteam der Kinder, auch noch ein Flieger- und ein Autoteam. Da unser traumatisierter Hund natürlich keinesfalls dem Stress des Fliegens ausgesetzt werden darf, muss er nach Deutschland chauffiert werden, am besten ALLEINE. Da liegt er dann dauerschnarchend und lässig ausgestreckt auf dem Rücksitz, während sich vorne die müden Fahrer abwechseln oder der tapfere Kindsvater gar alleine mit dem edlen Tier die Grenzen überwindet.

Es ist noch nicht SO lange her, dass ich ungläubig

den Mund verzogen habe, als ich hörte, welchen absurden Belastungen sich Menschen wegen ihrer geliebten Haustiere aussetzen.

Die Hundepark–Besatzung war ebenfalls wie immer um diese Zeit in Auflösung begriffen, der eine fährt ans Meer, der andere ins kühle Gebirge, und die ganz Tapferen verbringen den Sommer in Madrid, weil sie der Ansicht sind, dass die Stadt nie so schön sei wie in diesem klimatischen wie sozialen Ausnahmezustand: halb verlassen, nahezu leer, einzigartig, ruhig, immer Parkplätze, kein Stau, wenig Menschen. Die Touristen zählen übrigens nicht, denn die halten sich stets an den üblich verdächtigen Orten auf und kommen somit weder Maite noch Diego in die Quere, die solche Orte meiden wie der Teufel das Weihwasser.

Mit sehr gemischten Gefühlen dachte ich vor unserer Abreise an Deutschland und die berühmt-berüchtigten lauen Sommernächte dort, die mich wahrscheinlich wieder im Freien unter latentem Nieselregen meine ebenso berühmt-berüchtigte daunengefütterte Skiweste tragen lassen würden.

Dann verabschiedeten wir uns endgültig von Madrid, ganz im Feierstil unseres großen Sohnes wieder einmal mehrfach von allen Freunden – und freuten uns schon jetzt auf die Rückkehr.

Auf den Moment, in dem wir in wechselnder Besetzung, wegen des Hundes mit mehr oder weniger Familie, auf dem Landweg mit dem Auto nach Spanien einreisen würden.

Auf den Moment, in dem wir die französisch-spanische Grenze passiert haben würden und sich wie auf Bestellung plötzlich der Himmel auftun würde, blitzblank und strahlend blau, nach Hunderten von

Kilometern grauem Verhängnis, pünktlich beim Einrollen über die Pyrenäen bei Girona.

Auf den Moment, in dem einer unserer Söhne einmal mehr voller Inbrunst seufzen würde: »Endlich wieder daheim!«

Stefan Ulrich

Quattro Stagioni – Ein Jahr in Rom

Originalausgabe

ISBN 978-3-548-26854-5
www.ullstein-buchverlage.de

»Habt Ihr's gut …« ist der Kommentar ihrer Freunde, als für Familie Ulrich endlich der alte Traum von der Dolce Vita in Bella Italia wahr wird. Doch das Leben in der ewigen Stadt erweist sich als alles andere als »dolce«: Die Wohnung ist bei der Ankunft in chaotischem Zustand und Tochter Bernadettes Meerschweinchen wird vom Hausbesitzer mit einer Ratte verwechselt. Wichtige Erkenntnisse der Rom-Anfänger: Ein Palazzo ist ein ganz normales Mehrfamilienhaus, römische Kindergeburtstage haben es in sich und die Italiener beschweren sich auch bei strahlendem Sonnenschein andauernd übers Wetter. Trotzdem versuchen die Ulrichs, Bella Figura zu machen! Und entdecken doch noch das süße Leben in Rom.

UB476

ullstein

Jan Weiler

Maria, ihm schmeckt's nicht!

Geschichten von meiner italienischen Sippe

Originalausgabe

ISBN 978-3-548-26426-4
www.ullstein-buchverlage.de

»Als ich meine Frau heiratete, konnte ihre süditalienische Familie leider nicht dabei sein. Zu weit, zu teuer, zu kalt. Schade, dachte ich und öffnete ihr Geschenk. Zum Vorschein kam ein monströser Schwan aus Porzellan mit einem großen Loch im Rücken, in das man Bonbons füllt. Menschen, die einem so etwas schenken, muss man einfach kennenlernen.«

»Göttliche Geschichten. Ein unverzichtbarer Beitrag zur deutsch-italienischen Freundschaft. Und saukomisch.«
Stern

»Ein wunderbar witziges, warmherziges Buch. Wer noch keine italienischen Verwandten hat, wird nach der Lektüre unbedingt welche haben wollen.«
Axel Hacke